主　　编　蒋惠岭　国家法官学院副院长
　　　　　　　　　最高人民法院司法案例研究院负责人
副 主 编　关　毅　国家法官学院科研部主任
　　　　　刘　畅　最高人民法院司法案例研究院规划部主任
主编助理　边疆戈　国家法官学院科研部编辑
　　　　　朱建伟　国家法官学院科研部编辑
　　　　　赵文轩　最高人民法院司法案例研究院规划部编辑

《中国法院年度案例》编辑人员（按姓氏笔画）

边疆戈　朱建伟　刘　畅　关　毅　杨小利
罗胜华　赵文轩　胡　岩　袁登明　唐世银
曹海荣　梁　欣　蒋惠岭　程　瑛　谭　红

本书编审人员　曹海荣

中国法院

2020年度案例

国家法官学院
最高人民法院司法案例研究院◎编

房屋买卖合同纠纷

中国法制出版社
CHINA LEGAL PUBLISHING HOUSE

《中国法院年度案例》通讯编辑名单

序

坚持和完善中国特色社会主义法治体系，是党的十九届四中全会作出的一项重要部署。作为其核心组成部分，高效的法治实施体系所要实现的就是让静态的法律制度在实践中得到良好实施。《中国法院年度案例》丛书的价值追求，即公开精品案例，研究案例所体现的裁判方法和价值理念，提炼裁判规则，助推司法标准统一。

《中国法院年度案例》丛书，是国家法官学院于2012年开始编辑出版的一套大型年度案例丛书。丛书由国家法官学院案例开发研究中心具体承担编辑工作，每年年初定期出版。此前，该中心坚持20余年连续不辍编辑出版了《中国审判案例要览》丛书近90卷，分中文版和英文版在海内外发行，颇有口碑，享有赞誉。作为一种全新的案例研究产品，《中国法院年度案例》丛书旨在加强完善中国特色案例指导制度，探索编辑案例的新方法、新模式，以弥补当前各种案例出版物的不足。该丛书2012~2019年已连续出版8套，一直受到读者的广泛好评，并迅速售罄。为更加全面地反映我国司法审判执行工作的发展进程，顺应审判执行实践的需要，响应读者需求，2014年度新增3个分册即金融纠纷、行政纠纷、刑事案例，2015年度将刑事案例调整为刑法总则案例、刑法分则案例2册，2016年度新增知识产权纠纷分册，2017年度新增执行案例分册，2018年度、2019年度将刑事案例扩充为4个分册。现国家法官学院及时编撰推出《中国法院2020年度案例》系列丛书，共23册。

当前市面上的案例丛书百花齐放，又有裁判文书网，可以查询各级法院、各类的裁判文书，还有各种专门领域的案例汇编书籍，以及各种案例指导、案例参考等读物，各具特色。而《中国法院年度案例》丛书则以开放务实的态度、简洁明快的风格，试图把案例书籍变得“好读有用”，故在编辑中坚持以下方法：一是高度提炼案例内容，控制案例篇幅，每个案例基本在3000字以内；二是突出争议焦点，剔除无效信息，尽可能在有限的篇幅内为读者提供有效、有益的信息；三是注重对案件裁判文书的再加工，大多数案例由案件的主审法官撰写“法官后语”，高度提炼、总结案例的指导价值。

同时，《中国法院年度案例》丛书还有以下特色：一是信息量大。国家法官学院案例开发研究中心每年从全国各地法院收集到的上一年度审结的典型案例近万件，使该丛书有广泛的选编基础，可提供给读者新近发生的全国各地多种类型的代表性案例。二是方便检索。为体现以读者为本，丛书分卷细化，每卷下还将案例主要根据案由分类编排，每个案例用一句话概括裁判规则、裁判思路或焦点问题作为主标题，让读者一目了然，迅速找到目标案例。

中国法制出版社始终全力支持《中国法院年度案例》丛书的出版，给了作者和编辑们巨大的鼓励。2018年、2019年连续推出数据库增值服务，2020年继续提供数据库增值服务并充实完善数据内容。购买本书，扫描前勒口二维码，即可在本年度免费查阅往年同类案例数据库。我们在此谨表谢忱，并希望通过共同努力，逐步完善，做得更好，真正探索出一条编辑案例书籍、挖掘案例价值的新路，更好地服务于学习、研究法律的读者，服务于社会，服务于国家的法治建设。

本丛书既可作为法官、检察官、律师等司法实务工作人员的办案参考和司法人员培训推荐教程，也是社会大众学法用法的极佳指导，亦是教学科研机构案例研究的精品素材。当然，案例作者和编辑在编写过程中也难以一步到位实现最初的编写愿望，可能会存在各种不足，甚至错误，欢迎读者批评指正，我们愿听取建议，并不断改进，不断扩大案例研究领域，实现中国特色案例研究事业新发展。

从今年起，《中国法院年度案例》改由国家法官学院与最高人民法院司法案例研究院共同编辑。最高人民法院司法案例研究院是中编办批准设置的最高人民法院的司法案例专门研究机构，与国家法官学院合署办公，在最高人民法院领导下，秉持服务司法审判实践、经济社会发展、法学教育研究、中外法学交流、法治中国建设的办院宗旨，坚持“服务、创新、合作、开放、共享”工作原则，依托国家法官学院开展司法案例的收集、生成、研究、发布和国际交流工作。司法案例研究院的加入，必将使本套丛书的编辑力量更加壮大，案例质量将进一步提升。

国家法官学院副院长

最高人民法院司法案例研究院负责人

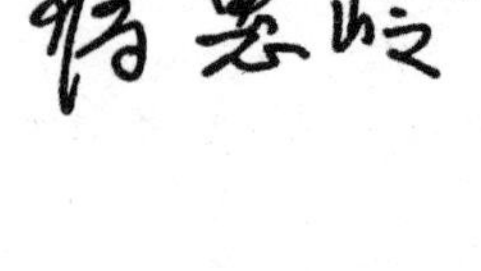

目　录

Contents

一、商品房预售

二、商品房销售

三、二手房买卖

四、农村房屋买卖

五、拆迁安置房买卖

六、公房转让

七、房屋买卖代理

八、房屋确权纠纷

九、定金与违约金

十、房屋借贷与担保纠纷

十一、其 他

一、商品房预售

1

合同因不可抗力解除后双方责任的认定及对当事人补充约定的认定

——柯某诉青海福源房地产开发有限公司商品房预约合同案

【案件基本信息】

1. 裁判书字号

青海省西宁市中级人民法院（2018）青01民终568号民事判决书

2. 案由：商品房预约合同纠纷

3. 当事人

原告（被上诉人）：柯某

被告（上诉人）：青海福源房地产开发有限公司（以下简称福源公司）

【基本案情】

2013年8月30日，原告柯某与被告福源公司签订《商品房预订协议书》一份，约定原告预订由被告开发建设的房屋一套，原告自协议签订之日向被告支付商品房预订房款100000元，若被告拒绝与原告签订《商品房买卖合同》，应双倍返还定金。协议签订当日，原告向被告交付定金100000元，被告向原告出具了收据一份。2015年3月，因西宁市轨道交通建设的规划，预售房屋所在的住宅小区的建设被西宁市政府叫停，要求重新进行规划。在被告无法继续履行协议的情况下，原、被告商定退还购房定金。2015年4月24日，被告向部分预定客户（含原告）出具承诺书承诺："于2015年4月28日退还房屋认购定金及利息，另加每户补偿金1000元，如未退款，将每户退款额定为15万元（含房屋认购定金及利息）。"后工程一直未能开工，被告也未按期退款。经市房管部门组织预定客户和被告协商，被告于2016年1月26日、2月22日、4月8日、5月26日、8月5日陆续向原告退还购房定金共计57600元，剩余定金42400元至今未退。

【案件焦点】

1. 关于福源公司返还柯某预定房款的问题；2. 关于福源公司承诺的违约金的问题。

【法院裁判要旨】

青海省西宁市城东区人民法院经审理认为：原告柯某与被告福源公司签订的《商品房预订协议书》，因不可抗力的原因，导致合同双方目的无法实现，故被告应履行返还剩余定金之责，及时将剩余定金42400元返还给原告。合同无法履行后，被告向原告出具的承诺书，承诺了退还购房定金的期限及违约责任（即逾期退款被告愿承担违约金50000元）。该承诺书是在被告因不可抗力无法继续履行原协议的情况下，原、被告对关于被告退还定金的补充约定，是双方的真实意思表示，合法有效，双方应按约定严格履行各自的权利和义务。现被告未按期履行约定，属违约行为，应承担违约责任，故原告对违约金50000元的主张法院应予支持；被告以承诺书违背其意愿的辩解，无证据印证，不予采信。因承诺书中约定的150000元中明确载明含房屋认购定金及利息，原告在主张违约金的同时，又主张利息，属于重复，不予支持。依照《中华人民共和国合同法》第八条、第六十条、第一百零七条，《最高人民法院关于审理商品房买卖合同纠纷案件适用法律若干问题的解释》第四条，《中华人民共和国民事诉讼法》第六十四条第一款、第一百三十四条第一款、第一百四十二条之规定，判决如下：

一、被告福源公司于本判决生效后一个月内给付原告柯某预定房款即定金42400元及违约金50000元，共计92400元；

二、驳回原告柯某的其他诉讼请求。

福源公司提起上诉，青海省西宁市中级人民法院同意一审法院裁判意见，依照《中华人民共和国民事诉讼法》第一百七十条第一款第一项之规定，判决如下：

驳回上诉，维持原判。

【法官后语】

本案主要涉及以下两个问题，现分别予以解说。

关于福源公司返还柯某预定房款的问题。所谓不可抗力，是指不能预见、不能避免、并且不能克服的客观情况。除此之外，不可抗力的构成要件还应包括该事件发生在合同订立以后，该事件非因任何一方之过失引起。福源公司与柯某自愿签订的福源水岸豪庭商品房预定协议书，因西宁市轻轨交通一号线规划建设，预售房屋所在的住宅小区的建设被政府叫停，要求重新进行规划，从而导致合同双方目的均无法实现，此种情况，属于不可归责于合同任何一方的情形。根据《最高人民法院关于审理商品房买卖合同纠纷案件适用法律若干问题的解释》第四条规定，因不可归责于当事人双方的事由，导致商品房买卖合同未能订立的，出卖人将定金返还买受人。在协议书已合法解除的情况下，福源公司理应履行返还定金之责，及时将剩余定金 42400 元返还给柯某。

关于福源公司承诺的违约金的问题。福源公司在无法继续履行的事由出现后不能及时返还购房定金的情况下，于 2015 年 4 月 24 日出具承诺书，并得到柯某认可，该承诺书是双方就返还购房定金事宜的补充约定，应当认定为双方达成的新的意思表示，且承诺书内容不违反法律、法规强制性规定，应当认定有效，双方应按约定严格履行各自的权利和义务。现福源公司未按期履行约定，属违约行为，应承担违约责任。而福源公司所持承诺书系其公司在受胁迫的情形下出具，柯某放弃承诺书内容，同意只退还定金的主张，因其提交的证据不足以证明其主张成立，且其公司在除斥期间内未主张撤销承诺书，故不能成立。

编写人：青海省西宁市城东区人民法院　马雪莹

2

解除权行使期间约定为十日内是否有效

——田某燕、毛某学诉重庆鲁能开发（集团）有限公司商品房预售合同案

【案件基本信息】

1. 裁判书字号

重庆市第一中级人民法院（2019）渝01民终1418号民事判决书

2. 案由：商品房预售合同纠纷

3. 当事人

原告（被上诉人）：田某燕、毛某学

被告（上诉人）：重庆鲁能开发（集团）有限公司（以下简称鲁能公司）

【基本案情】

2017年8月19日，鲁能公司与田某燕、毛某学签订《重庆市商品房买卖合同》，约定田某燕、毛某学购买其开发的位于重庆市渝北区仙桃街道中央公园北路28号鲁能城中央公园8幢某商铺，总价款1421979元。合同中约定首付款861979元，按揭贷款560000元。若因鲁能公司原因导致田某燕、毛某学未能获得银行贷款或者获得银行贷款少于申请额的，田某燕、毛某学可单方解除本合同。鲁能公司应当在2018年5月30日前交房，若逾期超过九十日后，田某燕、毛某学有权解除合同，自解除合同通知到达之日起三十日内鲁能公司应退还全部已付房价款及利息，并按已付房价款5%支付违约金。银行按揭款应于本合同签订之日起六个月内支付到鲁能公司账户，逾期鲁能公司有权收取日万分之五的违约金，并有权选择解除合同。若按揭款未到达鲁能公司银行账户，则鲁能公司有权拒绝交房直至田某燕、毛某学付清全部应付款。田某燕、毛某学方根据本合同约定行使解约权的，应当在本合同解除权产生之日起十日内行使，逾期不行使视为田某燕、毛某学放弃。

2018 年 9 月 15 日，田某燕、毛某学以未办理银行按揭贷款，未交房已逾期九十日，发函要求与鲁能公司解除合同。同日，鲁能公司向田某燕、毛某学发出了交房通知，2018 年 9 月 28 日，发出办理按揭贷款的通知。

鲁能公司认为，银行规定商业按揭贷款应当在取得竣工验收备案登记证后才能办理，该房屋于 2018 年 9 月 11 日取得，故一直未通知田某燕、毛某学办理按揭贷款手续，且置业顾问告知过田某燕、毛某学该情况，不同意解除合同。但田某燕、毛某学称对上述情况并不知情，认为鲁能公司逾期办理按揭贷款，逾期交房，约定解除权条件成就，即使约定解除权不成就，其向鲁能公司发出解除合同通知书也应当视为对鲁能公司履行合同主要义务的催告，经合理期限鲁能公司未履行，符合法定解除权的行使条件。

【案件焦点】

1. 合同约定解除权行使条件是否成就；2. 约定行使期间十日内是否有效。

【法院裁判要旨】

重庆市渝北区人民法院经审理认为：田某燕、毛某学与鲁能公司所签订的《重庆市商品房买卖合同》合法有效。合同中并未对何时办理按揭贷款进行约定，仅约定若按揭款逾期的，鲁能公司可选择解除合同及要求支付违约金。本案由于鲁能公司原因造成不能办理按揭贷款的，鲁能公司不能以此为由向田某燕、毛某学主张逾期付款的责任，田某燕、毛某学也无权依据此条的约定向鲁能公司要求解除合同。

合同中虽明确约定按揭款未到达鲁能公司账户，其有权拒绝交房。但未付款的原因是鲁能公司造成，即鲁能公司的行为阻止了交房条件的成就，即应当视为田某燕、毛某学已付清全部购房款，鲁能公司应当在 2018 年 5 月 30 日前交房，其在 2018 年 5 月 30 日尚未取得竣工验收备案登记证，不能达到交付条件，加上其阻止了交房条件的成就，应当认定鲁能公司逾期交房的行为成立，且逾期交房已超过九十日，田某燕、毛某学有权解除合同。

对于解除权的行使期间问题。鲁能公司提供的商品房买卖合同属于格式条款，其约定的合同解除权产生之日起十日内行使，该条款明显限制了田某燕、毛某学的合同解除权，应当无效。田某燕、毛某学于 2018 年 9 月 15 日向鲁能公司发出了解除合同通知书，鲁能公司收到该解除通知时解除。重庆市渝北区人民法院依照《中华人民共和国合同法》第三十九条等规定，作出如下判决：

一、被告鲁能公司立即退还原告田某燕、毛某学购房款 861979 元及利息；

二、被告鲁能公司立即支付原告田某燕、毛某学违约金 43098.95 元；

三、驳回原告田某燕、毛某学的其他诉讼请求。

鲁能公司不服一审判决，提起上诉。重庆市第一中级人民法院经审理后，双方达成如下调解协议：

一、鲁能公司与田某燕、毛某学一致同意双方签订的《重庆市商品房买卖合同》及补充协议于 2019 年 3 月 19 日解除；

二、鲁能公司在 2019 年 3 月 25 日前退还田某燕、毛某学购房款 861979 元，购房款利息 55451 元，违约金 21549 元；

三、如果鲁能公司未在前述期限内付清前述诸笔款项，双方一致同意按照（2018）渝 0112 民初 21805 号民事判决履行。

【法官后语】

本案处理重点在于双方约定的合同解除条件是否成就，约定解除权行使期间为十日内是否有效。我国《最高人民法院关于审理商品房买卖合同纠纷案件适用法律若干问题的解释》第十五条规定，根据《中华人民共和国合同法》第九十四条的规定，出卖人迟延交付房屋或者买受人迟延支付购房款，经催告后在三个月的合理期限内仍未履行，当事人一方请求解除合同的，应予支持，但当事人另有约定的除外。法律没有规定或者当事人没有约定，经对方当事人催告后，解除权行使的合理期限为三个月。对方当事人没有催告的，解除权应当在解除权发生之日起一年内行使；逾期不行使的，解除权消灭。

具体到本案中，田某燕、毛某学存在逾期未支付按揭款行为，鲁能公司存在逾期交房九十日的行为，因未支付按揭款的原因系鲁能开发公司造成的，故鲁能公司不能基于田某燕、毛某学未支付按揭款从而拒绝交房。《中华人民共和国合同法》第四十五条第二款规定，当事人为自己利益，不正当阻止条件成就的，视为条件已成就。鲁能公司因为没有取得合法竣工验收备案登记证导致田某燕、毛某学无法向银行申请按揭贷款。应当视为支付按揭贷款条件成就。

对于双方关于解除权行使期间为十日的约定是否有效。约定解除权有别于法定解除权。法定解除权是符合法定情形下才能解除合同，一般是经催告后三个月未履行，三个月内可以行使解除权，未经催告的一年内行使，该行使期间理论上为除斥期间，该期间不适用于诉讼时效的中止、中断，该期限一经通过，则解除权归于消灭。

约定解除权是双方自愿约定，属于私权处分范畴。约定解除权虽然有助于当事人对其交易风险进行分配，有助于提高解约效率，降低解约成本，但同时也要遵守诚实信用、善良风俗原则。实践中，究竟双方约定解除权行驶期间多久为宜。笔者认为，一般情况下约定解除权人通过邮局以邮寄的方式向合同相对方发出函告进行催告或者发出解除合同通知书，催告也有一定的期限，扣除邮寄在途时间，可以参考法定解除权，以三个月至一年期间为宜。尤其是在签订合同中，若一方属于提供格式合同，则不能不正当利用格式条款免除己方责任、加重对方责任、排除对方主要权利，否则该条款无效。

本案中，提供格式条款的鲁能公司约定合同解除权行使期间为十日，可视为该约定没有合理约定设置解决问题的缓冲期和缓冲条件，不符合商品房买卖合同履行中的实际情况，性质上属于排除购房人主要权利的条款，应认定为无效。故一审及二审法院作出解除双方签订的商品房买卖合同的裁决。

编写人：重庆市渝北区人民法院　郭蒙政

3

开发商未主动告知无预售许可证是否构成故意隐瞒

——罗某敏诉重庆市凡庄房地产有限公司房屋买卖合同案

【案件基本信息】

1. 裁判书字号

重庆市第一中级人民法院（2018）渝01民终5296号民事判决书

2. 案由：房屋买卖合同纠纷

3. 当事人

原告（被上诉人）：罗某敏

被告（上诉人）：重庆市凡庄房地产有限公司（以下简称凡庄公司）

【基本案情】

2017年9月5日，凡庄公司与罗某敏签订《重庆市房屋买卖合同》，该合同末尾甲方签章处有凡庄公司的公章，罗某敏亦在末尾签名捺印。

凡庄公司于2018年3月30日取得了案涉房屋的商品房预售许可证。

【案件焦点】

凡庄公司未告知无预售许可证是否构成故意隐瞒，若合同无效，本案是否应由凡庄公司向罗某敏赔偿已付房款一倍的损失。

【法院裁判要旨】

重庆市璧山区人民法院经审理认为：凡庄公司作为专门的房地产开发企业，在涉案房屋并未办理预售许可证的情况下对房屋进行预售，违背了法律的强制性规定，且直到罗某敏起诉时，凡庄公司仍然未取得涉案房屋的预售许可证，因而案涉房屋买卖合同无效。

根据《最高人民法院关于审理商品房买卖合同纠纷案件适用法律若干问题的解释》（以下简称《解释》）第九条的规定，凡庄公司明知涉案房屋尚未取得预售许可，将不具备进入市场交易条件的房屋预售给罗某敏，并收取全部房款，其行为违反了法律法规的禁止性规定，且在案证据不能证实凡庄公司已将未取得预售许可证的情况告知罗某敏。

据此，重庆市璧山区人民法院判决：

一、凡庄公司与罗某敏签订的《重庆市房屋买卖合同》无效；

二、凡庄公司于本判决生效之日起三日内返还罗某敏购房款332305.2元以及预交大修基金和税款20000元，并向罗某敏支付赔偿款332305.2元。

凡庄公司不服一审判决，提起上诉。重庆市第一中级人民法院经审理认为：1. 凡庄公司未告知无预售许可的行为构成故意隐瞒。本案中，首先，凡庄公司有隐瞒行为，其作为专门从事房地产开发的企业，未履行法定的告知义务，其默示行为也构成了隐瞒；其次，凡庄公司有隐瞒的主观故意，其未主动告知，且案涉合同虽载明为重庆市土地和房屋管理局的格式文本，但并非该局颁布的正在使用的示范格式文本，证明凡庄公司具有诱使对方认为其公司出卖的标的物合法，进而作出错误表意的故意；再次，罗某敏作出了购买房屋的意思表示并缴纳了房款；最后，罗某敏陈述当时知道没有预售许可证就不会买，足以认定隐瞒的事实与作出购买意思表示之间具有因果关系。

2. 根据《解释》第九条规定，因出卖人的欺诈行为所造成的后果不同、损失不同，法院可对其承担的赔偿责任在已付房款一倍以内可进行调整。本案中，二审考虑了以下因素：一是凡庄公司在一审第二次开庭前即取得预售许可，而司法实践对此情形下合同效力如何认定争议较大；审理中凡庄公司表示愿意继续履行合同，其故意隐瞒行为并未导致罗某敏购买房屋的合同目的不能实现，不属于情节特别严重的情形。二是罗某敏在签订合同后 75 天即提起本案诉讼，案涉房屋地点处于璧山区丁家镇，房价波动不大，已付房款的一倍远远超过其资金占用损失。二审法院酌情确定赔偿数额为已付房款的 30% 即 99691. 56 元，由凡庄公司向罗某敏承担赔偿责任。

据此，重庆市第一中级人民法院判决：

一、维持原审判决书第一项；

二、撤销原审判决书第二项；

三、变更原审判决书第二项为：凡庄公司于本判决生效之日起三日内返还罗某敏购房款 332305. 2 元以及预交大修基金和税款 20000 元；

四、凡庄公司于本判决生效之日起三日内向罗某敏支付赔偿款 99691. 56 元；

五、驳回罗某敏的其他诉讼请求。

【法官后语】

本案主要争点是开发商未告知无预售许可证是否构成故意隐瞒，该问题涉及对《解释》第九条规定的理解与适用。

《解释》第九条规定：“出卖人订立商品房买卖合同时，具有下列情形之一，导致合同无效或者被撤销、解除的，买受人可以请求返还已付购房款及利息、赔偿损失，并可以请求出卖人承担不超过已付购房款一倍的赔偿责任：（一）故意隐瞒没有取得商品房预售许可证明的事实或者提供虚假商品房预售许可证明；（二）故意隐瞒所售房屋已经抵押的事实；（三）故意隐瞒所售房屋已经出卖给第三人或者为拆迁补偿安置房屋的事实。”

笔者分析如下：

一、开发商未告知无预售许可是否构成“故意隐瞒”

在民法传统理论中，故意隐瞒是欺诈的表现形式之一。学术界较为一致的观点认为，欺诈一般是明示的，但在负有告知义务的情况下，未主动告知也构成故意隐瞒。一般来说，此种告知义务来源于法律规定、合同约定。

取得《商品房预售许可证》是商品房预售的条件之一。根据惯例，开发商通常在销售场所公示预售许可。签订合同时，购房者未询问、开发商未告知的情形是否构成故意隐瞒，《解释》第九条未作出明确规定，在理论和实务中存在争议。本案中，凡庄公司未主动告知无预售许可证。根据相关法律规定，开发商对预售许可证负有出示义务。但是，出示是否等同于告知？笔者认为，首先，出示的汉语释义有告示之意，也即出示包含告知；其次，因开发商和购房者在房地产领域存在信息不对称，基于公平原则，开发商应负有展示、告知等积极出示义务。因此，开发商未积极主动告知购房者无预售许可应认定存在欺诈行为和故意。

此外，购房者未主动询问，是否影响开发商构成故意隐瞒之欺诈？笔者持否定意见，理由：(1) 一般购房者不具备房地产专业知识，不应对其审查义务进行苛求和强加；(2) 欺诈行为的构成要件并不包含审查受欺诈人有无过错的要件；(3) 虽不影响欺诈定性，但可作为确定赔偿金额时的考虑因素。

值得注意的是，购房者通常要考虑诸多因素，如价格、位置、环境等，但若其作出“如当时知道没有预售许可证，就不会买”的表示时，即足以认定开发商应告知而未告知的行为与购房人购买结果之间存在因果关系，构成故意隐瞒。

二、在构成故意隐瞒的情况下，若合同无效，如何适用《解释》第九条规定

解读该条款，赔偿责任可由法院根据实际情况，在已付房款的一倍之内进行调整；三种情形导致合同是否能实现的后果不同，在适用时应注意区分。

反观本案，其一，从合同的效力看，《解释》第二条规定：“出卖人未取得商品房预售许可证明，与买受人订立的商品房预售合同，应当认定无效，但是在起诉

前取得商品房预售许可证明的，可以认定有效。”该条将合同效力补正时间限定为起诉前，但有些法院将其延伸至“一审法庭辩论终结前”。本案中，凡庄公司取得预售许可证是在一审第二次开庭前，是否严格适用上述规定认定合同无效存在争议。如认定合同有效，则不应适用《解释》第九条。二审法院从有利于购房者的角度出发，选择严格适用认定无效，而在适用《解释》第九条判令赔偿额时，不宜顶格适用赔偿已付购房款的一倍。其二，从诚信履行看，合同当事人均应遵循民法中的帝王条款——诚实信用原则。凡庄公司取得预售许可后，案涉合同可以履行，且凡庄公司愿意履行，罗某敏不愿履行。也即凡庄公司虽未及时取得预售许可证，但并未造成特别严重的后果，此为二审法院确定凡庄公司的赔偿责任时所考量的重要因素之一。

综上，笔者认为，在适用《解释》第九条确定开发商的赔偿责任，应综合考虑以下因素：(1) 因开发商故意隐瞒导致的后果严重程度，如购买房屋的目的能否实现；(2) 因合同无效给购房者造成的损失大小，如房价涨幅；(3) 购房者是否尽到合理的审查义务，主要根据购房者的自身情况来判断。

编写人：重庆市第一中级人民法院　陈瑜　庞端端

4

楼书的合同属性之认定

——唐某诉成都盛阳房地产开发有限公司商品房预售合同案

【案件基本信息】

1. 裁判书字号

四川省成都市中级人民法院（2018）川01民终7615号民事判决书

2. 案由：商品房预售合同纠纷

3. 当事人

原告（被上诉人）：唐某

被告（上诉人）：成都盛阳房地产开发有限公司（以下简称盛阳公司）

第三人（被上诉人）：中信银行股份有限公司成都分公司（以下简中信成都公司）

【基本案情】

盛阳公司开发了“双楠·港汇广场”商业楼盘，其为了推广销售，面向社会散发了《跟着排队店去赚钱!》的宣传资料（楼书）。该宣传资料显示，每个商铺层高达9.1米，购房人只需购买1层商铺，通过搭建，就可以受赠上下相邻两个层高约达3米的空间（空间上下赠送），从而大大扩大使用面积。同时，盛阳公司亦在互联网发布了“双楠．港汇广场”图解看房、效果图等网页，竭力宣传该商铺层高达9.1米，其层高地下商业为3米，地上部分为6.1米，6.1米的层高完全可以做一个夹层的卖点。受这些宣传资料的吸引，唐某拟购买其中一套商铺。

2014年1月6日，唐某（买受人）与盛阳公司（出卖人）签订了《商品房买卖合同》及《商品房买卖合同补充协议》，上述宣传资料中宣传的商铺层高达9.1米的内容未载入《商品房买卖合同》及《商品房买卖合同补充协议》。

在上述合同、补充协议签订前后，唐某向盛阳公司支付购房款1685410元，余款1300000元通过向中信成都公司按揭贷款的方式完成支付。

盛阳公司售楼宣传资料中所宣传的商铺层高达9.1米，空间上下赠送，实际是在一层商铺（层高6.1米）下面的地下室空间搭建钢结构夹层（层高3米），打通后将商铺的使用面积和空间予以拓展。为搭建地下室钢结构夹层，2015年5月4日，盛阳公司向唐某提供《委托承建协议》模板，由唐某签字，形成《委托承建协议》，即唐某委托受托方中兴建设有限公司免费代为修建其持有的物业（“双楠·港汇广场”商业1栋1层20号）地下室夹层部分，层高3米，面积约37平方米。2015年5月20日，盛阳公司向包括唐某在内的业主致以《交房通知书》，称对方所购买的房屋已达到交房条件，该公司将于2015年5月29日办理交房手续。唐某则拒绝收房。

2017年5月19日，成都市武侯区房产管理局向盛阳公司作出《责令（限期）改正通知书》，称该机关在对该单位进行检查的过程中，发现存在违规搭设钢结构夹层、影响房屋安全的问题，根据《成都市房屋使用安全管理条例》第二十七条、

第五十二条的规定，现责令该单位在 2017 年 6 月 10 日前对以上问题进行改正。逾期不改正，该机关将依法予以查处。

2017 年 8 月 7 日，成都市武侯区综合行政执法局向盛阳公司作出《房产行政处罚事先告知书》，称对方未经批准擅自拆改房屋结构、增加夹层、拒不改正的行为违反了《成都市房屋使用安全管理条例》第二十七条第一项和第二项规定，因此拟对盛阳公司处罚款 49000 元。

唐某截至 2018 年 1 月 18 日已还第三人中信成都公司贷款本金 303236.58 元及利息 227249.34 元，剩余本金为 996763.42 元。

第三人中信成都公司在本案中亦提出了独立诉讼请求，即诉请解除《个人贷款合同》及要求唐某返还贷款本息。

【案件焦点】

本案中的“楼书”属于要约邀请还是要约。

【法院裁判要旨】

四川省成都市武侯区人民法院经审理认为：《最高人民法院关于审理商品房买卖合同纠纷案件适用法律若干问题的解释》第三条规定：“商品房的销售广告和宣传资料为要约邀请，但是出卖人就商品房开发规划范围内的房屋及相关设施所作的说明和允诺具体确定，并对商品房买卖合同的订立以及房屋价格的确定有重大影响的，应当视为要约。该说明和允诺即使未载入商品房买卖合同，亦应当视为合同内容，当事人违反的，应当承担违约责任。”

本案中，被告盛阳公司在销售其“双楠·港汇广场”商业项目时，其销售广告和宣传资料均就商铺层高为 9.1 米作出了明确的允诺，此系对房屋结构参数作出的允诺，对双方签订合同有重大影响，应当视为要约，虽然未载入《商品房买卖合同》，亦应当视为合同内容。现因在一楼商铺的下方地下室空间内搭建夹层的行为被行政机关予以禁止和勒令拆除，被告盛阳公司已无法向原告唐某交付符合合同要求层高的房屋，被告盛阳公司已构成违约，原告唐某请求解除合同符合《中华人民共和国合同法》的规定，应予支持。合同解除后，尚未履行的，终止履行；已经履行的，根据履行情况和合同性质，当事人可以要求恢复原状、采取其他补救措施，并有权要求赔偿损失。原告唐某已经向被告盛阳公司支付了全部购房款，合同解除后，应予返还。但因原告唐某所付购房款中，部分由原告唐某向第三人中信成都公司贷款支付，现第三人中信成都公司在本案中提出了独立诉讼请求，即解除《个人贷款合同》及返还贷款本息，因此，原告唐某所支付的购房款，除原告唐某自行支付的部分应返还给原告唐某外，其余通过银行贷款支付的部分应返还给第三人中信成都公司。原告唐某已经向第三人中信成都公司返还的贷款本金及支付的贷款利息，亦应由被告盛阳公司支付与原告唐某。

据此，依照《中华人民共和国合同法》第九十四条、第九十七条，《最高人民法院关于审理商品房买卖合同纠纷案件适用法律若干问题的解释》第三条、第二十五条之规定，作出如下判决：

一、解除原告唐某与被告盛阳公司于2014年1月6日签订的《商品房买卖合同》及《补充协议》；

二、被告盛阳公司于本判决生效之日起十日内返还原告唐某购房款1685410元及利息（其中100000元从2013年12月28日起计息、495410元从2014年1月6日起计息、1090000元从2014年2月22日起计息，利息计算至本判决确定的付款期限届满之日止，利率执行4.75%/年）；

三、解除原告唐某与第三人中信成都公司、被告盛阳公司于2014年签订的《中信银行个人借款合同》；

四、被告盛阳公司于本判决生效之日起十日内返还原告唐某截至2018年1月18日已还第三人中信成都公司的贷款本金303236.58元及利息227249.34元；

五、被告盛阳公司于本判决生效之日起十日内返还第三人中信成都公司剩余贷款本金996763.42元及利息（参照原告唐某、第三人中信成都公司、被告盛阳公司2014年签订的《中信银行个人借款合同》从2018年1月19日计算至本判决确定的付款期限届满之日止）；

六、驳回原告唐某的其他诉讼请求。

盛阳公司提起上诉。四川省成都市中级人民法院经审理同意一审法院裁判意见，依法予以维持。

【法官后语】

漂亮的“楼书”记载了在售商品房优于同类商品房的卖点，潜在的购房人在选择购买商品房时是无法无视这个卖点的，在其他条件不相上下、没有显著优势的情况下，某商品房楼盘存在的卖点对购房人作出购买选择具有很大的影响，甚至是决定性作用。如房屋的结构、赠送面积、楼间距、小区环境、是否学区房等。而在签订正式商品房买卖合同的时候，格式合同、补充协议系由开发商提供，购房人只有接受和签署，否则将无法购买房屋。开发商提供的格式合同，一般采用的是当地房管局提供的格式样本，虽然详尽，但系通用样本，显然不会把“楼书”中的卖点写入。这就给开发商提供了操作的空间。诚信的开发商，会在补充协议中载入楼书中的卖点内容，将这些卖点作为交房条件约束自己；而有些开发商，却未必如此诚信，可能会装傻忽悠，不把“楼书”中的卖点载入，使购房者在收到不符合楼书内容的房屋后，因缺乏维权的合同依据，而在维权路上困难重重。

本案非常典型地反映了上述情况，“楼书”中炫耀的卖点9.1米层高未载入合同及补充协议，开发商也无法提供9.1米层高的房屋空间，购房人唐某因此拒绝收房并要求解除合同。开发商以合同无此约定予以拒绝。法院在审理中充分注意到楼书内容，并依据相关司法解释认定楼书的合同属性，采纳了购房人的意见和主张，作出开发商违约的认定。

本案还有一亮点在于追加了贷款银行作为有独立请求权的第三人，并合并审理其独立请求和作出判决，也颇有参考价值。

编写人：四川省成都市武侯区人民法院　赵阳

5

商品房的交付是否应以人防、燃气等设施的验收合格为要件

——邱某东、吴某梅诉福建津汇房地产开发有限公司商品房预售合同案

【案件基本信息】

1. 裁判书字号

福建省泉州市中级人民法院（2017）闽05民终6730号民事判决书

2. 案由：商品房预售合同纠纷

3. 当事人

原告（上诉人）：邱某东、吴某梅

被告（上诉人）：福建津汇房地产开发有限公司（以下简称津汇公司）

【基本案情】

2014年4月2日，邱某东、吴某梅以总价957942元向津汇公司购买位于福建省泉州市洛江区滨江大道的"津汇·红树湾"A区2号楼2502号房屋。双方签订《商品房买卖合同》及数份附件，其中《商品房买卖合同》第八条约定：津汇公司应当在2016年8月31日前，将同时符合下列各项约定条件的商品房交付使用：1. 经建设单位依法组织勘察、设计、施工、监理等单位竣工验收合格和消防验收合格；2. 该商品房所在建筑物管道燃气、消防等设施达到设计要求条件；3. 小区内部绿化、环卫等公共配套建筑、基础设施按规划设计要求建设完成；4. 如遇下列特殊原因，津汇公司可据实予以延期……（3）遇日降雨量10mm以上降雨、六级以上大风（含六级）、台风及其他自然灾害等。第十一条约定：商品房达到交付使用条件后，津汇公司应当书面通知业主办理交付手续。交接时，津汇公司应当出示有关证明文件原件，提供《住宅质量保证书》和《住宅使用说明书》。附件6第五条约定：竣工验收备案手续可在交房后向政府主管部门办理。2016年6月14日，泉州市洛江区人民防空办公室对"津汇·红树湾"防空地下室施工图防护设计作出批复。当年10月10日，讼争楼盘竣工验收。同月24日，津汇公司发出交房须知，通知业主于次月的26日至30日与其办理交房手续。11月17日，讼争楼盘经消防验收合格。12月16日，津汇公司在报纸上刊登公告，通知业主7日内办理交房手续。2017年2月25日，讼争楼盘燃气建设项目竣工验收。同年3月10日，津汇公司向邱某东、吴某梅发出告知函，要求二人收到通知之日起7日内办理交房手续。邱某东、吴某梅于次日收到该告知函。2017年5月27日，泉州市规划局对讼争楼盘人防地下室给予规划核实。

【案件焦点】

讼争商品房是否达到交付条件及何时达到交付条件。

【法院裁判要旨】

福建省泉州市洛江区人民法院经审理认为：本案符合合同约定可以延期交房的天数为100天，津汇公司据此可延长至2016年12月9日交房，但其未能在当日将商品房交付给邱某东、吴某梅使用，应认定自2016年12月10日起构成违约。津汇公司于2016年10月24日、12月16日发出的交房通知和公告，因期间内讼争楼盘未经消防和燃气建设工程验收，不符合交付条件，故均不发生法律效力。2017年3月11日，邱某东、吴某梅在收到津汇公司的书面通知后未能在七日内办理交房手续，相关责任应由其承担，讼争商品房于2017年3月17日视为完成交付。据此依照《中华人民共和国合同法》第八条、第一百零七条、第一百一十四条第一款，《中华人民共和国民事诉讼法》第六十四条，《最高人民法院关于适用〈中华人民共和国民事诉讼法〉的解释》第九十条规定，作出如下判决：

一、津汇公司应将《住宅质量保证书》《住宅使用说明书》交付给邱某东、吴某梅；

二、津汇公司应于判决生效之日起十日内向邱某东、吴某梅支付自2016年12月10日至2017年3月17日逾期交房违约金4693.92元；

三、驳回邱某东、吴某梅的其他诉讼请求。

一审判决后，双方当事人均提起上诉。福建省泉州市中级人民法院经审理认为：本案符合合同约定可以延期交房的天数为114天，即津汇公司可延长至2016年12月23日交房。一审对此认定有误，予以纠正。讼争房产分别于2016年的10月8日、11月17日取得《竣工验收报告》和《建设工程消防验收意见书》，说明津汇公司已于2016年10月8日通过建设、设计、施工、监理四家联合组织的竣工验收，并于同年11月17日通过消防验收，达到了合同约定的交房条件。邱某东、吴某梅虽主张讼争房产还需完成燃气、人防、消防、环保等综合竣工验收才符合交房条件，但合同中就燃气、人防、绿化等配套设施的约定为“达到设计要求”，而非经过验收方可交房，且《建设项目环境保护管理条例》规定“配套建设的环境保护设施”才应经环保验收，并未规定小区绿化建设验收是民用建筑交付使用的法定条件，相关法律也未规定城市人防建设工程为新建民用建筑交付使用的法定条件，根据《竣工验收报告》中载明的内容及津汇公司提交的照片，讼争房产所属工程项目均已按图纸设计要求完成施工建设，故上述配套设施应视为自竣工验收通过之日即2016年11月17日起已达到交付条件。津汇公司于2016年10月24日发出《交房通知书》，通知邱某东、吴某梅于次月的26日至30日到津汇公司办理交房手续，系在顺延交房期间内履行双方约定的交付义务，但邱某东、吴某梅未在通知的时间内与津汇公司办理交接手续，故应认定讼争房屋已于2016年11月30日完成交付。

2018年2月22日，福建省泉州市中级人民法院依照《中华人民共和国民事诉讼法》第一百七十条第一款第二项规定，作出如下判决：

一、维持福建省泉州市洛江区人民法院（2017）闽0504民初1033号民事判决第一项；

二、撤销福建省泉州市洛江区人民法院（2017）闽0504民初1033号民事判决第二项、第三项；

三、驳回邱某东、吴某梅一审的其他诉讼请求；

四、驳回津汇公司的其他上诉请求。

【法官后语】

对于商品房交付使用的法定条件或者说强制性标准，学界与实务界认识不一，主要有以下三种观点：一是建筑工程验收合格论，主张商品房经建设单位组织设计、施工、工程监理等有关单位进行建筑工程对竣工验收合格后，即符合交付条件。二是项目竣工验收合格论，认为商品房的交付除经建筑单位组织的竣工验收外，还须符合经工程质量监督、规划、消防、人防等有关部门的验收合格为要件。三是综合验收合格论，认为商品房的竣工应进行单项工程的工程质量、城市规划设计条件的落实情况、物业管理的落实情况等综合验收。

之所以会有不同观点，这与我国房地产政策的多变以及法律、司法解释对此类纠纷的处理缺乏明确的规定有一定关系。

以案件处理时有效的法律、行政法规为依据进行评价，笔者主张采建筑工程验收合格论，案中二审法院亦是以此为依据进行裁判的。主要理由有：根据《城市房地产开发经营管理条例》第十七条规定："房地产开发项目竣工，依照《建设工程质量管理条例》的规定验收合格后，方可交付使用。"以及《建设工程质量管理条例》第十六条第一款规定："建设单位收到建设工程竣工报告后，应当组织设计、施工、工程监理等有关单位进行竣工验收。”第四十九条规定：“建设单位应当自建设工程竣工验收合格之日起15日内，将建设工程竣工验收报告和规划、公安消防、环保等部门出具的认可文件或者准许使用文件报建设行政主管部门或者其他有关部门备案。建设行政主管部门或者其他有关部门发现建设单位在竣工验收过程中有违反国家有关建设工程质量管理规定行为的，责令停止使用，重新组织竣工验收。”可知，建设工程竣工验收是以建设、设计、施工、监理四家联合验收为标准的。而规划、环保等部门的认可文件以及备案，是建设等行政部门行使管理权的一种方式，不属于竣工验收的范畴。至于商品房经竣工验收合格后如何备案，当事人可以自行约定。此外，《中华人民共和国人民防空法》也没有规定城市新建民用建筑需经过人防部门验收后方可交房。

本案中，鉴于双方当事人仅约定商品房的交付应经竣工验收合格和消防验收合格，竣工验收备案手续可在交房后向政府主管部门办理。故在讼争楼房经竣工和消防验收合格情况下，二审法院认定讼争商品房于2016年11月17日达到交付条件，并对邱某东、吴某梅关于未经燃气、人防、环保等综合验收不符合交房条件的主张不予采纳，是正确的。

编写人：福建省泉州市洛江区人民法院　林前枢

6

虽然约定了“换签条款”但商品房预约合同不能直接转为本约

——王某芳、王某忠诉厦门昌林实业有限公司商品房预约合同案

【案件基本信息】

1. 裁判书字号

福建省厦门市中级人民法院（2018）闽02民终5630号民事判决书

2. 案由：商品房预约合同纠纷

3. 当事人

原告（被上诉人）：王某芳、王某忠

被告（上诉人）：厦门昌林实业有限公司（以下简称昌林公司）

【基本案情】

2015年2月14日，王某芳、王秋婷、王秋霞、吕庆良、吕燕燕、王良日、王秀京七个出借人的代表人王尚云与借款人吴维鲜、高玉梅，担保人吴杭雄签订一份《借款担保合同》，约定吴维鲜、高玉梅自愿作为共同借款人，对向上述七个出借人的各笔借款本息承担共同清偿责任，确认借款本金为13000万元。

2015年8月29日，王尚云作为上述七个出借人的代表与吴维鲜、高玉梅、吴杭雄签订《补充协议》约定：因吴维鲜、高玉梅、吴杭雄无力偿还前述借款，经双方协商一致，就“以房抵债”的相关事务达成相关约定，即吴维鲜、高玉梅、吴杭雄以昌林公司开发建设的厦门市会展中心西北侧的华尔顿1275楼盘项目9幢2403室等7套商品房抵付，该商品房的购房款从吴维鲜、高玉梅结欠的借款本金中直接扣除，自王某芳等人与昌林公司签订认购书之日起，上述抵偿房款的借款本金不再计付利息；前述借款抵付后，《借款担保合同》项下其他未“以房抵债”的余下借款本金、利息等仍按《借款担保合同》执行；在本协议签订后15日内，吴维鲜、高玉梅、吴杭雄协助王某芳等人与昌林公司签订《房屋认购书》后交房前一个月内网签《商品房买卖合同》；昌林公司承诺在网签《商品房买卖合同》后365日内出具完整税务发票交由王某芳等。

昌林公司于2015年9月14日在《补充协议》上签字“同意”并盖章确认。同日，王某芳、王某忠（乙方）与昌林公司（甲方）签订《商品房认购书》，约定：认购物业址于华尔顿1275（和昌中心）9幢24层03室，预售建筑面积总计224.48平方米，单价39748.45元/平方米，总房价8922732元，该商品房权利状态为甲方在建工程抵押未解尚不能网上签约状态。乙方应自甲方通知交房三十日内到甲方售楼处，与甲方完成签署《商品房买卖合同》以及相关文件并支付约定之房款。

2017年12月6日，王某芳、王某忠致函昌林公司，称：其按昌林公司售楼处电话通知到达昌林公司欲签订《商品房买卖合同》，却遭到拒签，拒签主要理由是未收到吴维鲜、高玉梅、吴杭雄支付房款。

【案件焦点】

1. 昌林公司是否加入了诉争债务；2. 王某芳、王某忠与昌林公司之间系预约合同关系，还是本约合同关系。

【法院裁判要旨】

福建省厦门市思明区人民法院经审理认为：案涉《借款担保合同》《补充协议》《商品房认购书》属有效合同，各方当事人均应依约诚信履行。昌林公司自愿加入案外债务人向王某芳所负债务中，与王某芳、王某忠建立商品房买卖合同关系，应依约履行其作为出卖人的相关义务。王某芳、王某忠作为买受人已支付购房款，且案涉房屋所在楼盘已竣工验收合格，同幢楼房的交楼时间也已截止，昌林公司应依约将案涉房屋交付给王某芳、王某忠。因案涉房屋现处于抵押状态，尚不具备过户条件；按约昌林公司履行协助办理案涉房屋权属证书的期间系交付商品房后60日内，现履行期限未至，王某芳、王某忠要求昌林公司协助办理案涉房屋权属证书的诉请，不予支持。待过户条件成就时，王某芳、王某忠可另行主张。

福建省厦门市思明区人民法院依照《中华人民共和国合同法》第八条、第六十条、第一百三十五条，《中华人民共和国民事诉讼法》第六十四条，《最高人民法院关于审理商品房买卖合同纠纷案件适用法律若干问题的解释》第五条规定，作出如下判决：

一、昌林公司于判决生效之日起十日内将华尔顿1275（和昌中心）9幢24层2403室房屋交付给王某芳、王某忠；

二、驳回王某芳、王某忠的其他诉讼请求。

昌林公司持一审答辩意见上诉。厦门市中级人民法院经审理认为：双方争议焦点在于王某芳、王某忠与昌林公司是否存在事实上的商品房买卖合同关系。案涉《商品房认购书》是商品房买卖合同双方当事人在签署商品房预售契约或商品房现房契约前所签订的文书，是对双方交易房屋有关事宜的初步确认。签订认购书时，真正的商品房买卖行为并未发生，仍处于商品房买卖成立前的前契约阶段，即使双方当事人完全履行了认购书，仍需双方另行签订商品房预售合同或现房销售合同；故该认购书的合同性质为预约合同，是独立有效的合同；但尚不具备《商品房买卖合同》成立的主要要件，即为《商品房销售管理办法》第十六条规定的商品房买卖合同的主要内容。该商品房认购书合同条款不齐备、不明确，且合同实际履行条件存在法律和事实上的障碍。据此，王某芳、王某忠在双方未签订《商品房买卖合同》时即要求昌林公司交付案涉商品房，缺乏事实和法律依据，不予支持，一审判决应予以撤销。

福建省厦门市中级人民法院依照《中华人民共和国民事诉讼法》第一百七十条第一款第二项、《最高人民法院关于审理商品房买卖合同纠纷案件适用法律若干问题的解释》第五条规定，作出如下判决：

一、撤销厦门市思明区人民法院（2018）闽0203民初1526号民事判决；

二、驳回王某芳、王某忠的诉讼请求。

【法官后语】

一、商品房预约合同的简要分析

商品房预约合同是约定将来订立一定契约之契约，其将来应订立之契约成为本契约。根据近年来司法解释和司法实践，预约合同已被认定为独立有效的合同，且其认定的标准亦已统一。

目前司法实践当中商品房预约合同最大的分歧在于其是否可以产生“强制缔约”的法律效果；也就是说违约责任的救济措施。其中争议最大的就是“换签条款”的效力。

二、换签条款产生分析

预约合同换签条款的存在主要有如下因素：

（一）房屋建设工程尚未开始，未来交易指向的标的物仅是当事人之间的允诺或者图纸中的设计，尚未客体化和具体量化。（二）开发商以格式合同的形式预制的认购、定购、预购协议或意向书中通常对未来交易之标的作出实质性的量化的约定。（三）商品房预售的行政管制因素。在商品房预售的有关法律制度中，存在着几乎全过程的国家管制。正是基于前述因素的存在，使得合同当事人一般在签订商品房预约合同时约定将来换签《商品房买卖合同》，即采用房地产行政管理部门拟定的示范文本进行网签、备案，办理预告登记等。

三、换签条款能否产生强制缔约的法律效果分析

意思自治原则，是我国民法的基本原则，其保障当事人从事民事活动时的意志自由，不受任何干预。

本案中，虽然昌林公司已与王某芳、王某忠签订认购书，且认购书当中亦约定

了换签条款，并对房屋基本情况（包括位置、面积、单价、总价款等）进行了约定，但对房屋交付使用条件及日期、办理产权登记事宜、违约责任等必备条款均未明确约定，且“面积差异的处理方式”作为商品房买卖合同的必备条款，双方则在《商品房认购书》约定以双方最终签署的《商品房买卖合同》中所列为准。

另外，从现行法律法规及司法实践当中，一般只认可特殊商品和服务交易方可适用强制缔约而突破当事人意思自治的基本原则，否则，依法不能予以突破。因此，若是强制昌林公司与王某芳、王某忠签订商品房买卖合同，势必违背了上述法律的基本原则，因此本案王某芳、王某忠诉求昌林公司向其交付商品房不符合法律规定，不应予以支持。

编写人：福建省厦门市中级人民法院　林巧玲

7

一方未当场签章的商品房买卖合同效力与违约责任的认定

——江阴新桥碧桂园房地产开发有限公司诉苏某洁商品房销售合同案

【案件基本信息】

1. 裁判书字号

江苏省无锡市中级人民法院（2017）苏02民终2378号民事判决书

2. 案由：商品房销售合同纠纷

3. 当事人

原告（上诉人）：江阴新桥碧桂园房地产开发有限公司（以下简称新桥碧桂园公司）

被告（被上诉人）：苏某洁

【基本案情】

2015年11月14日，新桥碧桂园公司（甲方）与苏某洁（乙方）签订江阴新桥碧桂园认购书，约定：苏某洁向新桥碧桂园公司认购江阴新桥碧桂园欧诺亚城市花园房屋，认购价为922337元；定金10000元必须于签署本认购书时付清（乙方与甲方签署商品房买卖合同及其补充协议书及一系列附件、附录等合同文件并支付第一期楼款时转作第一期楼款的一部分）；第一期楼款：10000元须于2015年11月14日前付清（含定金）；第二期楼款：222337元须于2015年12月17日前付清；第三期楼款：690000元须于2016年1月17日前付清；甲乙双方一致同意乙方与甲方签署商品房买卖合同及其附件、附录等合同文件并缴付第一期楼款的时间为2015年12月17日，乙方应于该时间携带本认购书、身份证明及本认购书的第一期楼款到江阴市新桥碧桂园销售中心与甲方签署上述合同文件及办理相关手续；因乙方未在本认购书约定的时间到江阴新桥碧桂园销售中心与甲方签约或因乙方违反本条任一约定或因乙方的其他任何原因导致上述合同文件在本认购书约定的时间没能签署的，甲方不予返还乙方已付的定金；乙方苏某洁的通信地址为江苏省江阴市新桥镇苏圩村，乙方确认认购书所记载的地址为乙方的送达地址，乙方如更改上述联系地址或电话，应立即书面通知甲方，如因未能及时通知甲方而造成的一切相应后果，由乙方承担。

苏某洁在新桥碧桂园公司提供的商品房买卖合同及补充协议落款买受人处签名。商品房买卖合同约定，苏某洁向新桥碧桂园公司购买预售商品房，交付期限为2016年12月30日；商品房为欧诺亚城市花园房屋，总价922337元；买受人付款方式及期限按补充协议书第二条第3种方式约定；买受人逾期付款超过90日后，出卖人有权解除合同；出卖人解除合同的，买受人按累计应付款的15%向出卖人支付违约金；出卖人应当在2016年12月30日前，依照国家和地方人民政府的有关规定，将经综合验收合格并符合合同约定的商品房交付买受人使用；由于买受人原因，未能按期交付房屋的，双方同意视为出卖人已按期交房；合同连同附件共12页，一式伍份，具有同等法律效力，合同持有情况如下：出卖人贰份，买受人壹份，房管局壹份，银行壹份。商品房买卖合同补充协议第二条关于付款方式及期限载明银行按揭分期付款：1. 出卖人出售给买受人该商品房的总房价款为922337元；2. 买受人必须在签订商品房买卖合同时付该商品房总价款的1.08%给出卖人，即9961元；3. 买受人必须在2015年12月17日前付该商品房总价款的24.11%给出卖人，即222375元，并向贷款银行办理按揭申请手续；4. 买受人必须在2016年1月17日前付该商品房总价款的74.81%给出卖人，即690000元。商品房买卖合同、商品房买卖合同补充协议等合同文件中未有签订日期。新桥碧桂园公司虽在本案审理中将由其盖章的合同提交法庭，但承认苏某洁在上述合同中签名时他公司未盖章，且他公司并未将上述合同文件原件交付苏某洁，合同也并未备案。

2016 年 5 月 7 日，新桥碧桂园公司委托律师事务所向苏某洁快递邮寄律师函，催付拖欠的楼款 912337 元并主张违约金 19807.7 元。2016 年 5 月 9 日，律师函妥投。

【案件焦点】

1. 商品房买卖合同是否成立；2. 新桥碧桂园公司是否有权解除合同；3. 新桥碧桂园公司能否依据商品房买卖合同的违约责任条款要求苏某洁支付违约金 138350 元。

【法院裁判要旨】

江苏省江阴市人民法院经审理认为：当事人采用合同书形式订立合同的，自双方当事人签字或者盖章时合同成立。商品房销售时，房地产开发企业和买受人应当订立书面商品房买卖合同。新桥碧桂园公司提供了有苏某洁签名的《商品房买卖合同》及其补充协议，但合同及补充协议上并无合同签订时间，新桥碧桂园公司诉称苏某洁于 2015 年 11 月 14 日在《商品房买卖合同》及其补充协议上签名，但该诉称与双方在《江阴新桥碧桂园认购书》中关于合同签署时间为 2015 年 12 月 17 日的约定并不相符，且新桥碧桂园公司承认在苏某洁于《商品房买卖合同》及其补充协议上签字时他公司并未当场盖章，故不能认定 2015 年 11 月 14 日或 2015 年 12 月 17 日为《商品房买卖合同》及其补充协议成立的时间。当事人订立合同，采取要约、承诺方式，承诺通知到达要约人时生效，承诺生效时合同成立。新桥碧桂园公司承认他公司盖章后未将合同及补充协议原件交付苏某洁。新桥碧桂园公司于 2016 年 5 月 7 日向苏某洁在认购书上确认的送达地址发出了催款函并于 2016 年 5 月 9 日被签收，表明新桥碧桂园公司已就《商品房买卖合同》及其补充协议的成立与苏某洁达成了合意，可以认定《商品房买卖合同》及其补充协议于 2016 年 5 月 9 日成立。

在履行期限届满之前，当事人一方明确表示或者以自己的行为表明不履行主要债务的，当事人可以解除合同。苏某洁在支付了定金后一直未支付购房款，其在收到新桥碧桂园公司的催款函后一直未与新桥碧桂园公司联系，新桥碧桂园公司起诉后，经法院传票传唤亦无正当理由拒不到庭，可以认定苏某洁以自己的行为表明不履行主要债务，新桥碧桂园公司有权解除合同。后苏某洁到庭陈述她同意解除合同，未对新桥碧桂园公司行使解除权提出异议。当事人一方行使解除权的，应当通知对方，合同自通知到达对方时解除。苏某洁于2017年2月23日收到新桥碧桂园公司的起诉状副本，可以视为解除合同的通知已到达苏某洁处，《商品房买卖合同》及附件、附录自通知到达之日即2017年2月23日解除。

合同解除后，尚未履行的，终止履行；已经履行的，根据履行情况和合同性质，当事人可以要求恢复原状、采取其他补救措施、并有权要求赔偿损失。《商品房买卖合同》及其补充协议成立时间2016年5月9日明显滞后于合同补充协议中约定的最后付款期限2016年1月17日，合同补充协议中关于购房款付款期限的约定实际上已不能履行，新桥碧桂园公司与苏某洁并未就付款期限另行约定，应视为双方关于购房款的付款期限约定不明确，苏某洁应在新桥碧桂园公司交付房屋的同时支付购房款。双方约定出卖人应当在2016年12月30日前交付房屋，由于买受人原因，未能按期交付房屋的，双方同意视为出卖人已按期交房。苏某洁在收到新桥碧桂园公司的催款函后一直未与新桥碧桂园公司联系，亦未支付购房款，由于苏某洁的原因新桥碧桂园公司于2016年12月30日前无法按期交房，按照双方约定应视为出卖人已按期交房，苏某洁应于2016年12月30日前支付购房款，但苏某洁并未支付，已构成逾期付款，应当承担赔偿损失等违约责任。

约定的违约金过分高于造成的损失的，当事人可以请求人民法院或者仲裁机构予以适当减少。当事人以约定的违约金过高为由请求减少的，应当以违约金超过造成的损失30%为标准适当减少。苏某洁陈述她不同意支付这么多违约金。按照双方的约定，苏某洁向新桥碧桂园公司支付违约金为135350.55元（902337元×15%＝135350.55元），该违约金数额远远超过按照未付购房款902337元自逾期付款之日（即2016年12月31日）起至合同解除之日（即2017年2月23日）止按中国人民银行规定的金融机构计收逾期贷款利息的30%，故对违约金予以适当调整，苏某洁应向新桥碧桂园公司支付的违约金为按照未付购房款902337元自2016年12月31日起至2017年2月23日止按中国人民银行规定的金融机构计收的逾期贷款利息的1.3倍计算的利息损失。合同解除后，新桥碧桂园公司应向苏某洁返还其支付的20000元。由于按照未付购房款902337元自2016年12月31日起至2017年2月23

日止按中国人民银行规定的金融机构计收的逾期贷款利息的1.3倍少于20000元，苏某洁表示如不承担这么多违约金则她可要求不返还20000元，系其对自身权利的处分，故苏某洁应向新桥碧桂园公司给付的违约金与新桥碧桂园公司应向苏某洁返还的款项相互抵销，《商品房买卖合同》及附件、附录解除后，苏某洁不再向新桥碧桂园公司支付任何款项，新桥碧桂园公司亦无需向苏某洁返还任何款项。

江苏省江阴市人民法院依照《中华人民共和国合同法》第十三条、第二十五条、第二十六条、第三十二条、第九十四条、第九十七条、第一百一十四条、第一百一十五条、第一百六十一条，《最高人民法院关于审理商品房买卖合同纠纷案件适用法律若干问题的解释》第十六条、第十七条，《中华人民共和国民事诉讼法》第一百四十四条之规定，作出如下判决：

一、解除新桥碧桂园公司与苏某洁签订的合同编号为ONYCSHY－02H－403的《商品房买卖合同》及附件、附录；

二、驳回新桥碧桂园公司的其他诉讼请求。

新桥碧桂园公司不服判决，提起上诉。江苏省无锡市中级人民法院经审理认为：1.《最高人民法院关于审理商品房买卖合同纠纷案件适用法律若干问题的解释》第五条规定，商品房的认购、订购、预订等协议具备《商品房销售管理办法》第十六条规定的商品房买卖合同的主要内容，并且出卖人已经按照约定收受购房款的，该协议应当认定为商品房买卖合同。苏某洁与新桥碧桂园公司于2015年11月14日签订认购书，该认购书就当事人名称、商品房基本情况、销售方式、价格、付款方式、交付日期等作了约定，其约定的标的物明确，内容翔实，该协议书已经具备了商品房买卖合同的主要内容，苏某洁也已支付部分购房款项，故该认购书应当认定为商品房买卖合同。苏某洁应按照认购书约定的付款时间按时足额付款，现苏某洁未能按照认购书约定的时间支付购房款，已构成违约。

2. 新桥碧桂园公司提供的逾期付款违约金明细中将苏某洁于2014年8月16日支付给江阴碧桂园公司的10000元确认为本案房屋的定金，新桥碧桂园公司认为上述10000元的收款单位并非该公司，逾期付款违约金明细将苏某洁支付给江阴碧桂园公司的款项记载为本案购房款项系电脑数据记录错误，但该陈述不足以推翻其向法院提交的逾期付款违约金明细中关于该10000元的自认。上述10000元应认定已经转化为案涉房屋的购房款。

3. 违约责任如何确定。新桥碧桂园公司主张依据商品房买卖合同的约定，苏某洁应按照累计应付款的15%计算违约金，对此，苏某洁并不认可。对新桥碧桂园公司的上述主张，不予支持。理由是：《中华人民共和国合同法》规定，承诺应当以通知的方式作出，且应当在要约确定的期限内到达要约人。本案中，根据认购书的约定，新桥碧桂园公司与苏某洁应于2015年12月17日签署商品房买卖合同，但苏某洁已于2015年11月左右先行在商品房买卖合同上签字，并将合同交予新桥碧桂园公司，应视为苏某洁已完成要约；此时新桥碧桂园公司并未在合同上签章，根据双方认购书约定，新桥碧桂园公司至迟应在2015年12月17日之前签署合同，签署完毕后应及时将合同原件交予苏某洁。但新桥碧桂园公司在2017年1月16日提起本案诉讼之前未将双方签署的商品房买卖合同交与苏某洁，应视为新桥碧桂园公司未能在合同约定的期限内完成承诺。因此，该商品房买卖合同中关于买受人逾期付款致合同解除需承担违约金的条款并未发生法律效力，不适用于本案处理违约责任，故对新桥碧桂园公司要求苏某洁支付其违约金的请求，不予支持。

《中华人民共和国合同法》第一百一十三条规定，当事人一方不履行合同义务或者履行合同义务不符合约定，给对方造成损失的，损失赔偿额应当相当于因违约所造成的损失，包括合同履行后可以获得的利益，但不得超过违反合同一方订立合同时预见到或者应当预见到的因违反合同可能造成的损失。本案中，新桥碧桂园公司未能就其损失进行主张，应当承担举证不能的法律后果。

合同解除后，新桥碧桂园公司应当返还苏某洁购房款20000元，但苏某洁在本案审理过程中表示如不承担这么多违约金则她可要求不返还20000元，系苏某洁的真实意思表示，法院予以准许。

综上所述，新桥碧桂园公司的上诉请求不能成立，一审判决结果正确，予以维持。

江苏省无锡市中级人民法院依照《中华人民共和国民事诉讼法》第一百七十条第一款第一项之规定，作出如下判决：

驳回上诉，维持原判。

【法官后语】

在商品房销售活动中，房地产开发公司为提高销售效率往往安排买受人在约定的合同签署时间前预先在其提供的商品房买卖合同上签字，而房地产开发公司并不当场签字、盖章或交付合同原件。商品房买卖合同的内容包括付款期限、违约责任等，关乎合同双方的权利义务，法院应审慎审查要约、承诺的效力，以确定商品房买卖合同的效力以及相应的违约责任。

一、一方未当场签章的商品房买卖合同的效力

商品房销售时，房地产开发公司与买受人应当签订书面商品房买卖合同。依照《中华人民共和国合同法》第三十二条的规定，书面合同自双方当事人签字或盖章时成立。但这并不意味着只要有当事人的签字或盖章书面合同就一定发生法律效力。合同的订立，是双方当事人相互磋商、达成合意的过程，只有当双方当事人意思表示达成一致时合同才成立。所以，从本质上说，合同是否发生法律效力，是由要约、承诺是否生效决定的。为保障交易的安全和高效，要约人不可能长时间等待受要约人悬而未决的承诺，所以承诺应当在合理的期限内到达要约人，双方当事人有约定的从约定。

在商品房销售过程中，在房地产开发公司销售人员与买受人就商品房交付、购房款支付磋商一致后，一般由房地产开发公司销售人员提供具有格式范本的商品房买卖合同，由买受人先行在合同上签字并将合同交还给销售人员，事后再由房地产开发公司内部审批并签字、盖章。如何认定房地产开发公司提供合同、买受人先行签字并交还合同以及房地产开发公司事后签章的行为，是认定商品房买卖合同效力的关键。首先，对于房地产开发公司提供商品房买卖合同的行为，不宜认定为要约行为。尽管房地产开发公司提供的商品房买卖合同包括了当事人名称、商品房基本情况、付款时间、交付使用条件、违约责任等主要内容，但是商品房买卖合同系由房地产开发公司销售人员向买受人出示，买受人签字时合同并未有具有房地产开发公司代理权的人员签字或盖章，买受人签字后的合同仍需经过房地产开发公司的内部审批流程才能完成盖章，因此，买受人签字时销售人员提供的商品房买卖合同并非房地产开发公司确定的意思表示，买受人签字后合同仍具有房地产开发公司不予盖章的可能性，房地产开发公司提供合同的行为并不包含经受要约人承诺即受约束的意思，不应认定为要约。其次，对于买受人先行签字并交还合同的行为，应当认定为要约。房地产开发公司提供的商品房买卖合同内容具体明确，买受人在其上签字并交还合同的行为应是认可合同休现的内容、希望与房地产开发公司订立合同并愿意接受其约束的意思表示，是一种要约行为。最后，对于房地产开发公司事后签

章的行为，应认定为承诺。房地产开发公司将买受人签字后的合同经过内部审批流程后签字、盖章是对买受人希望订立商品房买卖合同的同意和接受，是一种承诺行为。

本案中，苏某洁在新桥碧桂园公司提供的商品房买卖合同上签字并交还合同，即向新桥碧桂园公司发出了订立商品房买卖合同的要约。双方在订购书中约定了合同的签署时间，该签署时间为苏某洁在合同上签字的时间之后，该签署时间应当视为新桥碧桂园公司的承诺期限。新桥碧桂园公司未在约定期限内向苏某洁送达承诺的通知，承诺不生效。即使不将双方订购书中约定的合同签署时间视为承诺期限，新桥碧桂园公司在商品房买卖合同上盖章以后，既未通知苏某洁，也未将合同原件交予苏某洁，也未进行合同登记备案，至其通过律师函将违约事项告知苏某洁距苏某洁签署合同已过去近半年，显然已经超过了应当作出承诺的合理期限，承诺不生效。新桥碧桂园公司与苏某洁之间签订的订购书对当事人名称、商品房基本情况、付款期限等商品房买卖合同的主要内容作了较为详细的约定，且新桥碧桂园公司收受了苏某洁按约支付的部分购房款，那么该订购书即视为双方当事人之间的商品房买卖合同。因此，以订购书为内容的商品房买卖合同在双方之间发生法律效力，新桥碧桂园公司提供的商品房买卖合同中与订购书内容不一致的部分不发生法律效力。

二、买受人未按期付款的违约责任

《中华人民共和国合同法》第一百一十三条规定了违约损害赔偿的范围。紧接着，《中华人民共和国合同法》第一百一十四条规定了违约金的认定规则，当事人可以约定一定数额的违约金或违约损失额的计算方法。从上述条文的文义以及上下文关系来看，《中华人民共和国合同法》第一百一十三条是对合同法上违约损害赔偿的基本规定，第一百一十四条则是对当事人事先约定违约损害赔偿数额即违约金的特殊规定，违约金从本质上看应属于违约损害赔偿的范畴。从《中华人民共和国合同法》第一百一十三条、第一百一十四条的规定可以得出，违约损害赔偿需具备以下几个条件：一是当事人一方不履行合同义务或者履行合同义务不符合约定；二是当事人违约行为给对方造成损失；三是损失赔偿额不能超过一定的范围，应相当于因违约所造成的损失，包括可得利益，但不得超过违反合同一方订立合同时预见到或者应当预见到的因违反合同可能造成的损失。

本案中，苏某洁未按双方签订的订购书的约定按期支付剩余购房款，其行为已经构成违约。关于新桥碧桂园公司主张苏某洁支付按商品房买卖合同中约定的累计应付款的15%计算违约金的诉讼请求能否支持的问题，主要从其依据的合同条款、其主张的违约损失赔偿额的计算方法、其是否存在损失三方面去考量。首先，在新桥碧桂园公司依据的合同条款上，违约金条款系其提供的商品房买卖合同中的内容，由于该商品房买卖合同中关于违约责任的条款并不发生法律效力，所以不能依据该违约责任条款要求苏某洁支付违约金。其次，在新桥碧桂园公司主张的违约损失赔偿额的计算方法上，即使撇开违约责任条款的效力问题，其主张的按累计应付款的15%计算违约损失赔偿额既没有相关的证据予以证明，也远远超过了《最高人民法院关于审理商品房买卖合同纠纷案件适用法律若干问题的解释》第十七条规定的按照未付购房款总额参照中国人民银行规定的金融机构计收逾期贷款利息的标准计算的数额，故其主张的违约损失赔偿额的计算方法亦无依据支撑。最后，在新桥碧桂园公司是否存在损失上，一方面其并未提供证据予以证明，另一方面其在苏某洁签署合同、收受苏某洁支付的定金以后长期未与苏某洁取得联系，未将合同登记备案，也未交付房屋，还存在将案涉房屋再次出售获利的可能性，故现有证据和事实无法证明新桥碧桂园公司因苏某洁违约行为产生了损失，法院对其要求苏某洁支付违约金的诉讼请求不予支持。

编写人：江苏省江阴市人民法院　俞拥军　高雅静

8

在合同中约定违约金的情况下当事人是否有权不主张违约金而直接要求赔偿损失

——魏某诉北京良誉房地产开发有限公司商品房预售合同案

【案件基本信息】

1. 裁判书字号

北京市第二中级人民法院（2018）京02民终581号民事判决书

2. 案由：商品房预售合同纠纷

3. 当事人

原告（上诉人）：魏某

被告（被上诉人）：北京良誉房地产开发有限公司（以下简称良誉公司）

【基本案情】

2015年4月18日，魏某与良誉公司签订《北京市商品房预售合同》，约定：魏某购买良誉公司开发建设的位于房山区拱辰街道办事处05－13－02、05－13－04、05－13－09地块项目22号楼－1层2单元－×××号房屋，该商品房预测建筑面积为254.23平方米，其中套内建筑面积195.94平方米，套内建筑面积单价为每平方米27364.54元，房屋总价款为5361807元。合同附件十：补充协议十二条4约定：如因出卖人的责任造成买受人不能在该商品房实际交付之日起365日内办理该商品房所有权证的，则每逾期一日，出卖人按买受人已付房价款的万分之零点三向买受人支付违约金（出卖人的违约金总额以买受人已付房价款的千分之五为限）；上述权属证书办理期限超过365日的，买受人有权解除合同，买受人解除合同的，出卖人应退还买受人已付房价款并按同期同类银行活期存款基准利率给付利息。合同还对双方其他权利义务进行了约定。合同签订后，魏某向良誉公司支付了合同约定的购房款5361807元。2016年2月18日，良誉公司向魏某交付了房屋。此后，魏某将户外绿地的木围栏改造并加高为铁艺围栏。2017年2月、8月，良誉公司两次向魏某等业主发出告知函称：因所在楼栋存在严重的违规私建情况，致使政府相关管理部门暂停办理相应楼栋大产权证，要求尽快对房屋违规私建部分拆除、恢复，以便推进产权证办理事宜。现涉案楼栋尚未取得初始登记。

本案审理中，经良誉公司申请，一审法院到房山区国土分局权属登记中心调查涉案楼栋的初始登记情况。该分局调查科科长高震称：开发商提交初始登记材料后，2016年曾去查看现场，发现楼体外立面与规划不符，表现为露台加建、安装围栏、封闭阳台，故未能办理初始登记。在法院出示涉案照片（户外绿地围栏）后，高震称：照片中的围栏都不管，只看楼体。照片中的栅栏的改动是否合适不在其职权范围内。

【案件焦点】

在合同中明确约定违约金的情况下，魏某是否有权要求良誉公司就其违约行为赔偿损失以及其主张的损失能否得到法院支持。

【法院裁判要旨】

北京市房山区人民法院经审理认为：魏某与良誉公司签订的《北京市商品房预售合同》及补充协议系双方真实意思表示，内容不违反法律、行政法规的强制性规定，该合同及补充协议有效。合同双方均应按照合同约定享有权利和履行义务。根据法院查明的事实，可以认定魏某未能在约定的期限内取得房产权属证书，系因涉案楼栋的楼体外立面与规划不符未能办理初始登记造成，与魏某改造绿地围栏无关。良誉公司辩称由于魏某的私自搭建行为导致未能办理所有权证书的意见，没有依据，法院不予采信。关于魏某要求良誉公司赔偿损失问题，法院认为，根据《最高人民法院关于审理商品房买卖合同纠纷案件适用法律若干问题的解释》第十八条规定，由于出卖人的原因，买受人在商品房买卖合同约定的办理房屋所有权登记的期限，未能取得房屋权属证书，除当事人有特殊约定外，出卖人应当承担违约责任。合同没有约定违约金或者损失数额难以确定的，可以按照已付购房款总额，参照中国人民银行规定的金融机构计收逾期贷款利息的标准计算。本案中，魏某、良誉公司在合同补充协议中对违约金有明确约定，即如因出卖人的责任造成买受人不能在该商品房实际交付之日起 365 日内办理该商品房所有权证的，则每逾期一日，出卖人按买受人已付房价款的万分之零点三向买受人支付违约金（出卖人的违约金总额以买受人已付房价款的千分之五为限）。根据《中华人民共和国合同法》第一百一十四条第二款的规定，如果魏某认为约定的违约金过低，可以请求予以增加。合同法并未规定在已约定违约金的情况下可以另行要求赔偿损失。现魏某以约定的违约金过低为由，要求赔偿损失，缺乏法律依据，法院不予支持。据此，一审法院判决如下：

驳回魏某的诉讼请求。

魏某不服一审判决，提起上诉。北京市第二中级人民法院经审理认为：关于魏某是否有权要求良誉公司赔偿损失的问题，法院不认可一审判决的分析，理由如下：首先，《中华人民共和国合同法》第一百零七条规定，当事人一方不履行合同义务或者履行合同义务不符合约定的，应当承担继续履行、采取补救措施或者赔偿损失等违约责任。可见守约方有权要求违约方就其违约行为赔偿损失。其次，分析一审判决援引的《中华人民共和国合同法》第一百一十四条的规定，该条赋予的是当事人在认为合同约定的违约金过高或过低的情况下，请求调整违约金的权利，该条并未否定当事人就违约方的违约行为直接主张赔偿损失的权利。我国合同法及其司法解释中亦未规定，在合同双方已约定违约金的情况下，当事人即丧失了要求违约方赔偿损失的权利。故在约定违约金，且当事人认为约定的违约金过低的情况下，当事人有权选择主张违约金并申请调整违约金或者直接要求赔偿损失。最后，《最高人民法院关于适用〈中华人民共和国合同法〉若干问题的解释（二）》第二十八条规定，增加违约金以后，当事人又请求对方赔偿损失的，人民法院不予支持。本案中，魏某并非要求增加违约金，而是直接要求赔偿损失。综上，法院认为，本案中，魏某有权要求良誉公司就其违约行为赔偿损失。

关于魏某所主张的损失是否能够支持的问题。首先，依据《最高人民法院关于审理商品房买卖合同纠纷案件适用法律若干问题的解释》第十八条的规定，合同没有约定违约金或者损失数额难以确定的，可以按照已付购房款总额，参照中国人民银行规定的金融机构计收逾期贷款利息的标准计算。本案中，魏某、良誉公司在合同补充协议中对违约金有明确约定。魏某主张良誉公司的违约行为给其造成的实际损失包括房产价值损失、有无房产证的房屋价值差异、占用资金无法购房的损失以及因不能出售涉案房屋以致资金困难使得另行购房违约的损失等，而据其陈述，上述损失并非均数额难以确定，故魏某主张的损失数额的计算方式，缺乏合同依据和法律依据。其次，魏某就其主张的损失应承担举证责任，但其提供的现有证据不足以证明其主张。故本案，魏某要求良誉公司赔偿损失的请求，法院不予支持。

综上所述，魏某的上诉请求不能成立，应予驳回；一审判决实体处理正确，应予维持。依照《中华人民共和国民事诉讼法》第一百七十条第一款第一项规定，判决如下：

驳回上诉，维持原判。

【法官后语】

本案涉及对《中华人民共和国合同法》第一百一十四条的理解和适用。

《中华人民共和国合同法》第一百一十四条规定，当事人可以约定一方违约时应当根据违约情况向对方支付一定数额的违约金，也可以约定因违约产生的损失赔偿额的计算方法。约定的违约金低于造成的损失的，当事人可以请求人民法院或者仲裁机构予以增加；约定的违约金过分高于造成的损失的，当事人可以请求人民法院或者仲裁机构予以适当减少。一审法院认为，该条款赋予了当事人可以约定违约金数额以及约定违约损害赔偿数额计算方式的权利，并赋予了当事人在约定的违约金数额过高或高低的情况下调整的权利，依据该条款，当事人在认为约定的违约金过低的情况下，当事人的救济途径是请求法院调高违约金的数额，而非放弃违约金而要求赔偿损失。对此，笔者持不同意见。首先，我国合同法明确规定，就违约行为，当事人有权要求违约当事人以赔偿损失的方式承担违约责任；其次，法无禁止即自由，该条是授权性条款，而非禁止性条款，不管是从文义还是立法本意来看，均没有否定当事人就违约方的违约行为直接主张赔偿损失的权利。而综观我国合同法及其司法解释，其中亦未规定，在合同双方已约定违约金的情况下，当事人即丧失了要求违约方赔偿损失的权利。对于当事人有关违约金和损害赔偿之间权利的否定，《最高人民法院关于适用〈中华人民共和国合同法〉若干问题的解释（二）》第二十八条中约定了不支持赔偿损失的情形，但该条适用的前提是在当事人依照合同法第一百一十四条第二款的规定，请求人民法院增加违约金以后，当事人又请求对方赔偿损失，而本案是魏某放弃主张违约金，直接主张赔偿损失，明显本案不适用该条，且笔者认为，根据该条对当事人要求赔偿损失这一权利的否定，是因当事人因违约行为造成的损失已通过增加违约金的方式得到救济，而并不取决于合同约定了违约金。故在合同中约定违约金的情况下，守约人在通过估算损失，得出合同约定的违约金不足以弥补损失的情况下，有权放弃调高的权利，而直接要求违约当事人就其违约行为赔偿损失。

需要指出的是，法律赋予当事人约定一定数额违约金的本意在于尊重当事人意思自治，督促当事人履行合同，并事实上免除了守约方对其要求违约方承担赔偿的举证责任。若守约方认为约定的违约金相较于实际损失过低，要求增加违约金或者直接要求赔偿实际损失，则应该承担举证责任，否则承担不利的法律后果。本案中，二审法院虽肯定了魏某的权利，但却未支持魏某的诉讼请求，即基于此。

编写人：北京市第二中级人民法院　王艳芳

二、商品房销售

9

现代民法不平等人格制度下的举证责任分配

——谢某玲诉郑州元龙房地产开发有限公司房屋买卖合同案

【案件基本信息】

1. 裁判书字号

河南省郑州市中级人民法院（2018）豫01民终13321号民事判决书

2. 案由：房屋买卖合同纠纷

3. 当事人

原告（被上诉人）：谢某玲

被告（上诉人）：郑州元龙房地产开发有限公司（以下简称元龙公司）

【基本案情】

2011年8月22日，谢某玲购买元龙公司开发的商品住宅一套，并支付了全部购房款299608元，元龙公司于2012年10月31日将房屋交付谢某玲使用。房屋坐落于×××区××路×××号×号楼××层××××号，位于该楼顶层。元龙公司出具的《商品住宅质量保证书》显示：屋面防水的保修期限为五年。2014年9月26日，因涉案房屋漏水问题，谢某玲和元龙公司签订《具结书》，元龙公司针对室内损失向谢某玲一次性补偿12000元，用于业主自行维修漏水造成的物品损坏及所有损失，元龙公司承诺在2014年10月15日前对房屋漏水问题处维修完毕。此后，经多次维修，涉案房屋仍存在漏水问题，故谢某玲起诉，请求法院判令元龙公司对涉案房屋漏水问题进行修复至不再漏水，同时请求判令元龙公司赔偿损失53508元。由于元龙不认可屋面漏水系其原因导致，故谢某玲在诉讼中申请对涉案房屋的屋顶漏水原因进行鉴定；并申请对因漏水导致的损失进行价格评估。按照鉴定机构的要求，需先对第一项申请事项进行鉴定，《房屋司法鉴定报告》给出的鉴定结论为屋面漏水系因屋面防水层质量不符合要求而引起。关于诉讼请求中的53508元损失，谢某玲将损失构成明确为室内损失18748元、误工损失7363.64元、交通费损失500元、干洗受污衣物损失1470元；针对剩余25426.36元损失，其并未提交相应证据。在进行第二项鉴定之前，为查明谢某玲室内损失情况，法院于2018年3月17日组织双方进行了现场勘验并制作了《勘验笔录》，固定了分布在卧室、客厅阳台、门厅走廊、卫生间处的水渍、污损、开裂、墙皮脱落等室内损失情况，双方对此无争议。谢某玲为证明其室内损失数额向法庭提交其本人制作的《赔偿明细》一份、河南东威装饰工程有限公司与谢某玲签订的《装修施工合同》原件一份。元龙公司对此质证称屋内损失与其没有因果关系，对谢某玲主张的重新装修的标准和依据均不认可。

【案件焦点】

1. 人格不平等的开发商和业主对因房屋质量问题导致的室内损失情况无争议的情况下，针对损失数额，应当如何分配举证责任；2. 针对涉案房屋室内损失有无必要启动鉴定程序进行价格评估。

【法院裁判要旨】

河南省郑州市中原区人民法院经审理认为：元龙公司应当按照商品住宅质量保证书的承诺，在保修期内对屋面防水承担保修责任。但《房屋司法鉴定报告》能够证明在《具结书》签订后，谢某玲房屋仍存在漏水问题，系元龙公司施工的屋面防水层质量不符合要求导致，故元龙公司未完成对谢某玲房顶漏水问题的维修义务，构成违约。法院对谢某玲要求元龙公司对涉案房屋漏水问题进行修复的诉讼请求予以支持。针对谢某玲的室内损失，鉴于房屋漏水给谢某玲造成的房屋及室内物品损失真实存在，并因长期得不到解决而给谢某玲生活造成诸多不便，故在庭审中，针对举证责任分配，法院向元龙公司释明："被告，根据勘验笔录你方认可的内容可以认定，除裂缝外（裂缝原因未鉴定）的各项损失与房屋漏水有因果关系，但你方在答辩及当庭陈述过程中明知有《具结书》内容存在的情况下，仍不认可损失的因果关系。考虑以上原因及本案争议标的较小，鉴定时间及成本较大，现向你释明：提醒你方注意针对原告提交的《谢某玲观澜小区3007室装修预算》中各项费用计算标准、方式、高低进行答辩。”在法院释明后，元龙公司仍坚持其原答辩及质证意见。一审法院认为，本案系业主与开发商之间的房屋买卖合同纠纷，属于《中华人民共和国消费者权益保护法》调整范围，在作为消费者的谢某玲提供相关证据证明其室内损失系由元龙公司行为所致且损失数额为18748元的情况下，作为经营者的元龙公司亦负有对客观存在的损失数额进行概括性陈述并提供相应证据予以证明的义务，但其未尽该义务，故法院对谢某玲提交的《赔偿明细》和《装修施工合同》予以采信，认定谢某玲室内损失数额为18748元。结合法院在事实查明部分认定的误工、交通费及干洗受污衣物损失，因房屋漏水等质量问题给谢某玲造成的损失共计21969元，该金额系本案中能够认定的自谢某玲接收房屋至今的全部合理损失，将元龙公司已赔偿的12000元扣除后，元龙公司仍应当向谢某玲赔偿损失9969元。

综上所述，依照《中华人民共和国合同法》第六十条、第一百零七条、第一百一十三条，《中华人民共和国民事诉讼法》第六十四条第一款之规定，判决如下：

一、被告元龙公司自本判决生效之日起十五日内按照商品住宅有关国家标准、行业标准的要求对原告谢某玲名下位于×区×路×号×号楼×层×号房屋的漏水问题进行修复至不再漏水；

二、被告元龙公司自本判决生效之日起十日内向原告谢某玲赔偿损失9969元并支付鉴定费4000元，共计13969元；

三、驳回原告谢某玲的其他诉讼请求。

元龙公司不服一审判决，提起上诉。河南省郑州市中级人民法院经审理查明的事实与一审法院查明的事实一致，并同意一审法院裁判意见。

河南省郑州市中级人民法院依照《中华人民共和国民事诉讼法》第一百七十条第一款第一项规定，判决如下：

驳回上诉，维持原判。

【法官后语】

人格平等原则与意思自治原则、所有权绝对原则、自己责任原则并称为近代民法的四大原则。随着人类步入工业社会，各国立法逐渐对该四大原则进行了修正，民法亦从近代民法逐步进入了现代民法时代。以人格平等原则为例，现代民法并不强调民法中各类主体人格的绝对平等，逐渐在劳动、消费等法律关系领域，侧重对劳动者、消费者的保护，并形成了劳动法、消费者权益保护法等民事特别法。本案系自然人与房地产开发商之间的房屋买卖合同法律关系，谢某玲作为消费者从作为房地产开发商的元龙公司处购买商品房。双方买卖合同法律关系在受《中华人民共和国合同法》调整的同时，亦受《中华人民共和国消费者权益保护法》调整，谢某玲为消费者，元龙公司为销售者。双方之间所发生的虽为平等主体之间的民事法律关系，但基于双方在信息、能力、知识占有量等方面的差异，导致作为消费者的谢某玲在维护自身权益时，往往处于弱势。审判中，亦应当充分注意到诉讼双方法律人格实质上的不平等，在举证责任分配、释法答疑等方面应当充分注意保护作为消费者的谢某玲的合法权益。本案中，元龙公司向谢某玲交付房屋的时间是2012年，至谢某玲提起本案诉讼已长达4年时间，涉案房屋是谢某玲居住权的基本保障，元龙公司作为开发商，在得知谢某玲房屋漏水且严重影响居住的情形下，应当依据诚实信用原则，及时、全面履行维修义务，以确保谢某玲能够正常居住。但，诉讼中，经鉴定已经确定房屋漏水系元龙公司交付房屋质量问题导致的情况下，其仍不积极履行维修及赔偿义务，进而导致谢某玲房屋继续长期处于漏水状态，使作为业主及消费者的谢某玲最基本的遮风避雨的居住需求得不到保障。法院为避免鉴定耗时、司法程序拖延，组织双方对房屋因漏水所致的损害情况进行了详细的勘验，在勘验的基础上，指导双方针对损失数额大小进行陈述并举证。谢某玲依据法庭举证责任的分配，对损失数额进行了详细陈述，并提交其与装修公司签订的装修合同，合同清单中对每一项维修费用均予以了明确。至此，谢某玲已经完成了其对损失数额的初步举证责任。元龙公司作为具有房屋开发、维修专业知识的企业，拒绝对客观存在的损失数额进行陈述，且未提供任何反证证据。法院基于对处于弱势人格业主的保护，径行将举证责任分配给元龙公司，进而对谢某玲主张的合理损失数额予以支持。具备强势人格一方的元龙公司在本案中的不诚信诉讼行为，违背了民法诚实信用原则，在加重其举证责任的同时，法院亦通过适用《最高人民法院关于进一步推进案件繁简分流优化司法资源配置的若干意见》第二十二条的规定，判决全部诉讼费由其承担，凸显了对违背诚信行为的否定性评价。综上，法学理论本来源于法律实践，审判中，应充分尊重并敬畏人类几百年来对各项法学理论的总结，运用各项法学理论来指导审判实践。

编写人：河南省郑州市中原区人民法院　陈俊南

10

案外人可否不提起执行异议而另行提起确认之诉

——李某涛、李某诉广东丝路方舟投资有限公司房屋买卖合同案

【案件基本信息】

1. 裁判书字号

广东省广州市中级人民法院（2018）粤01民终16414号民事裁定书

2. 案由：房屋买卖合同纠纷

3. 当事人

原告（上诉人）：李某涛、李某

被告（被上诉人）：广东丝路方舟投资有限公司（以下简称广东丝路方舟公司）

第三人：九江银行股份有限公司广州荔湾支行（以下简称九江银行）、广州贤强建材有限公司

【基本案情】

2017年4月23日，李某涛、李某与广东丝路方舟公司签订《房屋买卖合同》及《装饰装修施工合同》，确认双方约定李某涛、李某购买房屋为广州市南沙区环市大道西海宁大街108号×××房，建筑面积51.96平方米。广东丝路方舟公司保证有权向李某涛、李某出售该物业。房屋房价款为494908元。《装饰装修施工合同》记载的内容为第三人广州贤强建材有限公司对该房屋进行装修，工程总造价212103元。2017年4月23日，广东丝路方舟公司向李某涛、李某出具《收款收

据》，确认收到李某涛、李某支付的该房屋款项合计 157772 元。2017 年 6 月 12 日，广东丝路方舟公司向李某涛、李某出具《收款收据》，确认收到李某涛、李某支付的该房屋款项合计 215609 元。李某涛、李某经查询，该物业已抵押给第三人九江银行。另外，第三人九江银行同意广东丝路方舟公司对外销售该物业。李某涛、李某认为，第三人九江银行同意广东丝路方舟公司对外销售该物业，李某涛、李某向广东丝路方舟公司购买该房屋并向广东丝路方舟公司支付了首期款项，第三人九江银行对该房屋的抵押权已消灭。为保证李某涛、李某交付剩余房款后，该房屋能顺利过户。据此，李某涛、李某依据《中华人民共和国民事诉讼法》第一百一十九条的规定，提起诉讼，请求判令：广东丝路方舟公司立即协助李某涛、李某将广州市南沙区环市大道西海宁大街 108 号 ××× 房屋过户至李某涛、李某名下，该房屋归李某涛、李某所有。

【案件焦点】

涉案房产在执行过程中被法院查封，案外人未依照《中华人民共和国民事诉讼法》第二百二十七条规定向执行法院提起执行异议，能否另行向其他有管辖权的法院提起确认之诉。

【法院裁判要旨】

广东省广州市南沙区人民法院经审理认为：涉案房屋立案前已被广州市天河区人民法院查封。依据《中华人民共和国民事诉讼法》第二百二十七条规定："执行过程中，案外人对执行标的提出书面异议的，人民法院应当自收到书面异议之日起十五日内审查，理由成立的，裁定中止对该标的的执行；理由不成立的，裁定驳回。案外人、当事人对裁定不服，认为原判决、裁定错误的，依照审判监督程序办理；与原判决、裁定无关的，可以自裁定送达之日起十五日内向人民法院提起诉讼"。《最高人民法院关于适用〈中华人民共和国民事诉讼法〉执行程序若干问题的解释》第十五条规定："案外人对执行标的主张所有权或者有其他足以阻止执行标的转让、交付的实体权利的，可以依照民事诉讼法第二百零四条（即修正后的第二百二十七条）的规定，向执行法院提出异议"。案涉房产在办理过户登记前，已被其他人民法院查封，李某涛、李某确认案涉房产归李某涛、李某所有、注销抵押、办理过户登记手续、支付违约金、保全费、律师费和担保费等诉讼请求，实质上是对查封执行标的存在异议，足以阻却案涉房产的查封执行，应当依照《中华人民共和国民事诉讼法》第二百二十七条的规定主张权利，并依据作出查封的人民法院对其查封异议的审查处理结果依法主张相关权利，故李某涛、李某的起诉应予驳回。

综上，依照《中华人民共和国民事诉讼法》第一百五十四条第一款第三项、第二百二十七条，《最高人民法院关于适用〈中华人民共和国民事诉讼法〉执行程序若干问题的解释》第十五条的规定，裁定如下：

驳回原告李某涛、李某的起诉。

李某涛、李某不服原审裁定，提起上诉。广东省广州市中级人民法院经审理认为：李某涛、李某的主张属于执行异议，应依上述规定先提出执行异议，现其直接提起诉讼，不符合上述规定，法院不予支持。依照《中华人民共和国民事诉讼法》第一百七十条第一款第一项、第一百七十一条、第一百七十五条之规定，裁定如下：

驳回上诉，维持原裁定。

【法官后语】

本案的争议在于买受方在支付了购房款后、办理过户登记手续前，涉案房产被执行法院查封，买受方不能作为原告直接就涉案房产向其他有管辖权的法院提起确认之诉，而应当作为案外人提起执行异议或执行异议之诉。理由如下：

一、执行异议之诉赋予案外人确权的权利

《中华人民共和国民事诉讼法》第二百二十七条、《最高人民法院关于适用〈中华人民共和国民事诉讼法〉的解释》第三百零四条等已经建立起案外人执行异议制度，案外人可以向执行法院提起执行异议以及提起执行异议之诉。根据《最高人民法院关于适用〈中华人民共和国民事诉讼法〉的解释》第三百一十二条规定："对案外人提起的执行异议之诉，人民法院经审理，按照下列情形分别处理：（一）案外人就执行标的享有足以排除强制执行的民事权益的，判决不得执行该执行标的；（二）案外人就执行标的不享有足以排除强制执行的民事权益的，判决驳回诉讼请求。案外人同时提出确认其权利的诉讼请求的，人民法院可以在判决中一并作出裁判。"该司法解释已经明确规定案外人在执行异议之诉享有就执行标的物一并提出确权的权利，而无需另行提起确认之诉。

二、执行异议制度排除案外人另案提起确认之诉的诉权

深究立法本意，案外人执行异议制度本应有排除案外人向非执行法院另案提起确认之诉的诉权的含义。根据《最高人民法院关于执行权合理配置和科学运行的若干意见》第二十六条规定："审判机构在审理确权诉讼时，应当查询所要确权的财产权属状况，发现已经被执行局查封、扣押、冻结的，应当中止审理……"可见，法院的查封措施足以排除其他法院关于该执行标的物的另案确权。本案中，当案外人提起确认之诉，其主张本质属性是执行异议，应当依照《中华人民共和国民事诉讼法》第二百二十七条的规定先提出执行异议。现其直接提起确认之诉，不符合上述规定。此外，将案外人的救济途径限制在通过执行法院提起执行异议以及提起执行异议之诉，可以最大限度地保障裁判尺度的统一，减少不同法院裁判文书之间的冲突，避免其他法院确认之诉的裁判结果对执行法院造成不良影响，也可以有效防止被执行人与案外人通过恶意串通来规避执行。

三、允许案外人径行提起确认之诉只是徒增诉累

（一）另案生效法律文书无法排除执行

根据《最高人民法院关于人民法院办理执行异议和复议案件若干问题的规定》第二十六条第二款规定："金钱债权执行中，案外人依据执行标的被查封、扣押、冻结后作出的另案生效法律文书提出排除执行异议的，人民法院不予支持。"本案中，涉案房产被查封事实在前，即使案外人通过确认之诉取得另案生效法律文书，提出执行异议后仍无法排除执行，最终还是需要回归执行异议制度来解决。

（二）房产确权的诉请因查封措施受到限制

根据《最高人民法院关于适用〈中华人民共和国物权法〉若干问题的解释（一）》第二条规定："当事人有证据证明不动产登记簿的记载与真实权利状态不符、其为该不动产物权的真实权利人，请求确认其享有物权的，应予支持。"房产确权诉讼在诉的分类上属于积极确认之诉。本案中，不动产物权变动应以登记公示为准，只要不动产物权变更登记尚未完成，所有权人仍然是被执行人。执行法院对被执行人名下的涉案房产实施查封措施，意味着该房产已经处于非正常状态，此时就其权属产生的争议，应当通过法律规定的特殊程序进行处理，即案外人应当通过执行异议制度寻求法律救济。

综上所述，在此类案件中，涉案房产被查封后，当事人对涉案房产主张权利，只能通过执行异议制度来寻求救济。如果当事人提出确权的请求，法院应当依法释明，引导当事人依据民事诉讼法去申请执行异议或提起执行异议之诉；如果当事人坚持不变更诉讼请求，则裁定驳回其起诉，否则只是徒增诉累。

编写人：广东省广州市南沙区人民法院　黄志伟

11

不安抗辩权的行使应当及时、适当

——天津生态城市政景观有限公司诉中铁上海工程局集团有限公司第四分公司、中铁上海工程局集团有限公司商品房销售合同案

【案件基本信息】

1. 裁判书字号

天津市第二中级人民法院（2018）津02民终8177号民事判决书

2. 案由：商品房销售合同纠纷

3. 当事人

原告（被上诉人）：天津生态城市政景观有限公司（以下简称景观公司）

被告（上诉人）：中铁上海工程局集团有限公司第四分公司（以下简称中铁上海第四分公司）

被告：中铁上海工程局集团有限公司（以下简称中铁上海公司）

【基本案情】

2011年8月22日，景观公司取得案涉房屋的销售许可证。2013年5月9日，景观公司与中铁上海第四分公司签订《商品房预定协议书》（以下简称《协议书》），对付款时间约定为：中铁上海第四分公司于2013年12月1日前一次性支付10套商品房首付款6738392元、于2014年6月1日前一次性支付10套商品房二次付款2948046.5元、于2015年6月1日前一次性支付10套商品房尾款2948046.5

元。中铁上海第四分公司在缴纳商品房首付款后，应持本协议等材料与景观公司签订商品房买卖合同及附件。2014 年 12 月 15 日，景观公司就上述 10 套房屋中的一套打印了合同编号为 2011－0133894 的《天津市商品房买卖合同》，该合同约定中铁上海第四分公司购买商品房坐落为天津滨海新区中新天津生态城动漫中路 334 号创展大厦 1 号楼×××，建筑面积 307.28 平方米，房屋单价 8500 元/平方米，房屋总价款为 2611880 元，中铁上海第四分公司采用分期付款方式，具体为 2014 年 12 月 20 日前付款 1305940 元、2014 年 12 月 31 日前一次性存入二次付款 327561 元、2015 年 6 月 1 日前一次性存入尾款 978379 元。该合同对买方逾期付款违约责任作出约定。后景观公司向中铁上海第四分公司送达了《天津市商品房买卖合同》，但双方均未在《天津市商品房买卖合同》上签字盖章。2014 年 12 月 30 日，景观公司为中铁上海第四分公司开具了该房屋首付款发票，金额为 1305940 元。该发票另外记载该房屋建筑面积为 308.97 平方米、总房款 2626245 元。中铁上海第四分公司履行完首付款付款义务后，未履行剩余该房屋的付款义务。

2015 年 3 月 17 日，景观公司印发并送达给中铁上海第四分公司的《关于尽快签订创展大厦 1－901－×××号房间商品房买卖合同并支付购房款的函》，要求中铁上海第四分公司于 2015 年 3 月 20 日配合完成合同签订工作并缴纳应交房款。

2015 年 5 月 26 日，中铁上海第四分公司向景观公司送达《关于解决阻碍签订商品房买卖合同若干问题的函》，主要内容为景观公司直到 2014 年年底才启动商品房买卖合同签订事宜，导致双方之间的工作进展缓慢。

2015 年 7 月 9 日，景观公司印发并送达给中铁上海第四分公司的《关于催促签订创展大厦 1－901－×××号房间商品房买卖合同并支付购房款的函》记载主要内容为要求中铁上海第四分公司在 2015 年 7 月 31 日前配合完成合同签订工作并缴纳应交房款。

2015 年 7 月 13 日，中铁上海第四分公司向景观公司送达《关于催促签订创展大厦 1－901－×××房间商品房买卖合同并支付购房款的复函》，主要内容为中铁上海第四分公司表示继续租赁或者其他方式使用该办公楼的想法，并请求景观公司撤掉网上录入的合同，暂时解除监管的资金，并通过其他方式解决双方分歧。

2015 年 10 月 22 日，景观公司向中铁上海第四分公司邮寄送达《律师函》，主要内容为催告中铁上海第四分公司签署商品房买卖合同、催收剩余房屋及保留赔偿权利。

2015年11月12日，中铁上海第四分公司称其向景观公司送达《关于明确创展大厦九楼商品房租售问题的函》，主要内容为双方并未签订《商品房买卖合同》且长期沟通未果，该公司不再购置该商品房。

【案件焦点】

如何把握不安抗辩权行使的条件。

【法院裁判要旨】

天津市滨海新区人民法院经审理认为：中铁上海第四分公司向景观公司购买商品房，双方签订的《协议书》系双方当事人真实意思表示，内容不违反法律法规的强制性规定，应属合法有效。该协议书约定，中铁上海第四分公司缴纳首付款后，负有与景观公司签订《商品房买卖合同》的义务，还应当支付剩余房款。中铁上海第四分公司主张景观公司存在未办理涉案房屋初始登记影响办理产权登记，行使不安抗辩权。但不安抗辩权行使并不符合《中华人民共和国合同法》第六十八条、第六十九条的规定。根据在案证据，中铁上海第四分公司仅在第二次庭审中提出不安抗辩权的主张，在此之前并未对此向景观公司进行过明确通知，中铁上海第四分公司也并未提交确切证据证实景观公司有丧失或者可能丧失履行债务能力的其他情形。因此，法院对中铁上海第四分公司该项主张不予支持。中铁上海第四分公司未及时积极主动地与景观公司洽谈并签订正式《商品房买卖合同》并支付剩余房款的行为，已构成违约，应当承担相应的违约责任。

天津市滨海新区人民法院依照《中华人民共和国合同法》第八条、第六十条、第一百零七条、第一百一十二条、第一百一十三条第一款等规定，判决如下：

一、中铁上海第四分公司于本判决生效后十日内给付景观公司剩余购房款1320305元及逾期利息，具体为：以欠付660152.5元为基数，支付自2014年6月2日起至实际给付该欠款之日止；以欠付660152.5元为基数，支付自2015年6月2日起至实际给付该欠款之日止，利率均按中国人民银行同期同类贷款利率计算；

二、驳回景观公司的其他诉讼请求。

中铁上海第四分公司不服原审判决，提起上诉。天津市第二中级人民法院经审理认为：中铁上海第四分公司未能按照上述协议的约定持相关文件与景观公司完成《天津市商品房买卖合同》的签订工作并存在迟延履行之行为。后双方就尽快签订

《天津市商品房买卖合同》及支付剩余购房款事宜通过往来函件进行了多次协商未果。从双方往来函件的内容显示，中铁上海第四分公司并未提及景观公司存在或可能存在丧失履行债务能力的情形，亦未以此作为其拒绝继续履行合同的抗辩事由，而是多次提出改变涉案房屋的使用方式，并于2015年7月13日及2015年11月12日的回函中作出不再购置涉案房屋的意思表示，并请求景观公司撤销网上录入的合同。显然，中铁上海第四分公司的上述行为已构成违约。一审法院根据上述情节判令中铁上海第四分公司承担违约责任，与事实相符，与法律不悖，并无不当。

天津市第二中级人民法院依照《中华人民共和国民事诉讼法》第一百七十条第一款第一项规定，作出如下判决：

驳回上诉，维持原判。

【法官后语】

不安抗辩权是指后履行方当事人存在丧失或者可能丧失履行债务能力的法定情形时，先履行方当事人在其恢复履行能力且未提供适当担保前，有权拒绝履行合同义务，不安抗辩权行使的效力是中止履行合同。不安抗辩权以公平原则为基础，双务合同的对价性产生于交易习惯对于公平价值的追求，如果一方存在丧失或者可能丧失履行债务能力的情形，而要求对方履行，有悖公平，并且履行该抗辩权会致对方损害，还应当对该抗辩权行使有一定限制，达到对双方公平的效果。

正是因为不安抗辩权的行使对于交易秩序及安全有着巨大潜在的“威力”，为防止不安抗辩权的滥用，应当对不安抗辩权行使限制一定的条件。根据我国《合同法》第六十八条、第六十九条的规定，除行使不安抗辩权一方还应当及时通知对方外，合同一方行使不安抗辩权，还应当举证证明对方经营状况严重恶化，转移财产、抽逃资金，以逃避债务，丧失商业信誉，有丧失或者可能丧失履行债务能力的其他四种情形承担举证责任。对于第四种兜底条款，应当严格把握“丧失或者可能丧失履行债务能力”，不应当将轻微、一般的事由归为这一情形，防止不安抗辩权适用情形扩大，损害另一方的正当权益。

本案中，景观公司在取得案涉商品房销售许可证的前提下与中铁上海第四分公司签订《协议书》，并在房管部门系统中生成了《天津市商品房销售合同》，足以表明双方签订的合同能够继续履行。中铁上海第四分公司以景观公司未办理涉案房屋初始登记，将来影响商品房产权登记办理，并不属于景观公司“有丧失或者可能丧失履行债务能力”的情形，据此，法院未支持中铁上海第四分公司主张行使不安抗辩权的主张，并判令其承担相应的违约责任。

编写人：天津市滨海新区人民法院　张艳辉

12

法律上或者事实上不能履行的认定

——贡合房地产开发（北京）有限公司诉北京圣特基业科贸有限公司、天津领先控股集团有限公司房屋买卖合同案

【案件基本信息】

1. 裁判书字号

北京市高级人民法院（2018）京民终249号民事裁定书

2. 案由：房屋买卖合同纠纷

3. 当事人

原告（上诉人）：贡合房地产开发（北京）有限公司（以下简称贡合房地产公司）

被告（被上诉人）北京圣特基业科贸有限公司（以下简称圣特基业公司）

第三人（原审第三人）：天津领先控股集团有限公司（以下简称天津领先公司）

【基本案情】

位于北京市密云县西大桥路21号（15649）1幢房屋（分割成245套独立产权房屋，以下简称涉案房屋）的产权人原为天津领先公司，天津领先公司与圣特基业公司、圣特基业公司与贡合房地产公司先后就买卖涉案房屋签订合同。其后，圣特基业公司与贡合房地产公司就买卖涉案房屋签订了几份补充协议。在贡合房地产公司向圣特基业公司支付部分房款后，圣特基业公司指令天津领先公司将涉案房屋中的两套过户给了贡合房地产公司认可的两个自然人，并指令天津领先公司将剩余的243套涉案房屋全部过户给北京美域高晟国际置业有限公司（以下简称美域高晟公

司），上述房屋已办理完权属变更登记。其后，美域高晟公司以上述243套房屋为抵押物为案外人向张家口银行股份有限公司任丘支行的贷款进行担保，并办理了最高额抵押权设立登记。

因圣特基业公司未能将剩余243套涉案房屋过户至贡合房地产公司名下，贡合房地产公司向北京市第三中级人民法院起诉，请求判令圣特基业公司和天津领先公司将上述243套涉案房屋过户至其名下，并判令圣特基业公司双倍返还定金。随后，圣特基业公司向北京市密云区人民法院（以下简称密云法院）提起诉讼，要求贡合房地产公司依据补充协议支付拖欠购房款、购房补充价款、融资成本780万元、其他损失赔偿款和由其垫付的装修工程费用。

北京市高级人民法院另查明：1. 涉案房屋于2018年1月8日被北京市公安局朝阳分局采取查封措施；于2018年6月6日被河北省张家口市中级人民法院采取查封措施。2. 二审程序中，美域高晟公司法定代表人高征代表美域高晟公司到庭就涉案房屋能否过户至贡合房地产公司名下一事发表意见。美域高晟公司表示其与圣特基业公司就涉案房屋不存在买卖等基础法律关系，其是替圣特基业公司将涉案房屋登记在自己名下，其对涉案房屋并不享有权利，圣特基业公司让其过户给谁就过户给谁。美域高晟公司表示，涉案房屋已经全部作为抵押物为他人向张家口银行股份有限公司任丘支行的贷款提供最高债权额为1亿元的担保，并办理了抵押登记，目前贷款余额为9000万元左右。涉案房屋目前有部分出租，都是短租，一年一签，现在本期租赁已快到期；北京市公安局朝阳分局经侦人员告知圣特基业公司、美域高晟公司，因贡合房地产公司原法定代表人涉嫌非法集资、诈骗犯罪，经侦查，发现涉案钱款被贡合房地产公司原法定代表人用来购买涉案房屋，故公安机关对涉案房屋采取了查封措施，但这不影响涉案合同的履行。张家口银行股份有限公司任丘支行发现公安机关对涉案房屋采取了查封措施，故提起了诉讼。如果法院判决贡合房地产公司和圣特基业公司继续履行合同，在贡合房地产公司支付法院认定的剩余购房款的前提下，美域高晟公司将采取补足银行债务差额的方式配合清偿银行债务、办理涉案房屋的抵押注销手续、配合过户。美域高晟公司表示其所述属实，并愿意承担陈述不实而导致的法律责任。圣特基业公司表示，其是涉案房屋的实际控制人，涉案合同能够继续履行，但前提是贡合房地产公司按照《补充协议四》的约定将剩余购房款付清，在其与贡合房地产公司买卖合同纠纷终审之前，不会处置涉案房屋；将来如果要向贡合房地产公司交付涉案房屋，其上还有租赁合同的话，愿意承担贡合房地产公司的损失；如果法院判决贡合房地产公司和圣特基业公司继续履行合同，圣特基业公司也同意在贡合房地产公司支付法院认定的剩余购房款的前提下，采取补足银行债务差额的方式配合办理涉案房屋的抵押注销手续、配合过户。贡合房地产公司对美域高晟公司法定代表人高征的身份不持异议，并再次明确要求继续履行合同。3. 经询北京市公安局朝阳分局，该局表示贡合房地产公司购买涉案房屋的钱款涉嫌违法犯罪所得，根据该笔钱款的流向，该局查封了涉案房屋；美域高晟公司同意配合过户的话，贡合房地产公司和圣特基业公司继续履行合同不会对刑事案件的处理造成障碍。4. 经确认，张家口银行股份有限公司任丘支行因与上海时亨贸易有限公司、天津林江国际贸易有限公司和美域高晟公司之间的上述借款、最高额抵押合同产生纠纷，张家口银行股份有限公司任丘支行向河北省张家口市中级人民法院提起诉讼，该院于2018年6月6日依张家口银行股份有限公司任丘支行申请对作为抵押物的涉案房屋采取查封措施。

【案件焦点】

涉案房屋买卖合同是否具有法律上或者事实上不能履行的情形。

【法院裁判要旨】

北京市第三中级人民法院经审理认为：243套涉案房屋上已按照圣特基业公司的指令过户至案外人美域高晟公司名下，且其上有银行的抵押权，圣特基业公司及天津领先公司已不存在将剩余房屋过户至贡合房地产公司名下的可能性，涉案合同在事实上已无法履行，经释明，贡合房地产公司对其诉请不予变更，仍坚持继续履行合同。同时，涉案合同中的定金条款是对合同不能履行或解除情形下的违约责任的约定，虽然涉案合同实际已不具备履行条件，但在法院释明的情况下，贡合房地产公司仍然主张继续履行，故在其坚持该项诉请的前提下是不具备主张双倍返还定金的条件的。如就合同不能履行而产生解除及相应违约责任的，各方当事人可另行解决，本案不予处理。

据此，北京市第三中级人民法院依据《中华人民共和国民事诉讼法》第一百一十条第一项之规定，作出如下判决：

驳回贡合房地产公司的全部诉讼请求。

贡合房地产公司不服，持原审意见向北京市高级人民法院提起上诉。北京市高级人民法院经审理认为：本案中，虽然涉案房屋现在登记在美域高晟公司名下且其上有银行抵押权和公安机关、法院的查封措施，但是，美域高晟公司明确表态对涉案房屋不主张权利且承诺依据法院判决配合办理涉案房屋的过户手续，本案已经查明的案件事实也表明，目前涉案房屋上的银行抵押权和公安机关、法院的查封措施只是涉案合同继续履行的暂时性障碍，当事人可以通过适当的方式予以消除，并不必然导致涉案合同在法律上或事实上不能履行。故而，一审判决关于“圣特基业公司已不存在将剩余房屋过户至贡合房地产公司名下的可能性，即贡合房地产公司与圣特基业公司的《房屋买卖合同书》及《补充协议一》在事实上已无法履行”的认定错误，应予纠正。买受人贡合房地产公司坚持要求继续履行合同，出卖人圣特基业公司向密云法院起诉也要求继续履行合同并在本案中作出了可行的消除合同继续履行障碍的承诺，二审法院本应根据作出裁判时涉案房屋上的抵押权和有权机关查封措施的状况及买卖双方、涉案房屋名义登记人美域高晟公司对于清除该履行障碍的意见和承诺作出相应的如何继续履行合同的裁判事项，但因为涉案合同的继续履行涉及买卖双方约定的房款总价的确认，这又牵涉对《补充协议四》等内容的审查判断，而一审法院并未对此进行审理，为保护当事人的审级利益，故二审法院不宜就此问题直接予以审理并作出相应认定。

北京市高级人民法院依照《中华人民共和国民事诉讼法》第一百七十条第一款第三项之规定，作出如下裁定：

一、撤销北京市第三中级人民法院（2016）京03民初105号民事判决；

二、本案发回北京市第三中级人民法院重审。

【法官后语】

《中华人民共和国合同法》第一百一十条规定，当事人一方不履行非金钱债务或者履行非金钱债务不符合约定的，对方可以要求履行，但有下列情形之一的除外：（一）法律上或者事实上不能履行；（二）债务的标的不适于强制履行或者履行费用过高；（三）债权人在合理期限内未要求履行。该条规定了当事人不履行非金钱债务或者履行非金钱债务不符合约定的违约责任，根据该条规定，当事人一方不履行非金钱债务或者履行不符合约定的，原则上，对方可以请求其继续履行；例外的，如非金钱债务在法律上或者事实上不能履行等三种情况，则不宜让违约方以继续履行的方式承担违约责任，对方只能请求其承担其他违约责任，如支付违约金、赔偿损失等。

关于该条第一项“法律上或者事实上不能履行”的理解：法律上不能履行，是指双方在订立合同的时候合同是可以履行的，但在合同实际履行的时候，法律和法规禁止进行这样的履行行为；事实上不能履行，是指标的已客观不能履行和永久不能履行。需要指出的是，在诉讼过程中，只有在作出裁判之时，非金钱债务确已属于法律上或者事实上不能履行的，法院方能以该项规定认定非金钱债务不能继续履行；如果非金钱债务仅存在当事人可以消除的暂时性履行障碍，该暂时性障碍并不必然导致非金钱债务法律上或者事实上不能履行，则在案件适于裁判之时，法院不应以该项规定认定非金钱债务不能继续履行。具体到房屋买卖合同案件中：

对于房屋已转移登记至案外人名下的，则应区分案外人取得房屋所有权的原因对买卖合同能否继续履行作出判断。如案外人基于买卖等基础法律关系合法、善意取得了房屋的所有权，同时出卖人也无法通过以合理价格买回等方式将该履行障碍消除的，则买卖合同不宜继续履行；如案外人并不是基于买卖等基础法律关系、而仅是因“出名借名”关系将房屋登记在自己名下的，买卖合同仍能继续履行。故而，房屋已转移登记至案外人名下的情形并非必然属于标的客观不能履行和永久不能履行。

对于房屋上存在他人抵押权、有权机关查封等负担的，法院应该根据作出裁判之时案件的具体情况判断买卖合同能否继续履行。如果系出卖人未履行对他人的债务或者担保义务导致抵押权持续存在或者查封结果发生的，纵然会给房屋转移登记义务的履行带来障碍，但该障碍只是暂时性的；并且，这一暂时性障碍的出现应归责于出卖人，出卖人本来就负有及时消除上述履行障碍的义务，只要出卖人将对他人的债务或者担保义务履行完毕，即可使房屋上的抵押权消灭、查封解除。故在买受人要求继续履行合同的情况下，如基于该暂时性履行障碍就判决驳回买受人的诉讼请求，实际上是让买受人承担了不公平的法律后果。从保护买受人、他人合法权益，尊重有权机关查封效力，判决事项的可执行性等方面考量，可判决出卖人限期配合办理房屋转移登记手续。不可否认的是，在法院作出如上判决事项后，现实中确实存在出卖人并未在限期内清偿对他人的债务，因房屋上的抵押权或查封的存续而最终导致房屋被拍卖变卖、无法转移登记至买受人名下的情况，但这种可能的结果不应成为认定买卖合同履行不能及判决事项必然无法执行的理由。如果不以非金钱债务确已属于法律上或者事实上不能履行作为认定非金钱债务不能继续履行的标准，而仅以非金钱债务存在暂时性履行障碍、继续履行的判决事项可能最终未能得以执行作为认定非金钱债务不能继续履行的标准，则违背了《中华人民共和国合同法》第一百一十条规定的立法本意，同时也不利于保护守约方的合法权益，易使违约方逃避承担继续履行的责任，有违诚实信用的基本原则。况且，在诉讼和执行过程中，买受人亦可选择行使代位清偿出卖人对他人所负债务的权利，使抵押权消灭、查封解除，清除上述房屋转移登记的履行障碍，实现其获得房屋所有权的诉讼请求。

本案中，虽然涉案房屋现登记在美域高晟公司名下且其上有银行抵押权和公安机关、法院的查封措施，但是，美域高晟公司明确表态对涉案房屋不主张权利且承诺依据法院判决配合办理涉案房屋的过户手续，本案已经查明的案件事实也表明，目前涉案房屋上的银行抵押权和公安机关、法院的查封措施只是涉案合同继续履行的暂时性障碍，当事人可以通过适当的方式予以消除，并不必然导致涉案合同在法律上或事实上不能履行。故而，一审判决关于“圣特基业公司已不存在将剩余房屋过户至贡合房地产公司名下的可能性，即贡合房地产公司与圣特基业公司的《房屋买卖合同书》及《补充协议一》在事实上已无法履行”的认定错误，应予纠正。买受人贡合房地产公司坚持要求继续履行合同，出卖人圣特基业公司向密云法院起诉也要求继续履行合同并在本案中作出了可行的消除合同继续履行障碍的承诺，二审法院本应根据作出裁判时涉案房屋上的抵押权和有权机关查封措施的状况及买卖双方、涉案房屋名义登记人美域高晟公司对于清除该履行障碍的意见和承诺作出相应的如何继续履行合同的裁判事项，但因为涉案合同的继续履行涉及买卖双方约定的房款总价的确认，这又牵涉对补充协议等内容的审查判断，而一审法院并未对此进行审理，为保护当事人的审级利益，故二审法院不宜就此问题直接予以审理并作出相应认定。故而，应依据民事诉讼法的规定将本案发回重审。

编写人：北京市高级人民法院　汪明

13

非根本性违约不予解除合同

——刘某科、王某芬诉广安市鑫圣房地产开发有限公司商品房买卖合同案

【案件基本信息】

1. 裁判书字号

四川省广安市中级人民法院（2017）川16民终1057号民事判决书

2. 案由：商品房买卖合同纠纷

3. 当事人

原告（上诉人）：刘某科、王某芬

被告（被上诉人）：广安市鑫圣房地产开发有限公司（以下简称广安鑫圣房产公司）

【基本案情】

2014年2月18日，刘某科、王某芬与广安鑫圣房产公司签订了《商品房买卖合同》。2016年12月14日，为备案需要，双方签订了《商品房买卖合同（预售）》。合同约定：由刘某科、王某芬购买广安鑫圣房产公司开发的位于现广安市前锋区前锋镇广前路2011－15号E、F、G地块“锋城名苑”14幢3单元4层×××号住房一套，建筑总层数为6层。同时，还约定了房屋价款、设计变更等的解除条件以及其他权利义务。刘某科、王某芬缴纳了首付款并在银行进行了按揭。

广安市广安区住房和城乡规划建设局广区村镇住建审（2013）第008号《规划设计方案审查批准书》，批准“前锋锋城名苑”的规划设计方案，其中建筑层数6＋1F、建筑限高24米。广安鑫圣房产公司提供的“锋城名苑”14号楼的施工设计图、竣工验收报告均为“6＋1”层。2016年1月20日，广安市房屋测绘队对“锋城名苑”14幢各套房屋进行了面积测绘并作出测绘报告，其中“锋城名苑”14

号楼3单元总层数为7层，第二层以上建筑面积均为100.27平方米。2016年8月、9月该房屋进行了竣工验收、住宅工程质量分户验收记录表、商品房住宅质量保证书、房屋使用说明书等。之后，广安鑫圣房产公司通知刘某科、王某芬接房，刘某科、王某芬也补交了尾款。刘某科、王某芬以购房合同约定的总层数为6层，实际修建7层，未履行告知义务且影响了使用功能，广安鑫圣房产公司违约等为由未接房。刘某科、王某芬于2017年2月10日、17日，通过国内特快专递向广安鑫圣房产公司邮寄了两份书面通知，内容分别为对房屋变更情况给予书面说明和解除合同、退还购房款及利息。对案涉“锋城名苑”14号楼的修建，是否违反主管部门批准的规划设计以及主管部门如何处罚，现广安市前锋区城管执法局正在调查处理中。广安市前锋区住房和城乡建设局出具的“建设工程规划条件核实合格证”，广安鑫圣房产公司向刘某科、王某芬交付的房屋符合城乡规划要求。

【案件焦点】

建筑总层数从6层变更为7层，此时案涉房屋是否具备合同约定或者法定解除权的情形。

【法院裁判要旨】

四川省广安市前锋区人民法院经审理认为：原、被告签订的《商品房买卖合同（预售）》，是双方的真实意思表示，合法有效。被告交付原告的房屋为“锋城名苑”14号楼3单元×××号，与合同约定原告购买的房屋位置、楼层等一致。虽然原、被告之间《商品房买卖合同（预售）》约定原告购买的商品房所在建筑总层数为6层，与锋城名苑”14号楼3单元总层数实际修建为7层不一致，但该建筑项目经主管部门批准的规划设计方案为“6+1”层，建筑高度并未改变；且该建筑项目如违反规划设计，应当由行政主管部门予以处罚。鉴于原告购买的“锋城名苑”14号楼3单元×××号房，与被告交付的房屋位置、楼层等一致，被告将“6+1”层实际修建为7层，并不严重影响原告对该住房的居住使用功能和购买该住房的合同目的，故被告的行为不构成根本性违约，原告不具备合同约定的解除条件，也不构成《中华人民共和国合同法》第九十三条第二款、第九十四条解除合同的法定情形。据此，判决：

一、刘某科、王某芬与广安鑫圣房产公司签订的《商品房买卖合同（预售）》

有效；

二、驳回刘某科、王某芬的其他诉讼请求。

刘某科、王某芬提起上诉。四川省广安市中级人民法院经审理认为：《合同法》第九十三条第二款、第九十四条分别就合同的约定解除和法定解除作出了规定，上诉人以购房合同约定的总层数为6层，被上诉人实际修建7层，存在未履行告知义务且影响了使用功能等违约行为为由要求解除合同，但上诉人与被上诉人签订的《商品房买卖合同（预售）》虽约定了设计变更等的解除条件，但房屋总层数的变更并不足以影响房屋的质量和居住使用功能，因此合同约定的解除条件未能成就，上诉人关于案涉房屋符合双方约定解除条件的主张与事实不符，法院不予支持。同时，被上诉人的违约行为并不影响上诉人购买该房屋合同目的实现，故被上诉人的行为不构成根本违约，也不足以构成合同法法定解除条件，上诉人关于被上诉人构成实质违约导致双方合同目的不能实现的主张于法无据，法院亦不予支持。上诉人主张被上诉人以欺骗方式取得其信任导致其作出了不真实的意思表示，但未提供证据予以证明，对该项主张，法院不予采纳。

综上所述，上诉人刘某科、王某芬的上诉请求不能成立，应予驳回；一审认定事实清楚，适用法律正确，应予维持。依照《中华人民共和国民事诉讼法》第一百七十条第一款第一项规定，判决如下：

驳回上诉，维持原判。

【法官后语】

在生活当中，衣食住行，我们最离不开的就是住。房子是每个家庭最关心的事情，在买房过程当中存在很多房屋买卖合同，而涉及争议时是否解除能否解除需要综合考量。

从解除方式上看，解除合同有两种情形：一是约定解除，二是法定解除。《中华人民共和国合同法》第九十三条规定："当事人协商一致，可以解除合同。当事人可以约定一方解除合同的条件。解除合同的条件成就时，解除权人可以解除合同。"从该条款规定来看，合同约定解除需遵循当事人意思自治原则，即合同当事人自愿解除。如当事人因合同履行发生纠纷，对合同解除未达成一致意见，当事人的权利如何救济？这就需要依照法律规定来解除合同。合同的法定解除就需要满足

《中华人民共和国合同法》第九十四条规定的条件。《中华人民共和国合同法》第九十四条规定："有下列情形之一的，当事人可以解除合同：（一）因不可抗力致使不能实现合同目的；（二）在履行期限届满前，当事人一方明确表示或者以自己的行为表明不履行主要债务；（三）当事人一方迟延履行主要债务，经催告后在合理期限内仍未履行；（四）当事人一方迟延履行债务或者有其他违约行为致使不能实现合同目的；（五）法律规定的其他情形。"满足法定解除合同条件必须是合同当事人构成根本性违约。根本性违约是指合同一方当事人违反合同，致使合同目的不能实现的行为。这有别于一般性违约，一般性违约仅指合同当事人违反合同，但并不导致该合同目的不能实现的行为。案例中，购房人签订《商品房买卖合同（预售)》的合同目的是基于拥有并正常使用房屋，虽然开发商将建设主管部门批准"6+1"层房屋实际修建为7层，但并不严重影响购房人对该住房的居住使用功能，也不影响买方对该房屋的所有权，因此，开发商违反规划建房是一般性违约，而非根本性违约，所以购房人主张解除《商品房买卖合同（预售)》的条件为成就。在生活中，人民常常会因为购房合同的履行发生纠纷，这就需要人们区分清楚，合同一方是否构成根本性违约，从而找到正确的维权方法。本案例中，开发商因一般性违约，购房人要求解除合同行不通，就需要向建设主管部门反映，由建设主管部门对开发商擅自修改设计的行为作出行政处罚，维护自身的合法权益。

编写人：四川省广安市前锋区人民法院　罗玲

14

合理运用自由裁量权弥补范本式商品房买卖合同的局限性

——邓某与武汉世茂锦绣长江房地产开发有限公司房屋买卖合同案

【案件基本信息】

1. 裁判书字号

湖北省武汉市中级人民法院（2017）鄂01民终1327号民事判决书

2. 案由：房屋买卖合同纠纷

3. 当事人

原告（被上诉人）：邓某

被告（上诉人）：武汉世茂锦绣长江房地产开发有限公司（以下简称武汉世贸公司）

【基本案情】

2013年10月9日，原告与被告签订《武汉市商品房买卖合同》约定：原告购买被告开发的位于武汉市汉阳区鹦鹉洲世茂锦绣长江C3地块一期第××幢31－32层5号房。出卖人应当在2014年12月31日前，将完成规划、消防等专项验收及商品项目竣工交付使用相关手续的商品房交付买受人使用。如出卖人不能按照合同约定期限交房，买受人同意将交房期限宽限至2015年6月30日。出卖人超过上述宽展期届满日交房的，若买受人同意继续履行合同，自宽展期届满的次日起至出卖人书面交房通知确定的交房之首日止，出卖人按日向买受人支付已付房价款万分之一的违约金。若出卖人提出单方解除合同的，按该商品房总金额10%向买受人支付违约金。合同还对其他事项进行了约定。

合同签订后，原告依约向被告支付了全部购房款。被告在武汉市国土资源和规划局备案的规划设计图纸、与原告签订的商品房买卖合同所附平面图以及向原告推销房型时的销售宣传单中都明确原告所购的房屋为双入户门设计，偶数层入户系与隔壁房屋共用一电梯入户，且实际建设中也是依照规划设计实施。但在消防验收中，因消防部门指出，诉争房屋所在楼栋电梯设计不符合逃生要求，要求被告整改。被告遂将该楼栋六层至三十二层的偶数层的电梯封闭，并拆除六层至三十二层偶数层1、2、5、6号房的偶数层的入户门，仅留奇数层一入户门，导致原告所购31－32层5号房32层的入户门口电梯被封，偶数层入户门被拆，被封电梯前室一半的面积封入原告家，形成一储藏室，原告的门牌号3205室编在其31层的入户门上。被告整改完毕后通过消防验收，并于2015年12月29日就诉争房屋所在楼栋取得《湖北省房屋建筑工程和市政基础设施工程竣工验收备案证明书》及《武汉市房地产开发项目竣工交付使用备案证》。

被告在2015年6月15日，曾向原告发出房屋交付通知书，要求原告于2015年

6月30日前预约办理房屋交验手续时间，原告拒绝办理。同年7月3日，被告书面通知原告交房时间延后。后被告于2016年1月4日书面通知原告诉争房屋所在楼栋已于2015年12月29日满足交房条件，请原告于2016年1月9日办理交房手续。

原告收到通知后，因电梯封闭与偶数层入户门封闭问题认为不符合合同约定交付条件，拒绝办理收房手续。后双方未能妥善解决纠纷，原告诉至法院请求：1. 判令被告向原告支付因封偶数层主入户门及电梯的违约赔偿人民币262571元（按照购房总价款的20%计算）；2. 判令被告向原告支付逾期交房的违约金人民币175887元（自2015年1月1日暂计算至2016年3月25日，实际以1302867元为基数按日万分之三的标准计算至被告实际交房之日止）；3. 判令由被告承担本案全部诉讼费用。

【案件焦点】

1. 武汉世贸公司将本案诉争房屋规划设计为偶数层、奇数层的双入户门更改为奇数层单入户门是否构成违约；2. 违约赔偿额的认定依据。

【法院裁判要旨】

湖北省武汉市汉阳区人民法院经审理认为：原告与被告签订的武汉市商品房买卖合同系双方的真实意思表示，合法有效，应受法律保护。根据国土部门的规划设计图纸、商品房买卖合同所附平面图以及房型销售宣传单均可明确原告所购房屋原为双入户门设计，偶数层入户系与隔壁房屋共用一电梯入户。但因该设计不符合消防验收，被告予以整改后诉争房屋偶数层的入户门拆除，入户门口的电梯被封，诉争房屋由双入户门变为单入户门，被告交付的房屋不符合双方合同约定，被告应承担相应的违约责任，但合同未就该责任的承担方式作出约定。从被告违约的性质上看，系履行合同不符合合同约定。因诉争房屋的整改无法恢复原状，被告应向原告赔偿相应的损失。对于赔偿损失，原告并未提交证据证明其实际损失，主张以购房款20%的比例予以赔偿于法无据。但被告交付的房屋不符合合同约定，原告所购房屋的偶数层入户门被封，虽然对于房屋的内部结构无影响，但是诉争房屋的偶数层设计为使用功能较多的区域，偶数层入户门对于该房屋的使用功能和使用舒适性必然产生影响。综合考虑房屋已移转给原告实际占有，原告不要求退房等因素，法院酌定因被告封原告偶数层入户门及偶数层电梯按原告已付购房款8%的比例赔偿原告即人民币104229.36元（1302867元×8%）。关于被告逾期交房，合同约定出卖人应当在2014年12月31日前，将符合约定条件的商品房交付买受人使用。出卖人超过2015年6月30日宽展期届满日交房的，若买受人同意继续履行合同，自宽展期届满的次日起至出卖人书面交房通知确定的交房之首日止，出卖人按日向买受人支付已付房价款万分之一的违约金。被告在2015年12月29日取得《湖北省房屋建筑工程和市政基础设施工程竣工验收备案证明书》和《武汉市房地产开发项目竣工交付使用备案证》，房屋符合法定交付条件，并书面通知原告于2016年1月9日办理交付房屋手续。原告不主张退房，要求继续履行合同，故关于逾期交房的期间应自2015年7月1日起至2016年1月9日止共计193天，被告按原告已付购房款的日万分之一支付原告逾期交房违约金计人民币25145.33元（1302867元×0.0001×193日）。

湖北省武汉市汉阳区人民法院依据《中华人民共和国合同法》第四十四条、第六十六条、第一百零七条、第一百一十三条、第一百三十八条，《中华人民共和国民事诉讼法》第一百四十二条之规定，作出如下判决：

一、被告武汉世贸公司于本判决生效之日起十日内向原告邓某支付赔偿款人民币104229.36元；

二、被告武汉世贸公司于本判决生效之日起十日内支付原告邓某逾期交房违约金人民币25145.33元；

三、驳回原告邓某的其他诉讼请求。

武汉世贸公司不服一审判决，提起上诉。湖北省武汉市中级人民法院经审理认为：武汉世茂公司与邓某签订的商品房买卖合同所附平面图以及向邓某推销房型时的销售宣传单与武汉世茂公司在武汉市国土资源和规划局备案的规划设计图纸一致，即均明确了邓某所购的房屋为双入户门设计，偶数层入户系与隔壁房屋共用一电梯入户。后因该设计不符合消防验收，武汉世茂公司予以整改后将房屋的偶数层的入户门拆除，入户门口的电梯予以封闭，实际交付邓某的房屋由双入户门变为单一入户门，即仅能从其房屋的奇数层入户门入户。因此，武汉世茂公司交付的房屋不符合双方合同约定，武汉世茂公司构成违约，应承担相应的违约责任。武汉世茂公司上诉称双方签订的合同附件三已约定了该商品房的交付标准和条件以本合同约定为准，本合同未作约定的，以该商品房交付的现状为准。也约定了出卖人的广告、样板房、宣传材料、模型等宣传资料仅供参考，不构成本合同的组成部分。且该商品房所在楼层平面图上并未明确该房屋有双入户门。上诉人已于2015年12月29日完成诉争房屋的各项验收取得单体竣备证和交付证，已满足合同约定的交付条件，不应承担相应的违约责任。因缺乏事实和法律依据，且有违诚信原则，不应支持。

案涉房屋从规划设计图显示为偶数层、奇数层双入户门设计。从房屋结构和使用功能的设计来看，偶数层设计为客厅、餐厅、卫生间、卧室一间，属于使用功能较多的主要生活区域，而奇数层只有一个空间，主要是休息空间，偶数层入户门被封仅留奇数层的入户门对于该房屋的使用功能和使用舒适性必然造成实质影响。故一审综合考虑因武汉世茂公司封邓某偶数层入户门及偶数层电梯，房屋已移转给邓某实际占有，邓某不要求退房等因素，酌定武汉世茂公司按邓某已付购房款8%的比例赔偿邓某即人民币104229.36元（1302867元×8%），系人民法院行使自由裁量权，并无不当。

湖北省武汉市中级人民法院依照《中华人民共和国民事诉讼法》第一百七十条第一款第一项规定，判决如下：

驳回上诉，维持原判。

【法官后语】

我国目前对于商品房销售采用预售机制，房屋买受人从签订商品房买卖合同确认购买房屋到实际交付房屋之间存在两年到三年的“时间差距”。但在此“时间差距”之内，由于我国房地产市场行情的波动和其他现实因素的影响，商品房买卖双方对于商品房买卖合同的履行情况往往也会出现变化。然而，一旦买卖双方任何一方在履行商品房买卖合同时出现违约情况，都很有可能导致批量购房者与房地产开发商之间形成群体性纠纷。因此，对于商品房买卖合同的设定应尽量规范、明确。但实践中，商品房买卖合同往往以格式范本形式设定，不可能涵盖所有出现争议的范畴，本案中涉案的商品房买卖合同即未就被告的违约行为予以明确约定，因而在此情况之下，应当依据《中华人民共和国合同法》相关规定，结合案件具体事实，进行必要的自由裁量认定。

本案中，原、被告双方虽未在商品房买卖合同中就诉争房屋的入户门及入户电梯设计制定明确条款进行约定，但是结合国土部门的规划图纸、商品房买卖合同的平面图以及被告所出具的房屋推销单认定原告所购的房屋为双入户门设计，偶数层入户系与隔壁房屋共用一电梯入户符合基本常理及交易惯例。

依据《中华人民共和国合同法》第六十条第一款的规定：“当事人应当按照约定全面履行自己的义务。”被告应当向原告交付上述条件的房屋，但为了通过消防验收，被告改变了原告房屋的入户门及入户电梯设计，造成原告房屋的使用功能和使用舒适性均受到实质性影响。涉案合同虽未就被告擅自改变房屋使用状况之行为是否构成违约进行约定，但被告对诉争房屋使用状况的改变已实质影响到原告对诉争房屋使用权的行使。据此，应当裁量认定被告实际交付的房屋与合同约定的房屋已存在必然区别，被告向原告实际交付的诉争房屋并不符合双方的合同约定，被告构成违约，应当承担违约责任。

依据《中华人民共和国合同法》第一百零七条的规定：“当事人一方不履行合同义务或者履行合同义务不符合约定的，应当承担继续履行、采取补救措施或者赔偿损失等违约责任。”但是由于被告的改动行为不具备恢复原状的条件，因此，应以赔偿损失的方式来承担相应的责任。

关于上述违约责任的赔偿损失标准，涉案的商品房买卖合同亦未作出明确约定。但是依据《中华人民共和国合同法》第一百一十三条第一款“当事人一方不履行合同义务或者履行合同义务不符合约定，给对方造成损失的，损失赔偿额应当相当于因违约所造成的损失，包括合同履行后可以获得的利益，但不得超过违反合同一方订立合同时预见到或者应当预见到的因违反合同可能造成的损失”之规定，同时参照涉案商品房买卖合同中确定的“若出卖人提出单方解除合同的，按该商品房总金额10%向买受人支付违约金”之约定，被告的上述违约行为并未导致涉案商品房买卖合同被解除，即该违约行为所造成的损失理应低于合同解除状态下所产生的损失，加之原告已实际占有使用诉争房屋享受部分房屋权益，故裁量认定被告按原告已付购房款8%的比例赔偿损失较为适宜。

对于本案中的违约情形以及处罚措施，涉案的商品房买卖合同均未予明确约定，只能通过分析案件具体情况进行自由裁量认定。因此，在审理涉及类似问题的商品房买卖合同案件时，应当注意自由裁量权的合理运用，以便有效弥补商品房买卖合同约定不明、条款适用不顺的尴尬现状。

编写人：湖北省武汉市汉阳区人民法院　崔玉华　涂晓剑

15

合同先履行抗辩权之限制及与有过失规则之适用

——林某诉台州景瑞置业有限公司商品房销售合同案

【案件基本信息】

1. 裁判书字号

浙江省台州市中级人民法院（2018）浙10民终2165号民事判决书

2. 案由：商品房销售合同纠纷

3. 当事人

原告（上诉人）：林某

被告（上诉人）：台州景瑞置业有限公司

【基本案情】

2015年9月12日，原、被告签订商品房买卖合同一份，约定原告购买被告商品房一套，购房款总计296万元（首付89万元）；被告应在2016年10月31日前交付房屋给原告，逾期交房超过90日的，原告有权解除合同，原告解除合同的，被告应当自原告累计已付购房款的3%向原告支付违约金；原告要求继续履行合同的，合同继续履行，自最后交付期限的第二天至实际交付之日止，被告按日向原告支付已交房价款万分之三的违约金。该合同包含多个附件，其中补充协议记载“在房屋交接之前，买受人应依约付清所有购房款及违约金（如有），并缴清由出卖人代收代缴的有关税费，以及第三方要求买受人于进户前必须缴纳的各项费用（如维修资金等）（如有），否则出卖人有权延期交房，直至买受人全面履行义务为止，而无需承担逾期交房责任”。

之后，原告按约向被告支付296万元的房款。2016年10月底，被告向原告发放了该小区入户通知书和交房费用明细结算单各一份，告知原告其定于2016年10月28日至2016年10月31日集中交房。交房费用明细结算单载明原告应缴纳的费用包括房屋差价、物业维修基金、物业管理费、装修垃圾清运费和车位管理费，其中物业维修基金13274.50元，物业管理费7023.6元。原告在收取上述材料后，多次要求被告交房，被告以原告未缴纳物业维修基金等费用为由拒绝办理房屋过户手续。

2017年12月1日，原告将被告诉至路桥法院，要求被告立即交付房屋给原告，并赔偿原告自2016年11月1日起至判决生效之日止以购房款3010000元为本金按日利率万分之三计算的违约金。2018年6月1日，原告将本案的物业维修基金13274.50元交至法院的执行款账户。2018年6月8日，原、被告办理了讼争房屋的交接手续。被告从法院执行款账户领取了本案的物业维修基金。

【案件焦点】

1. 被告以原告不缴纳物业维修基金等费用为由拒不向原告交付房屋的行为是否构成违约；2. 若被告构成违约，在双方违约的情况下，该如何确定被告对原告的违约金赔偿数额。

【法院裁判要旨】

浙江省台州市路桥区人民法院经审理认为：本案的争议焦点在于台州景瑞置业有限公司是否存在逾期交房及如果存在逾期交房的事实，违约责任如何承担。（1）本案中，林某与景瑞置业有限公司之间所签订的商品房买卖合同及附件，系双方真实的意思表示，且内容不违反法律法规禁止性规定，应为合法有效，双方须依合同履行。（2）原告主张违约金计算以301万元为本金，但其提供的证据无法证实其向被告支付了该金额，依照现有证据调整确定购房款为296万元。（3）被告作为格式条款的提供方，不应将买受人的从给付义务的履行作为对抗自身履行主给付义务的前置条件，从而排除对方在付清房款后在约定时间内收取房屋的主要权利，故逾期支付物业维修基金不应成为被告延期交房的有效抗辩，被告应按合同约定时间交付房屋，否则其构成逾期交房。（4）合同中，出卖人的主给付义务是交付讼争房屋并移转其所有权，买受人的主给付义务为支付购房款。买受人已履行了其主给付义务，则出卖人应依约履行其主给付义务，即为交付房屋，出卖人以买受人未缴纳物业维修基金等为由拒绝交付房屋，构成了逾期交房，理应按约支付违约金。（5）物业维修基金的用途为新商品房和公有住房出售后的共用部位、共用设施设备维修，被告作为开发商已为其代付，原告应在约定交房之日前付清该款，但本案被告直至2018年6月1日方才支付，亦存在违约情形。根据本案的实际情况，结合买受人未及时缴纳物业维修基金的事实，将本案的违约金减半调整为259296元。浙江省路桥区人民法院依照《中华人民共和国合同法》第四十条、第一百二十条和《最高人民法院关于适用〈中华人民共和国民事诉讼法〉的解释》第九十条之规定，作出如下判决：

一、被告台州景瑞置业有限公司于判决发生法律效力之日起十日内赔偿原告林某违约金259296元；

二、驳回原告林某的其他诉讼请求。

原、被告均不服一审判决，提起上诉。浙江省台州市中级人民法院经审理认为：一审法院根据本案的实际情况，结合买受人未及时缴纳物业维修基金的事实，将本案的违约金调整为259296元合理合法。台州市中级人民法院依照《中华人民共和国民事诉讼法》第一百七十条第一款第一项之规定，作出如下判决：

驳回上诉，维持原判。

【法官后语】

随着市场经济的发展，商品房交易机制日益成熟和完善。然而，在不少城市房价“高歌猛进”，商品房阶段性供求失衡的背景下，商品房销售过程中，房地产商和购房者之间交易地位不平等的现象依旧存在。与既往发生的房地产商一房多卖、主动违约等“恶行”相比，该类不平等现象可能并不突出，然而却更具普遍性，从某种程度上已成为部分地区房地产业界的“通行做法”。比如，实践中，不少投资人可能基于自身便利考虑，利用其既是商品房开发商，也是后续物业管理公司出资人的优势地位，在商品房买卖合同签订过程中，通过格式条款的形式，将购房款、各种税费、物业维修基金以及先期物业管理费等费用加以“捆绑”，作为其向购房者交付房产的前置条件，对购房者权益造成损害。本案即此种情况。本案争议焦点有二：一是被告行为是否构成违约；二是若构成违约，如何对原告损失进行赔偿。

对于第一个争议焦点，司法实践中，针对购房者不缴纳物业专项维修资金，房地产商不交付房产的合同约定，有两种截然不同的处理方法：一种做法是予以认可，如周某某与信宜市某房地产公司商品房销售合同纠纷上诉案［（2017）粤09民终658号]。而另一种做法则不予认可，如希望房地产公司诉朱某商品房预售合同纠纷再审案[（2017）苏13民再129号]。造成司法实践之分歧的直接原因在于不同法官对建设部和财政部2007年联合发布施行的《住宅专项维修资金管理办法》第十三条的不同解读，而其根本原因在于法官对民事、行政两种不同法律关系在商品房销售合同纠纷中该如何适用的不同认识。

《住宅专项维修资金管理办法》第十三条规定："未按本办法规定交存首期住宅专项维修资金的，开发建设单位或者公有住房售房单位不得将房屋交付购买人。"对于第十三条，编者认为不应在本案适用，主要理由有三点：首先，部门规章不属于法院裁判必须引用或参照的依据。《住宅专项维修资金管理办法》性质上属部门规章，属其他规范性文件，不属于法院裁判需要引用或参照的依据。其次，原告缴纳物业专项维修基金与购买房屋属不同法律关系，不能混为一谈。缴纳物业专项维修基金的义务主体本来应该是购房者，其与缴纳对象形成行政法律关系；而商品房销售合同的双方当事人是购房者与卖房者，二者形成买卖合同关系，是民事法律关系范畴。因此，缴纳物业专项维修基金虽与本案商品房买卖合同有联系，但并非同一法律关系。最后，《住宅专项维修资金管理办法》第十三条的规定本身并不合理。该规定与《城市房地产管理法》内容相违背，涉嫌创设限制房地产转让的情形，变相禁止了民事主体间的房屋转让行为，很容易沦为房产公司滥用权利的手段。

对于第二个争议焦点，本案中双方签订的商品房买卖合同合法有效，部分条款的无效并不影响合同的整体效力。被告在原告支付完全部购房款后，拒不交付房屋已构成根本违约，理应按照合同约定承担违约损害赔偿责任。不过本案中，原告并未按照合同约定向被告支付物业专项维修基金，亦存在违约行为。在双方违约的情况下，如何对各自的违约行为进行评价，并最终合理确定被告对原告的违约赔偿数额，是第二个关键问题。编者认为，本案应适用"与有过失"规则，根据客观"原因力"为主，当事人主观过错为辅的判断标准，本案中，被告应对全部损失承担主要责任，原告承担次要责任。本案中一审法院根据原告的违约情况，并结合原告的实际损失等因素（虽未在判决书中体现），将违约金作了减半处理，并得到二审的维持。应认为，该种处理方式在大的原则、方向上是正确的，既对被告长时间拒不交房的违约行为进行了规制，又对原告的违约行为进行了评价，对违约金进行了司法酌减，较为合理地衡平了原、被告双方的利益，可以对同类案件起到指引作用。但是，也应看到，本案在对被告违约金进行司法酌减时，也存在不足之处，即本案并未对违约金减半的理由详细论述说明，减半处理略显“粗糙”。因为，若赔偿数额过分低于原告损失，显属对其保护不利；若过分高于原告损失，则可能使其过分获益，不符合我国违约金条款设置初衷。编者认为，在类似案件自由裁量过程中，应至少考虑以下三个问题：一是原告的实际损失是多少。确定实际损失可以以涉案房产的租金收入或购房款的利息收入作为参照标准。二是双方约定的违约金总额是否过分高于实际损失。《最高人民法院关于适用〈中华人民共和国合同法〉若干问题的解释（二）》第二十九条第二款规定，当事人约定的违约金超过造成损失的百分之三十的，一般可以认定为合同法第一百一十四条规定的“过分高于造成的损失”。本案最后测算出违约金总额为518592元，应认为过分高于原告造成的损失。三是应将被告对原告的违约金赔偿额限定在怎样一个合理区间。

回归本案司法裁判，本案裁判并未顾及《住宅专项维修资金管理办法》的相关规定，而是从民法公平和诚实信用原则出发，坚持以民法、合同法等为依据，认定“原告不缴纳物业专项基金等费用，被告可拒不交房”的约定属格式条款中免除对方主要权利的条款而无效，房地产公司不得以从给付义务的履行为由行使先履行抗辩权。同时，在双方违约的情况下，引入与有过失规则，对根本违约方的违约金赔偿义务进行酌减，即使被告的违约行为受到规制，亦未使原告在此事件过分获益，较为公平合理地衡平了双方当事人权益。本案裁判对于以后类似案件的处理，提供了良好的借鉴和指引。

编写人：浙江省台州市路桥区人民法院　李刚　吴金燕

16

开发商为购房者向按揭贷款银行承担担保代偿责任能否触发商品房买卖合同中约定解除条件的成就

——成都通用时代房地产开发有限公司诉侯某商品房销售合同案

【案件基本信息】

1. 裁判书字号

四川省成都市中级人民法院（2018）川01民终1900号民事判决书

2. 案由：商品房销售合同纠纷

3. 当事人

原告（上诉人）：成都通用时代房地产开发有限公司（以下简称通用时代房产公司）

被告（被上诉人）：侯某

【基本案情】

2013年5月7日，侯某与通用时代房产公司签订了《商品房买卖合同》、商品房买卖合同附件与住宅补充协议，约定由侯某购买通用时代房产公司开发的通用时代国际社区2栋1单元5层×××号商品房，总价1200617元，首付款400617元，余款80万元由侯某向中信银行申请按揭贷款的方式支付。之后，侯某、中信银行及通用时代房产公司三方签订了《中信银行个人购房借款合同》，约定中信银行向侯某发放80万元贷款，通用时代房产公司为侯某分期偿还借款提供阶段性连带责任保证。2013年8月28日，涉案房屋进行了备案登记。2017年，因侯某逾期未归还贷款本息，中信银行以侯某和通用时代房产公司为被告向人民法院提起民事诉讼，要求解除贷款合同、提前收回贷款，同时要求通用时代房产公司承担担保责任。通用时代房产公司向中信银行履行了代偿义务，结清侯某的所有欠款本息。另查明，2014年7月28日，案外人李海江向人民法院起诉，要求侯某、彭莉归还55万元借款并支付相应利息。双方经调解达成协议，但侯某、彭莉未按协议履行还款义务。于是，李海江向法院提出强制执行申请。目前，涉案房屋被其他法院查封执行中。

【案件焦点】

通用时代房产公司作为开发商能否在为买受人承担担保责任后并且已销售的房屋因买受人原因被另案查封的情况下，行使合同解除权以及产生合同解除的相应法律后果。

【法院裁判要旨】

四川省成都市锦江区人民法院经审理认为：根据合同自治原则，侯某与通用时代房产公司可以约定，一旦侯某在履行购房借款合同过程中违约，致使中信银行提前收回贷款并导致通用时代房产公司承担担保责任的，通用时代房产公司即有权要求解除买卖合同。但涉案房屋因侯某的其他债务纠纷已在本案诉讼前被其他法院查封。如果通用时代房产公司解除《商品房买卖合同》，将直接影响涉案房屋所有权的归属，影响其他法院对被执行标的物的执行，损害申请执行人的合法利益。通用时代房产公司作为上述执行案件的案外人，应当向执行法院提出异议。对于通用时代房产公司提出由侯某支付违约金的请求，因该违约金是适用合同约定的解约条款，故以解除合同为基础请求的违约金，亦不予支持。依照《中华人民共和国民事诉讼法》第二百二十七条和《最高人民法院关于适用执行程序若干问题的解释》第十五条之规定，判决如下：

驳回原告通用时代房产公司的诉讼请求。

通用时代房产公司持原审意见上诉，四川省成都市中级人民法院经审理认为：本案二审争议焦点为通用时代房产公司是否有权解除案涉房屋买卖合同，并发生合同解除的相应后果。针对以上两个争议焦点，分别评述如下：

本案中，侯某已经基于案涉房屋买卖合同，通过首付款及按揭贷款形式足额向通用时代房产公司支付购房款，通用时代房产公司通过房管部门将案涉房屋备案登记至侯某名下，应视为案涉房屋买卖合同已经履行完毕。现通用时代房产公司基于其代侯某承担担保责任的事实，主张案涉房屋买卖合同解除，其代偿行为仅能产生债权追偿的行为后果，不能基于已经履行完毕的合同再行主张返还房屋，故对于通用时代房产公司上诉请求即解除案涉《商品房买卖合同》，撤销案涉房屋备案并要求侯某支付违约金108000元的主张，依法不予支持。通用时代房产公司可基于案涉合同，另行向侯某主张相应的担保责任。综上，根据《中华人民共和国民事诉讼法》第一百七十条第一款第一项之规定，判决如下：

驳回上诉，维持原判。

【法官后语】

本案重点是合同约定解除条件的触发。对于商品房买卖合同关系中开发商与买受人之间约定以开发商、买受人与贷款银行之间的借款担保合同履行情况为解除条件的，一、二审法院持不同态度。

一审法院对于开发商为买受人承担借款担保责任后享有合同解除权持开放态度，认为应当尊重合同自治原则，根据合同约定的情形自动触发解约条件的成就。而最终驳回原告诉讼请求系基于案涉房屋已因为买受人的其他纠纷被另案查封，一审法院认为，案涉房屋已进行合同备案，一旦合同解除将直接影响房屋权属，已经构成了对执行标的异议，应另行主张。

而二审法院着眼于对解除条件本身作出阐释。首先，从合同履行程度来讲，合同解除适用的范围应是依法成立且尚未全部履行完毕的合同。二审法院认为，本案中商品房买卖合同应认定为已履行完毕，已无对应内容。虽然，在此等双务合同中，开发商还负有为买受人办理物权登记等后续义务，合同是否履行完毕在实务中存在争议。但本案中买受人已经支付全部房款，且不存在其他违约情形，即从买受人的角度已按约履行了买卖合同的全部义务，开发商对应的权利和期待均得到了实现。其次，从合同相对性原则来讲，合同解除应遵循主体相对性、基础法律关系相对性。本案中，开发商与买受人之间存在两种合同关系。既是买卖合同中的卖方与买方，也是借款担保合同中的担保人与借款人。买卖合同关系中预设的解除权条款应限于买卖合同的相对方并以买卖合同的基础权利义务为触发的条件。在借款担保合同项下，买受人违约导致开发商承担代偿义务后，产生的后果应为开发商取得追偿权，系一般债权。而买卖合同以借款担保合同的履行为条件，赋予开发商解除权导致房屋回转，变相地令开发商享有的债权获得了物的担保。且无论开发商代偿金额多少，都将触发解除权条款，对于买受人显然有失公允。同时，如果允许该种设计，对房屋买受人及其相对人，对房屋的期待均有可能落空，法律关系将处于不稳定状态，不利于维护交易安全。

综上，合同解除应限于合同相对方之间就此法律关系产生的权利义务，而在法定范围内赋予一方解除权。以相对方之间其他法律关系为条件设立解除权的，不应得到支持。

编写人：四川省成都市锦江区人民法院　刘雅娟

17

买房中的中央空调亦属于开发商保修范围

——熊某诉北京城建兴华地产有限公司房屋买卖合同案

【案件基本信息】

1. 裁判书字号

北京市第一中级人民法院（2018）京01民终5689号民事判决书

2. 案由：房屋买卖合同纠纷

3. 当事人

原告（上诉人）：熊某

被告（被上诉人）：北京城建兴华地产有限公司（以下简称城建公司）

【基本案情】

2014年11月1日，熊某与城建公司签订了《北京市商品房预售合同》，购买了城建公司开发的201号房屋，该合同中注明城建公司赠送熊某新风系统、中央空调。在此房屋的住宅质量保证书中约定空调的保修期限为两年。2015年10月17日熊某接收上述房屋。熊某在房屋验收交接时发现房屋的空调室外机存在跳闸问题，此问题经维修后已解决。2016年5月，熊某发现空调不制冷，向城建公司反映。城建公司联系空调厂家多次维修未果，直至2017年5月20日熊某所购房屋的空调才维修好，此时本案正在诉讼期间。庭审中，熊某表示因空调不能使用，自己需购置电风扇，为此向法院提交了三份购买风扇的发票，总金额为14032元。熊某未就误工费500元、交通费500元向法院提交相应证据。

【案件焦点】

买房中的空调是否属于开发商保修范围。

【法院裁判要旨】

北京市海淀区人民法院经审理认为：熊某所购房屋中的空调损坏，开发商已按合同约定提供了维修服务，现空调已维修完毕，可正常使用，故熊某以此为由要求再延长两年保修期限的诉请于法无据，不予支持。熊某所主张的电风扇、空调差价费用，合同中对此并无相关约定，故不予支持。虽然熊某未就误工费、交通费用提交相应证据，但考虑到熊某因空调维修事宜必然产生上述经济损失，故具体数额由法院酌定。熊某所称的精神损害抚慰金于法无据，亦不予支持。

北京市海淀区人民法院依照《中华人民共和国合同法》第五条、第六条、第一百零七条之规定，作出如下判决：

一、城建公司于本判决生效后七日内赔偿熊某误工费400元，交通费200元。

二、驳回熊某的其他诉讼请求。

熊某不服一审判决，提起上诉。北京市第一中级人民法院经审理认为：虽合同中约定中央空调属于赠送部分，但是由于开发商在住宅质量保证书中承诺空调的保修期限为两年，故开发商仍应对空调承担保修责任。熊某于2015年10月17日接收房屋后，先后发现空调的室外机存在跳闸现象、空调存在无法制冷的功能障碍，开发商应对此承担保修责任。现开发商对空调的修理行为正是履行保修义务的体现。在熊某未能证明开发商存在不履行修理义务的情况下，争议并未出现，熊某现请求延长两年保修期，没有合同和法律依据，不予支持。但应明确的是，因修理占用的时间应当从保修期中予以扣除，但在跳闸问题修复之后，因熊某未及时对于空调是否存在功能障碍进行验收的时间，属于熊某自行放任结果的产生，该部分时间不应予以扣除。现熊某对于延长保修期的认定尚不具有诉的利益，对其主张不予支持。

对于熊某购买电风扇花费的14032元，考虑到空调的维修期间正值夏季，必然给熊某的生活造成影响，对于熊某要求给付电风扇费用的请求应予以保护。一审法院未支持其该项请求不当，予以纠正。对于熊某购买电风扇的费用，应结合产品的降温功能、使用时间和电风扇的使用寿命酌情予以考虑。法院酌定该部分费用为600元。熊某请求过高部分，不予支持。

对于熊某根据《商品房预售合同》第十七条第二款第三项规定主张的差价损失，该条款约定的情形与本案情形不符，对熊某的该项请求不予支持。对于误工费和交通费，属于因空调维修所必然发生的费用，一审法院酌定的数额并无明显不当，予以维持。对于熊某主张的精神损害抚慰金，该请求于法无据，不予支持。

北京市第一中级人民法院依照《中华人民共和国民事诉讼法》第一百七十条第一款第二项规定，作出如下判决：

一、维持北京市海淀区人民法院（2016）京0108民初31928号民事判决第一项；

二、撤销北京市海淀区人民法院（2016）京0108民初31928号民事判决第二项；

三、城建公司于本判决生效后七日内赔偿熊某购买电风扇损失600元；

四、驳回熊某的其他诉讼请求。

【法官后语】

本案是商品房买卖中因附带的中央空调无法正常使用而引发的纠纷。因该类问题在房屋买卖合同纠纷中较为常见，法律关系如何确定，购房人如何正当维权，具有一定的示范意义。现分述如下：

一、开发商是否应就空调质量承担责任

商品房预售合同中约定中央空调属于赠送部分，该种情况一般按照合同的约定认定为赠与法律关系较为合适。但对中央空调部分的赠与，并非单纯意义上的赠与，该赠与是以买房人购买诉争房屋为前提条件的赠与，属于附义务的赠与。根据《中华人民共和国合同法》第一百九十一条的规定，附义务的赠与，赠与的财产有瑕疵的，赠与人在附义务的限度内承担与出卖人相同的责任，因此开发商应对于中央空调的质量承担责任。退一步，如果合同中未约定中央空调系赠与，则可以理解为中央空调和房屋构成了附合，购房人在购买房屋的同时亦购买了中央空调，双方形成买卖合同关系。此时，开发商亦应对于中央空调的质量承担责任。

二、对于中央空调无法正常使用的情况，应如何计算保修期限

（一）第一阶段

熊某于2015年10月17日进行房屋验收时发现空调室外机存在跳闸问题，就此问题城建公司应当及时进行维修。此时，由于空调室外机跳闸，属于因开发商的原因导致熊某无法对于中央空调本身是否存在质量问题进行检验，应视为尚未触发对于中央空调保修期限的起算条件。因此，从2015年10月17日发现空调外机跳闸之日起到城建公司将跳闸问题修复之前的期间，不应算入两年的保修期限之中。

（二）第二阶段

在城建公司将跳闸问题修复之后，具备了对于空调本身能否正常使用进行检验的条件，此时熊某应参照《中华人民共和国合同法》第一百五十七条的规定及时进行检验，并应当视为在检验之后即触发了保修期限的起算条件。但此时，熊某并未及时对于空调能否正常使用进行检验，属于熊某自行放任结果的产生，参照《中华人民共和国合同法》第一百五十八条的规定，在合理期间未通知的，适用质量保证期的约定。因此，从跳闸问题修复之后到熊某向城建公司上报空调存在无法正常使用情形的期间，该部分时间不应从保修期限中予以扣除。

（三）第三阶段

熊某入住房屋之后并未及时使用中央空调，直至2016年5月进入夏季之后，熊某遂发现空调不能制冷并向城建公司上报。在此之后，城建公司联系空调厂家多次进行维修，耗费较长时间，直至2017年5月20日熊某所购房屋的空调才维修好，此时本案正在诉讼期间。对于2016年6月至2017年5月，属于城建公司对于空调履行保修义务的期间，此期间耗费时间较长，熊某在此期间并未享受到空调带来的利益，该部分时间亦不应计入两年的保修期限之中。

现空调已经维修完毕，熊某并未举证空调仍然存在质量问题且城建公司存在不履行修理义务的情形，争议并未出现，熊某请求延长两年保修期，没有合同和法律依据，其请求难以得到支持。但在本案之外，如果空调后续又出现质量问题，熊某可以在两年保修期内（第一阶段维修空调外机跳闸的时间和第三阶段维修空调的时间均不计入）要求城建公司承担维修责任。

三、熊某主张的其他损失应否得到支持

考虑到空调的维修期间正值夏季，必然给熊某的生活造成影响，熊某购买了电

风扇以满足其日常使用需要，对于熊某要求给付电风扇费用的请求应当予以保护。但本案中，熊某购买的电风扇并非单纯地用于降温功能的空调的替代物，而是具有空气净化功能的高端品牌电扇，其所花费的费用亦远高于普通具备降温功能的电扇的费用，故法院仅能够支持其部分购买电扇的花费。除此之外，熊某购买的电扇在空调修复之后仍可以继续使用或者另行出售变现，因此法院在酌定费用之时，还应当考虑电扇的实际使用时间、使用寿命等情况予以一定程度上的折旧。

除了该种救济路径之外，一般而言，在空调存在质量问题、难以满足使用需要的情况下，开发商还可以向购房人提供替代物以满足正常的使用功能。以较为常见的汽车修理为例，如果维修时间较长，一般会向消费者提供代步汽车以满足其使用需求。同理，为了满足夏季房屋的正常使用功能，亦可以采取要求开发商另行安装空调或提供电扇直至原空调维修完毕的措施。在原空调维修完毕之后，开发商则可以回收替代的空调或者电扇。本案中虽未采取此类措施，但亦不失为一种备选方案。

编写人：北京市第一中级人民法院　刘瑾

18

逾期交房的违约赔偿

——王某某诉黑龙江某某房地产开发有限公司房屋买卖合同案

【案件基本信息】

1. 裁判书字号

黑龙江省哈尔滨市中级人民法院（2018）黑01民终9191号民事判决书

2. 案由：房屋买卖合同纠纷

3. 当事人

原告（被上诉人）：王某某

被告（上诉人）：黑龙江某某房地产开发有限公司

【基本案情】

原、被告于2015年9月24日签订哈尔滨市商品房买卖合同书约定："原告购买位于哈尔滨市南岗区哈西地区绥化路以西、复旦街以北、南兴街以南围合区域的商品房一处，房屋价款145万元；被告应当在2015年12月31日前，依照国家和地方人民政府的有关规定，将具备该商品房经验收合格的条件并符合本合同约定的商品房交付原告使用；被告未按本合同规定的期限将该商品房交付原告使用，原告要求继续履行合同的，合同继续履行，自最后交付期限的第二天起至实际交付之日止，被告按日向原告支付已付房价款万分之二的违约金；商品房达到交付使用条件后，被告应当书面通知原告办理交付手续。双方进行验收交接时，被告应当出示商品房经验收合格的证明文件，并签署房屋交接单。所购商品为住宅的，被告还需提供《住宅质量保证书》和《住宅使用说明书》。被告不出示证明文件或出示证明文件不齐全，原告有权拒绝交接。"合同签订后，原告于2015年9月23日向被告交付了房款13万元，2015年9月24日向被告交付房款132万元，共计145万元。被告给原告出具了购房款票据。后被告未能将具备该商品房经验收合格的条件并符合本合同约定的商品房交付原告使用，原告现尚未办理入户。被告于2018年8月1日取得建设工程竣工验收备案证书，2018年3月被告开始提交办理涉案房屋小区产权登记材料。现原告起诉至法院，要求：一、被告赔偿原告逾期交房的违约金270860元（自2016年1月1日起至2018年7月25日止）；二、被告赔偿原告逾期办理产权证的违约金人民币1160元。

【案件焦点】

1. 开发商是否逾期交房；2. 竣工验收时间。

【法院裁判要旨】

黑龙江省哈尔滨市南岗区人民法院经审理认为：被告未按照合同约定书面通知原告办理房屋交付手续，被告虽主张于2015年年末多次电话通知原告入户，但没有证据证明。因被告未能举证证明已经按照合同约定书面通知原告办理房屋交付手续，出示相关商品房经验收合格的证明文件，故对被告主张违约金应计算至2016年12月7日，法院不予采纳。被告未能按照合同约定书面通知原告办理房屋交付手续，未能履行主要义务，已构成违约，故对于原告主张要求被告赔偿自2016年1

月1日起至2018年7月25日止逾期交房违约金的诉讼请求，于法有据，法院予以支持。关于原告逾期办理房产证的违约金，因被告2015年12月31前未能将具备该商品房经验收合格条件符合合同约定的商品房交付给原告，即系被告原因，原告未能办理入户。即使原告于2015年12月31日办理了入户，涉案房屋的产权登记亦未能在720日内办理，因被告已构成违约，原告要求被告赔偿逾期办理产权登记违约金的诉请，法院予以支持。依据《中华人民共和国合同法》第四十四条、第六十条、第一百零七条，《中华人民共和国民事诉讼法》第六十四条之规定，判决如下：

一、被告黑龙江某某房地产开发有限公司于本判决生效之日起十日内按已付房价款145万元的日万分之二给付原告王某某违约金270860元（自2016年1月1日起至2018年7月25日止）；

二、被告黑龙江某某房地产开发有限公司于本判决生效之日起十日内按已付房价款145万元的0.08%给付原告王某某违约金1160元。

黑龙江某某房地产开发有限公司不服，向黑龙江省哈尔滨市中级人民法院上诉。二审法院经审理后判决：

驳回上诉，维持原判。

【法官后语】

本案的处理要点在于开发商是否逾期交房。商品房买卖合同已约定“将具备该商品房经验收合格条件的商品房交付买受人使用”，开发商应按照合同约定的时间将经验收合格的商品房交付买受人。商品房未经验收合格，买受人有权拒绝接收并要求赔偿违约金。

具体到本案中，被告提供的单位工程竣工验收报告中显示竣工验收日期为2015年10月1日，但开发商自行聘请的设计、施工、监理公司自检记录不能代替国家职能机关的竣工验收文件，不能以之作为竣工交付依据。涉案商品房《建设工程竣工验收备案证书》载明竣工时间为2016年12月7日。根据双方签订的商品房买卖合同约定，被告应于2015年12月31日前将符合竣工验收合格条件的涉案房屋交付给原告。被告未能按照合同约定的时间通知原告办理入户手续，被告已经逾期交房，应承担违约责任。

需要说明的是，原告得到法院支持的依据，并非系原告主张的竣工日期应为涉案商品房取得《建设工程竣工验收备案证书》的日期即2018年8月1日。本案当中，系因被告未能证明已经按照合同约定通知原告办理入户手续，导致原告至今未能办理入户，故被告主张违约金应计算至竣工日期2016年12月7日未能得到法院支持。

编写人：黑龙江省哈尔滨市南岗区人民法院 蒋月姣

三、二手房买卖

19

出卖方能否依据标的房屋存在违法建筑主张房屋买卖合同无效

——顾某兰、李某友诉卫某智、万某霞等房屋买卖合同案

【案件基本信息】

1. 裁判书字号

山东省济南市中级人民法院（2018）鲁 01 民终 3243 号民事判决书

2. 案由：房屋买卖合同纠纷

3. 当事人

原告（被上诉人）：顾某兰、李某友

被告（上诉人）：卫某智、万某霞

【基本案情】

李某友与顾某兰系同居关系，顾某兰与卫某智、万某霞夫妻二人均是造纸厂下岗职工，双方较为熟悉，2016 年 6 月 16 日双方达成口头买卖协议，约定卫某智、万某霞将其所有的造纸厂家属院房屋一处出卖给李某友、顾某兰。当天李某友、顾某兰将房款 87000 元交付给卫某智、万某霞，由卫某智出具收条一张，同时卫某智将房屋产权证书原件及房屋钥匙交付给李某友、顾某兰。双方均认可涉案房屋存在超出房屋产权证书记载的建筑面积之外的其他建筑。该部分建筑系卫某智于 2003 年私自对房屋进行的增建，并一直延续至今。此后李某友、顾某兰多次要求卫某智、万某霞协助办理房屋过户手续，卫某智、万某霞以涉案房屋存在违法建筑无法办理房屋过户手续为由，拒不配合办理过户手续。

【案件焦点】

卫某智、万某霞能否依据标的房屋存在违法建筑，主张房屋买卖合同无效；房屋买卖，仅有口头协议，未签订书面买卖合同，但已经实际履行的，是否应当认定房屋买卖合同关系成立。

【法院裁判要旨】

山东省济南市长清区人民法院经审理认为：《中华人民共和国合同法》第三十六条规定："法律、行政法规规定或者当事人约定采用书面形式订立合同，当事人未采用书面形式，但一方已经履行主要义务，对方接受的，该合同成立。"本案房屋买卖合同虽为口头协议，但买受人李某友、顾某兰已支付购房款，卫某智、万某霞已经交付房屋，李某友、顾某兰也对房屋进行装修并入住至今，符合上述法律规定的情形，故涉案房屋买卖合同成立。双方均系完全民事行为能力人，涉案的房屋买卖口头协议系双方当事人真实意思表示，也不存在《中华人民共和国合同法》第五十二条规定的无效情形，应属有效。关于买卖合同能否继续履行的问题，即涉案房屋能否办理产权变更登记手续。卫某智、万某霞辩称因涉案房屋上存在超出房屋产权证书记载的其他建筑，致使涉案房屋无法办理过户手续。长清区法院认为涉案房屋上存在与房屋产权证书记载的内容不符的部分建筑，系卫某智、万某霞在出售房屋之前私自增建，卫某智、万某霞将房屋出售后，应依诚实信用原则，积极将涉案房屋存在的与房屋产权证书内容不符的部分建筑自行拆除后交付买受人，在卫某智、万某霞不主动拆除该部分建筑的情况下，该部分建筑已影响了房产变更登记，李某友、顾某兰有权利使房屋恢复至产权登记状态。李某友、顾某兰购买的是依据房屋产权证书登记记载的合法房屋，其在诉讼中也表示自愿将房屋恢复至产权登记状态，因此涉案房屋上存在的增建房屋既不是影响合同效力的合理事由，也不能成为卫某智、万某霞不履行协助办理房屋过户手续的借口。在李某友、顾某兰将房屋的四至、外观形状、建筑面积等恢复至产权登记状态并通过相关行政机关审查认可后，卫某智、万某霞应积极协助李某友、顾某兰办理房屋过户手续。

山东省济南市长清区人民法院依照《中华人民共和国合同法》第六条、第三十六条、第四十四条、第六十条第一款、第一百零七条之规定，判决如下：

一、李某友、顾某兰与卫某智、万某霞于2016年6月16日签订的房屋买卖口头协议合法有效；

二、卫某智、万某霞应于李某友、顾某兰将涉案房屋（长房权证城改字第06697号）恢复至产权登记状态且经相关行政机关审查认可后积极协助李某友、顾某兰办理房产变更登记手续。

卫某智、万某霞不服一审判决，提起上诉。济南市中级人民法院经审理同意一审法院裁判意见，依照《中华人民共和国民事诉讼法》第一百七十条第一款第一项规定，判决如下：

驳回上诉，维持原判。

【法官后语】

房屋出卖人以涉案房屋上存在违法建筑为由而无法办理房屋产权过户登记手续并主张合同无效的，人民法院不应予以支持，可判决出卖人将涉案房屋恢复至产权登记状态且经相关行政机关审查认可后协助买受人办理房屋产权过户登记手续。

房屋买卖合同纠纷中，尤其是城乡接合部区域的涉案房屋，房主往往在涉案房屋上私自增建、扩建，即存在违法建筑，致使房屋现状与房屋不动产权登记证书中记载的房屋信息不一致，在此种情形下，房主将房屋出卖后，又以涉案房屋上存在违法建筑为由而主张房屋买卖合同违反《中华人民共和国合同法》第五十二条之规定，主张合同无效的，如何处理？或者房主又以对该增建、扩建部分拥有所有权为由，不履行房产过户义务的，法院应当如何做出判决。对此，笔者认为根据区分原则，房屋因附有违法建筑而无法过户属合同履行范畴，并不影响合同效力，因此，此类合同如不具备《中华人民共和国合同法》第五十二条的无效情形，应当认定有效。出卖人负有将房屋恢复至原登记的权利状态并消除行政限制的义务。在买受人同意按现状交付并自愿承担恢复原状义务的情况下，出卖人应依据诚实信用原则与买受人将房屋恢复原状、消除行政限制后协助完成过户手续。该案背后的法理其实源自一句古老的法谚，即“任何人不应从其违法行为中获益”，出卖人未经批准私自增建、扩建房屋行为，不应当成为其依据诚实信用原则不履行合同义务的理由。

编写人：山东省济南市长清区人民法院　吴开龙

20

出卖人对房屋质量的瑕疵担保责任

——应某与周某萍房屋买卖合同案

【案件基本信息】

1. 裁判书字号

广东省广州市中级人民法院（2018）粤01民终17742号民事判决书

2. 案由：房屋买卖合同纠纷

3. 当事人

原告（上诉人）：应某

被告（上诉人）：周某萍

【基本案情】

2017年11月30日，应某（买方）、周某萍（卖方）与广州宏×房地产代理有限公司（经纪方）签订《房屋买卖合同》，约定：买方向卖方购买涉案房屋，建筑面积75.5平方米，成交价1480000元。买方确认已查阅涉案房屋的权属证明文件，对权属证明文件所载内容并无异议，并已实地看楼视察过涉案房屋，对涉案房屋的坐向、面积、楼龄、楼层、间隔、装修质量、抵押情况和产权情况均予以认可。合同签订后，应某付清全部购房款。2018年3月12日，周某萍向应某交付涉案房屋，双方签署《交房确认书》，确认涉案房屋以现状交付应某使用。应某入住涉案房屋后，发现涉案房屋内有白蚁。涉案房屋交易过程中，应某没有就白蚁问题向周某萍提出过异议；周某萍也未向应某提及涉案房屋曾进行过白蚁防治的事实。应某认为周某萍刻意隐瞒涉案房屋存在白蚁的情况，请求变更合同，要求被告退还6万元购房款并要求被告支付房屋重新装修费用及相应期间的租房费用。

【案件焦点】

合同约定房屋按现状交付的情况下，卖方是否需要对房屋质量瑕疵承担担保责任。

【法院裁判要旨】

广东省广州市南沙区人民法院经审理认为：应某与周某萍签订《房屋买卖合同》后，应当遵循诚实信用原则，行使权利、履行义务。本案的主要争议焦点在于周某萍交付的涉案房屋是否存在质量瑕疵，周某萍是否存在故意隐瞒涉案房屋存在白蚁危害质量瑕疵的违约行为以及是否需要赔偿应某损失。

关于涉案房屋是否存在质量瑕疵的问题。法院认为：根据日常生活经验法则，涉案房屋内的白蚁危害显然并非短时间内产生，由此可见，周某萍在出售涉案房屋给应某时，房屋已存在白蚁危害，即涉案房屋存在质量瑕疵。

关于周某萍是否故意隐瞒涉案房屋存在白蚁危害的质量瑕疵问题。法院认为：考虑到房屋交接时的使用状态，以及应某提供的证据不足以证明周某萍存在隐瞒白蚁危害之故意，故无法认定周某萍构成欺诈。应某以此为由要求变更合同条款，将合同总房款减少 60000 元，没有依据，法院不予支持。

关于周某萍是否需要赔偿应某损失的问题。考虑到白蚁的危害性以及灭杀时间，法院根据公平原则、诚实信用原则以及日常生活经验，参考应某提供的《房屋租赁合同》约定的租金价格，依法酌情确定周某萍赔偿应某租金损失 5000 元。对于应某主张的其他损失，没有依据，法院不予支持。

据此，依照《中华人民共和国合同法》第六十条、第六十一条、第六十二条、第一百一十一条、第一百一十三条第一款、第一百五十三条、第一百五十四条、第一百五十五条，《最高人民法院关于适用的解释》第九十条的规定，于 2018 年 8 月 10 日作出如下判决：

一、周某萍应于本判决发生法律效力之日起十日内向应某赔偿白蚁防治费用 6250 元、装修损失 15000 元以及租金损失 5000 元；

二、驳回应某的其他诉讼请求。

应某、周某萍均提起上诉。广东省广州市中级人民法院经审理认为，关于涉案房屋是否存在质量瑕疵问题。法院认为涉案房屋内的白蚁并非短时间内产生并无不妥，故，即便周某萍曾灭杀过白蚁，但并未灭杀干净，周某萍在出售涉案房屋时已存在白蚁危害，涉案房屋存在质量瑕疵。对周某萍上诉认为其已对白蚁进行专业灭杀，涉案房屋不存在质量瑕疵问题，法院不予采纳。

关于周某萍是否构成欺诈问题。法院认为涉案房屋的白蚁危害并不属于肉眼明显可见的程度并无不妥。一审法院考虑到房屋交接时的使用状态，以及应某提供的证据不足以证明周某萍存在隐瞒白蚁危害之故意，认为无法认定周某萍构成欺诈并无不当，法院予以维持。应某以此为由要求变更合同条款，将合同总房款减少60000元，没有依据，一审法院不予支持无误，法院予以维持。

关于周某萍是否应向应某赔偿损失问题。本案周某萍虽不存在故意隐瞒白蚁危害的情形，但其作为出卖人对涉案房屋的质量仍负有瑕疵担保义务。双方签订的《房屋买卖合同》虽约定按现状交付涉案房屋，但如上所述，涉案房屋确实存在质量瑕疵，且该白蚁危害属于隐蔽质量瑕疵，应某在房屋使用过程中才能发现。根据《中华人民共和国合同法》第一百五十五条“出卖人交付的标的物不符合质量要求的，买受人可以依照本法第一百一十一条的规定要求承担违约责任”之规定，本案周某萍仍需赔偿由此给应某造成的损失。至于赔偿数额，应某为灭治白蚁危害已支出的防治服务费6250元，属于合理支出的必要费用，应由周某萍承担。关于应某主张的装修损失及租金损失问题。灭治白蚁工作完成后，应某势必需要对涉案房屋的受损部位进行重新装修，一审法院根据公平原则、诚实信用原则及日常生活经验，参考装饰公司的报价，酌情确定周某萍向应某赔偿装修损失15000元并无不当。应某二审提交其与装修公司签订的装修合同主张其装修损失20000元，但就该部分损失，其并未在一审提交该证据时予以证明，故已过举证期限，法院不予采纳。因白蚁灭治以及重新装修期间，应某一家确需另行租住，由此产生的租金损失属于合理主张，一审法院予以确认并无不妥。考虑到白蚁的危害性以及灭杀时间，一审法院根据公平原则、诚实信用原则以及日常生活经验，参考应某提供的《房屋租赁合同》约定的租金价格，依法酌情确定周某萍赔偿应某租金损失5000元于法无悖。对于应某主张的其他损失，没有依据，一审法院不予支持正确，法院予以维持。

综上所述，一审判决认定事实清楚，适用法律正确，应予维持。上诉人应某、周某萍的上诉请求、理由均不成立，应予驳回。依照《中华人民共和国合同法》第六十条第一款，《中华人民共和国民事诉讼法》第一百七十条第一款第一项及《最高人民法院关于适用的解释》第九十条、第三百二十三条的规定，判决如下：

驳回上诉，维持原判。

【法官后语】

二手房买卖合同成立生效后，买方有权利取得符合合同约定质量的房屋，卖方应保证交付的房屋符合合同约定的质量要求，卖方的这一义务在民法理论上被称为瑕疵担保义务。《中华人民共和国合同法》第一百五十条至第一百五十五条规定了瑕疵担保责任的内容，一般认为瑕疵担保责任是卖方应承担的法律责任，基础在于默示的担保契约，不以当事人有过错为前提。构成房屋质量瑕疵担保责任一般应符合以下条件：(1) 房屋质量瑕疵在交付时存在。房屋在使用过程中本身就会产生磨损、折旧等问题，如果是在交付之后买方正常使用房屋时产生的质量瑕疵，卖方不承担责任。一般认为，房屋交付时是否存在瑕疵的举证责任由买方承担。(2) 买方善意且无重大过失。如果买方已知房屋存在瑕疵，则卖方不承担担保责任。如买方尽一般注意义务即可知道房屋存在瑕疵，却怠于注意导致不知道房屋存在瑕疵，主观上存在重大过失。一般认为买方存在重大过失情况下，可免除卖方的瑕疵担保责任，但以下情况除外：(1) 双方就房屋质量问题进行特殊约定的，从其约定。如卖方保证房屋无瑕疵的，此时不论买方有无过失，卖方均应负瑕疵担保责任。(2) 卖方故意不告知房屋存在瑕疵。卖方明知房屋有瑕疵而故意不告知买方，属于故意隐瞒事实真相，有悖于诚实信用原则，此时卖方仍应承担瑕疵担保责任。(3) 买方在质量异议期间提出异议。交接房屋时买方需要进行验收，这既是买方的权利，也是买方的义务。如买卖双方没有约定异议期，买方应当在发现房屋质量问题的合理期间内通知卖方。对于一般显而易见的瑕疵，买方应当在接收房屋时提出，对于买方在接收房屋后发现的明显质量瑕疵，如没有特别约定，卖方可不再承担责任。

关于房屋质量瑕疵的问题，我国目前还没有关于房屋质量标准的专门法律规定，一般参照《建筑工程施工质量验收统一标准》(GB50300－2013)、《危险房屋鉴定标准》《房屋完损等级评定》等相关国家标准、行业标准判断。房屋质量问题可以大致总结为以下三类：第一，基础工程和主体结构问题，如房屋的结构性倾斜、开裂等；第二，严重影响正常居住使用的质量问题，如正常供水、供电等问题；第三，其他质量问题，包括明显瑕疵和隐蔽瑕疵等，如房屋漏水、地面空鼓、墙皮脱落等。隐蔽质量瑕疵的一大特点即隐蔽性，通常情况下买方并不能通过一般的验收楼程序发现问题，而须经过专门鉴定或在房屋使用过程中才能发现。本案中，根据一木公司出具的《白蚁活动治理报告》显示涉案房屋的主卧、次卧、洗手间墙体均有白蚁活动，且白蚁侵蚀时间有两年之久。结合应某提供的视频、照片，涉案房屋存在的白蚁侵蚀已较为严重。根据日常生活经验法则，可以推断出周某萍向应某交付涉案房屋时即存在白蚁蚁害。应某在收楼时并未发现涉案房屋存在白蚁蚁害，而是在入住后使用房屋过程中发现的，并向周某萍提出异议，无果后又向法院提起诉讼，在合理期限内主张了自己的权利，故周某萍应当向应某承担相应的房屋质量瑕疵担保责任。

编写人：广东省广州市南沙区人民法院　张大会　李慧娟　谢雨虹

21

存在违约行为的一方可否要求对方仍依约履行合同

——董某平诉郑某汉、颜某杰房屋买卖合同案

【案件基本信息】

1. 裁判书字号

福建省厦门市中级人民法院（2018）闽02民终5748号民事判决书

2. 案由：房屋买卖合同纠纷

3. 当事人

原告（上诉人）：董某平

被告（被上诉人）：郑某汉、颜某杰

【基本案情】

2016年9月13日，郑某汉、颜某杰与董某平在厦门市裕房房地产营销策划有限公司（以下简称裕房公司）的居间下签订一份《房产买卖协议书》，约定：董某平将厦门市思明区东浦三里28号×××室房屋出售给郑某汉、颜某杰，成交价为

448 万元；郑某汉、颜某杰应于协议签订之日支付董某平购房定金 50 万元，于 2016 年 12 月 20 日前向董某平支付购房款 448 万元（含定金）；董某平应于 2016 年 10 月 5 日前将房屋交付郑某汉、颜某杰使用。若郑某汉、颜某杰不能按期向董某平付清购房款或董某平不能按期向郑某汉、颜某杰交付房产，每逾期一日，由违约方向对方支付上述购房款的 0.05% 作为违约金。此后，双方又签订一份《补充协议》，约定：若超过 2016 年 12 月 20 日过户，则成交价格为 450 万元，过户时间最长不超过 2017 年 1 月 20 日。郑某汉、颜某杰向董某平支付购房定金 50 万元。合同约定的交房时间之前，董某平多次就购房款的支付时间及购房款总价提出变更要求。董某平先是提出由郑某汉、颜某杰提前支付 150 万元，郑某汉、颜某杰未予同意。董某平又提出由郑某汉、颜某杰在约定的 448 万元购房款外另行支付 5 万元的要求，郑某汉、颜某杰仅同意另行支付 3 万元。一直到 2016 年 10 月 12 日，双方仍在沟通合同价款变更事宜，但未能达成一致。2016 年 10 月 16 日，董某平联系郑某汉、颜某杰要求协商交付钥匙事宜，但郑某汉、颜某杰并未与董某平继续协商，也未出面与董某平确定交房事宜。2016 年 10 月 26 日至 2017 年 10 月 26 日，讼争房屋由董某平作为抵押人设立了抵押权。郑某汉、颜某杰于 2016 年 10 月 25 日向法院提起诉讼，以董某平未按约定时间交付房屋构成中途悔约，未经郑某汉、颜某杰同意将房屋抵押给案外人，构成严重违约为由，要求解除合同、董某平承担违约责任。在该案审理过程中，董某平在庭审时表示愿意当庭将房产钥匙交付郑某汉、颜某杰，要求按合同约定继续履行合同。该案经一审、二审，厦门市中级人民法院于 2017 年 11 月 21 日作出（2017）闽 02 民终 4648 号民事判决，认为董某平虽在履行合同过程中提出新的要求与郑某汉、颜某杰另行协商，但董某平没有明确表示或以自己的行为表示不履行交房义务，或迟延交房，且董某平至今仍表示愿意履行合同。在双方约定的交房时间前后，在董某平催促下，郑某汉、颜某杰始终未出面与董某平确定交房事宜，造成合同未能履行。虽董某平在合同履行过程中将讼争房屋抵押给案外人，但未造成履行障碍，且抵押现已注销，不影响合同履行。郑某汉、颜某杰主张董某平构成严重违约并据此解除合同缺乏依据，驳回郑某汉、颜某杰的诉讼请求。二审判决后，2018 年 1 月 11 日开始，郑某汉、颜某杰通过裕房公司工作人员陈某泉联系董某平，协商合同继续履行事宜。董某平同意继续履行合同，双方在 2018 年 1 月 11 日至 2018 年 4 月 13 日，通过陈某泉协商购房款支付、产权过户以及房屋交付事宜。2018年2月6日，双方面谈协商后未能达成一致。董某平将房屋钥匙交付郑某汉一方，但钥匙无法开启房门。2018年3月25日，双方继续协商过户及付款问题。董某平坚持应先付款、再过户。2018年3月30日，颜某杰转账400万元至董某平账户。董某平未于当日协助颜某杰、郑某汉办理过户手续。2018年4月3日，董某平至市政服务中心协助颜某杰、郑某汉将讼争房屋转移登记至案外人名外。2018年4月5日下午，讼争房屋交付郑某汉。

【案件焦点】

董某平先行存在违约行为的情形下，能否要求郑某汉、颜某杰按照原合同约定的时间继续履行合同义务。

【法院裁判要旨】

福建省厦门市思明区人民法院经审理认为：董某平与郑某汉、颜某杰签订的《房产买卖协议书》及补充协议均为双方真实意思表示，合法有效，双方当事人均应依约履行合同。任何一方违约，均应就其违约行为承担相应责任。本案董某平依据《房产买卖协议书》第十四条的约定主张违约金责任。作为合同责任中的一种重要形式，违约金责任对于规范合同行为、维护交易秩序具有重要意义。违约金责任所应承载的功能，应当保障合同守约方的合法利益，对违约行为进行有效的制约，以维护交易安全，促进社会诚信。判断颜某杰、郑某汉应否承担违约金责任，应根据双方合同的约定，综合颜某杰、郑某汉的违约程度、双方合同的履行情况并结合《中华人民共和国合同法》关于损害赔偿范围的认定规则予以确定。

从履约情况来看，无论是董某平还是郑某汉、颜某杰，在合同履行过程中均不同程度存在违反合同约定的不诚信行为。在董某平方面，其在与郑某汉、颜某杰签订讼争合同后，并未遵守“契约应当严守”之精神，多次单方提出要求郑某汉、颜某杰提前支付合同价款或增加合同价款等要求，虽然郑某汉、颜某杰亦与之进行协商，但因董某平的单方变更合同要求，导致双方原已确定的合同权利义务，尤其是关于交房的时间问题，处于需重新协商的状态。基于双方买卖合同的双务有偿性质，一方的给付义务与对方的给付义务处于对等及关联状态，在董某平的交房日期发生变动的情形下，要求郑某汉、颜某杰仍应按照合同原约定的日期支付购房款显然过分苛责。

董某平虽然在（2016）闽0203民初17094号一案诉讼过程中明确表示希望继续履行合同、同意交付讼争房屋钥匙，但却在未经买受人郑某汉、颜某杰同意的情况下，将讼争房屋设置抵押获取收益，客观上增加了合同履行的难度与风险。董某平在讼争房屋上设置抵押权的行为显然已超过双方原合同约定的权利义务范围，亦属于其单方面对合同的变更，董某平履行合同的行为并不符合双方合同的约定。另，董某平在同意继续履行合同的情况下，于2018年2月6日交付的讼争房屋钥匙无法打开讼争房屋，董某平并未为履行合同做好准备。根据《中华人民共和国合同法》第六十七条规定，当事人互负债务，有先后履行顺序，先履行一方未履行的，后履行一方有权拒绝其履行要求。先履行一方履行债务不符合约定的，后履行一方有权拒绝其相应的履行要求。具体到本案，在案外人对于讼争房屋享有优先于郑某汉、颜某杰的担保物权的情形下，合同的履行风险已显著不同于董某平与郑某汉、颜某杰订立合同当时的情况，郑某汉、颜某杰有权以董某平履行合同不符合约定行使抗辩权。因此，董某平主张郑某汉、颜某杰的付款时间仍应按原合同约定认定为2016年12月20日不能成立。

在郑某汉、颜某杰方面，董某平于2016年10月16日通知郑某汉、颜某杰交付讼争房屋钥匙，郑某汉、颜某杰却拒绝接收钥匙，亦拒绝与董某平就合同履行事宜进行协商。在并无证据表明董某平不履行买卖合同、不具备合同解除权的情形下，提起解除合同诉讼，缺乏继续履行合同的意愿与诚意，亦构成违约。

判决从维护交易角度出发，驳回郑某汉、颜某杰要求解除合同的诉求，但并未认定董某平并不存在违约行为。导致双方未能按照原合同约定履约，系董某平及郑某汉、颜某杰各自的违约行为造成的。在双方的纠纷经厦门市中级人民法院终审判决后，双方已重新就合同履行事宜进行协商并履行完毕，在此协商过程中，并无证据证明颜某杰、郑某汉存在故意拖延协商、拒不履行合同的行为。因此，董某平要求颜某杰、郑某汉仍按原合同约定的付款时间承担逾期付款责任缺乏依据。

从损害赔偿的范围来看，董某平因合同未能依约履行的所受利益应从损害赔偿中予以扣除，此即“损益相抵”规则。郑某汉、颜某杰不能按期支付购房款与董某平未按期交付房产的违约金责任等同，故可认为双方对于房产与购房款的使用价值评估是相同的。因此，董某平也难谓因郑某汉、颜某杰的违约行为受有损失。

福建省厦门市思明区人民法院依照《中华人民共和国合同法》第六十条、第六十七条、第一百零七条、第一百一十三条、第一百一十四条，《最高人民法院关于审理买卖合同纠纷案件适用法律问题的解释》第三十一条规定，作出如下判决：

驳回原告董某平的诉讼请求。

董某平不服一审判决，提起上诉。厦门市中级人民法院经审理认为：郑某汉、颜某杰与董某平于2016年9月13日签订《房产买卖协议书》，双方在协议履行过程中对付款与交房发生争议，郑某汉、颜某杰于同年向一审法院起诉请求解除讼争《房产买卖协议书》并由董某平返还购房定金50万元及支付逾期交房违约金50万元。一审经审理认为郑某汉、颜某杰主张董某平构成违约不能成立，于2017年4月24日作出（2016）闽0203民初17094号民事判决，驳回郑某汉、颜某杰的诉讼请求。郑某汉、颜某杰不服，向法院提起上诉。法院于2017年11月21日作出（2017）闽02民终4648号民事判决，驳回上诉，维持原判。在法院上述终审民事判决生效后，双方对讼争《房产买卖协议书》有关付款及交房时间进行重新协商。双方当事人在中介方厦门市裕房房地产营销策划有限公司职员陈某泉居间下，对本案讼争《房产买卖协议书》的履行进行重新协商。在协商过程中双方均不同程度地存在诚信问题，但最终双方已全部履行讼争《房产买卖协议书》约定的义务。现董某平上诉主张郑某汉、颜某杰仍应按《房产买卖协议书》约定的2016年12月20日前支付购房款400万元，但郑某汉、颜某杰直到2018年3月30日才支付购房款400万元构成违约，应支付相应的违约金。因法院（2017）闽02民终4648号民事判决作出的时间为2017年11月21日，且双方在重新协商履行讼争房产买卖协议过程中均有过错，应各自承担相应的过错责任，故董某平的该项上诉请求依据不足，法院不予支持。

厦门市中级人民法院依照《中华人民共和国民事诉讼法》第一百七十条第一款第一项之规定，作出如下判决：

驳回上诉，维持原判。

【法官后语】

一、双务合同中抗辩权的具体适用及认定

《中华人民共和国合同法》第六十六条以下规定了双务合同履行中抗辩权的相

关内容，包含第六十六条规定的同时履行抗辩权及第六十七条规定的先履行抗辩权。债务的履行只要不是同时进行，即存在一方授与相对方信用的问题，而授信的结果本身即与风险相伴，即存在相对人失信的风险。①

实践中，履行期自始不同的情形，存在多种类型。一类为先履行义务人的履行作出后，对方的履行始属可能，在此情形下，后履行义务人以先履行义务人未履行行使抗辩权较无争议。还有一些情形下，一方先获得履行方的部分履行利益，再作出对待给付，如本案，应由出卖人先交付房屋，再由买受人支付购房款。此种部分履行，是否与后续的支付购房款的履行处于对待给付地位，在应先履行义务的一方首先存在部分违约行为，但并不构成根本违约的情形下，相对方能否行使先履行抗辩权，存在一定争议。

本案中出卖人的交房义务在先，买受人的付款义务在后。作为出卖人，在双方已就合同价款及房款支付时间达成一致的情形下，多次单方要求变更合同价款及支付时间，但并未明确表示拒绝交付房屋。仅因其要求变更价款导致交付房屋义务的履行陷于迟延履行的状态。如果仅从出卖人的违约行为来考量，其违约行为并非拒绝履行合同的主要义务，作为买受人的相对方却以此拒绝履行合同，其能否行使履行抗辩权，存在较大争议。

针对该点，本案认为，履行抗辩权是以诚实信用原则为基础，目的在于维护双务合同当事人之间的利益关系的公平。在双务合同中，虽然并非所有的义务均处于对待给付地位，如支付买卖价款的主给付义务与开具发票的附随义务。但毋庸置疑，双方的义务必然存在一定的牵连关系，各自权利义务的设置均是在充分协商的基础上对各自权利的最佳考量。一方的违约行为虽未必导致合同无法履行，但该行为破坏了双方此前通过协商对各自权利义务的最佳安排，导致双方原已确定的合同权利义务处于需重新协商的状态。在一方因自己的违约行为导致义务交付标的物时间推迟的情形下，仍要求合同相对方严守合同约定，按照合同原约定的日期支付价款显然过分苛责。在此情形下，仍应认为有先履行抗辩权的适用。当然，在本案中还应考虑，在双方合同履行过程中，出卖人未经买受人同意自行在房屋上设置了抵押权，该行为导致了买受人合同履行风险的增加。因一方的非根本违约行为

---

① 韩世远：《合同法总论（第三版）》，法律出版社2011年版，第278－279页。

导致合同履行的风险较之签订合同之时显著增加，在该风险未消除之前，亦属于履行合同不符合约定，合同相对方仍可援引履行抗辩权，待风险消除后再行履行合同义务。

应当指出，本案系因双方各自的不诚信行为导致原本明晰的合同约定处于不确定状态，双方应各自承担重新就合同履行事宜进行协商履行所导致的成本。

二、履行抗辩权的利益考量与“损益相抵原则”

如上分析，履行抗辩权的适用不应仅考量给付是否处于对等地位，而应从双方关于权利义务的整体安排出发，实现对双方权利义务的公平确定。在认定一方行使履行抗辩权的依据是否充分的问题上，还可从双方各自的损失与获益角度来考量双方的利益平衡。

本案出卖人主张的系违约金责任。违约金责任所承载的功能，应当是保障合同守约方的合法利益，对违约行为进行有效的制约，以维护交易安全，促进社会诚信。从损害赔偿的范围来看，根据《中华人民共和国合同法》第一百一十三条第一款规定，当事人一方不履行合同义务或者履行合同义务不符合约定，给对方造成损失的，损失赔偿额应当相当于因违约所造成的损失。《中华人民共和国合同法》第一百一十四条规定了违约金可根据实际损失的情况予以调整。违约金责任在性质上属于双方对于损害赔偿的预先约定，因此，违约金责任的范围亦应受制于上述损害赔偿范围的认定规则。出卖人因合同未能依约履行的所受利益应从损害赔偿中予以扣除，此即“损益相抵”规则。出卖人虽未能按原合同约定收取购房款，但其亦在合同订立后直至买受人付款前均占有控制讼争房屋，且在相当长的期间内使用讼争房屋进行抵押贷款，享有讼争房屋的处分、收益权利，该所获利益虽然无法量化，但结合双方合同关于逾期交房及逾期付款责任的约定，可认为双方对于房产与购房款的使用价值评估是相同的。因此，从履行抗辩权关注的合同双利义务的公平性角度出发，亦不能要求买受人承担违约责任。

履行抗辩权制度仅是合同法上“诚实信用”原则的一个具体化适用。相关制度的目的均在于规范合同行为、维护交易秩序，促进社会诚信。双务合同履行中的抗辩权，即在于防患风险，如能较好适用履行抗辩权的相关规定处理合同纠纷，应能发挥比违约责任等事后救济手段更好的风险防范作用。

编写人：福建省厦门市思明区人民法院　刘远萍

22

房屋买卖合同解除时间的认定以及解除后相关问题的处理

——俞某晋、张某真诉王某斌房屋买卖合同案

【案件基本信息】

1. 裁判书字号

北京市第三中级人民法院（2018）京03民终3556号民事判决书

2. 案由：房屋买卖合同纠纷

3. 当事人

原告（反诉被告、上诉人）：俞某晋、张某真

被告（反诉原告、被上诉人）：王某斌

第三人（被上诉人）：北京中联置家房地产经纪有限公司（以下简称中联置业公司）

【基本案情】

2016年12月16日，在中联置业公司所提供的居间服务下，俞某晋、张某真作为出卖人与买受人王某斌签订了北京市存量房屋买卖合同以及补充协议。双方约定：王某斌以总价1060万元购买俞某晋、张某真名下位于顺义区温榆庄园一区127号楼1层×××室的房屋，该房屋的面积为230.21平方米。房屋买卖合同以及补充协议对交易定金、付款方式、过户时间、房产产权现状、税费承担、违约责任等进行了明确约定。双方同时约定，购买涉诉房屋的定金为100万元，王某斌于签约当日支付45万元，剩余55万元不晚于2016年12月19日支付；首付款（不含定金）为510万元，由王某斌分两笔支付于2017年6月30日前支付210万元用于原告偿还银行贷款；办理存量房自用交易资金监管时，存入监管账户300万元；尾款450万元以商业贷款方式支付。另约定双方于购房合同签订之日起270日内办理产权转移手续。王某斌依照约定分别于2016年12月16日、12月18日分两次共计向

俞某晋、张某真支付了定金100万元。

2017年3月22日，北京市发布《关于进一步严格购房资格审核中个人所得税政策执行标准的公告》，该文件明确：连续5年（含）以上在本市缴纳个人所得税，是指按工资、薪金所得缴税的纳税人，从申请月的上一个月开始往前推算60个月在本市连续缴纳个人所得税。按照中联置业公司所进行的核验结果显示，王某斌在本市的购房资格审查未校验通过，原因为未连续5年缴纳个人所得税。2017年6月15日王某斌向俞某晋、张某真发出解除合同通知书，通知原告解除购房合同，并要求原告于接到通知后3日内办理解约手续并退还购房定金。后双方因合同履行问题发生争议。原告起诉要求解除房屋买卖合同并依法判决认定被告违约。被告王某斌提出反诉，请求判令被反诉人退还反诉人已付定金100万元及利息损失。

【案件焦点】

1. 涉诉房屋买卖合同是否应当解除；2. 合同解除后，后续事项应当如何处理。

【法院裁判要旨】

北京市顺义区人民法院经审理认为：涉诉房屋买卖合同系因合同订立后住房限购政策的实施，王某斌不具备购房资质而导致其无法继续购买涉诉房屋进而致使合同目的无法实现，合同无法继续履行。本案涉诉房屋买卖合同无法继续履行，属于不可归责于双方当事人的原因，原、被告双方当事人均享有合同解除权。在庭审中，被告虽主张其在2017年6月15日向原告发出解除合同的通知，但原告并未收到该通知。另，在法院2017年8月1日组织双方谈话时，原告变更诉讼请求，明确提出要求解除涉诉房屋买卖合同。法院当庭将原告的变更诉讼请求申请书送达给了被告。被告当日提出反诉，要求解除涉诉房屋买卖合同。双方均明确提出解除涉诉房屋买卖合同，但双方对解除时间有争议。根据合同法的规定解除权人直接向法院提起诉讼行使解除权，法院一经确认合同解除，则解除的效力应当自载有解除请求的起诉状送达合同相对方时，发生合同解除的效力。据此结合本案事实，法院认定涉诉房屋买卖合同及相关补充协议于2017年8月1日解除。

本案涉诉合同无法继续履行，属于不可归责于双方当事人的原因，并非王某斌恶意违约。故此，俞某晋、张某真应当将涉诉定金100万元退还给王某斌。法院对俞某晋、张某真在本案中所提出的要求依法判决认定王某斌违约，其不需向王某斌返还定金100万元的诉讼请求不予支持。因涉诉合同的解除并非系俞某晋、张某真的原因，其也不存在违约行为，故此一审法院对王某斌所主张的要求俞某晋、张某真支付100万元定金相应利息的反诉请求不予支持。

北京市顺义区人民法院判决解除双方的买卖合同，俞某晋、张某真向王某斌返还房屋定金100万元。

俞某晋、张某真不服判决，提起上诉。北京市第三中级人民法院同意一审法院裁判意见，判决：驳回上诉，维持原判。

【法官后语】

合同解除是指合同有效成立以后，当具备合同解除条件时，因当事人一方或双方的意思表示而使合同关系自始消灭或将来消灭的一种行为。合同解除权是合同当事人依照合同约定或法律规定享有的解除合同的权利，它的行使直接导致合同权利义务消灭，而合同解除时间的认定，对合同解除后违约责任的认定和相关后续问题的处理具有重要意义和作用。该案涉及房屋买卖合同解除时间的认定以及相关问题的处理。关于此问题笔者分析如下：

一、关于合同解除时间的认定

《中华人民共和国合同法》第九十三条第二款规定：当事人可以约定一方解除合同的条件。解除合同的条件成就时，解除权人可以解除合同。《中华人民共和国合同法》第九十六条第一款规定：当事人一方主张解除合同的，应当通知对方。合同自通知到达对方时解除。对方有异议的，可以请求人民法院或者仲裁机构确认解除合同的效力。从《中华人民共和国合同法》的以上规定可以看出，解除权作为形成权，它不需征得对方的同意，仅凭单方的意思表示就可以发生预期的法律后果。因此，对于解除通知生效时间的界定十分重要，这关系到合同效力何时归于消灭的问题。在解除权人以通知方式行使解除权时，合同自通知达到相对人时解除，即使相对人提出异议，并进而请求人民法院或者仲裁机构确认合同解除的效力，但只要人民法院或者仲裁机构作出合同解除的生效判决，则合同解除的时间也应溯及解除合同的通知到达相对人之时。同理，如果解除权人于通知相对人解除合同后另行提起诉讼或者仲裁请求确认合同解除的效力，合同解除的时间也应理解为通知到达相对人之时。如果解除权人直接向人民法院提起诉讼或者仲裁行使解除权，如何认定合同解除的具体时间呢？解除通知也可以通过诉讼的方式行使，提起诉讼是解除权人意思表示的另一种表达方式，只不过不是解除权人直接通知对方解除合同，而是通过法院以向对方送达法律文书，特别是起诉状通知对方解除合同而已。在诉前未经通知程序而行使解除权的场合，如果合同解除最终被认定有效，则载有解除请求的起诉状送达被告时，发生合同解除的效力。因此，起诉状就是解除权行使的通知。无论直接通知还是间接通知，都是解除权人行使解除权这一意思表示的不同表现形式，且均已到达了对方，符合解除通知的条件，均应产生合同解除的法律效果。

具体到本案中，本案涉诉房屋买卖合同无法继续履行，属于不可归责于双方当事人的原因，原、被告双方当事人均享有合同解除权。在庭审中，被告虽主张其在2017年6月15日向原告发出解除合同的通知，但原告并未收到该通知。另外，在法院2017年8月1日组织双方谈话时，原告变更诉讼请求，明确提出要求解除涉诉房屋买卖合同。法院当庭将原告的变更诉讼请求申请书送达给了被告。被告当日提出反诉，要求解除涉诉房屋买卖合同。双方均明确提出解除涉诉房屋买卖合同，但双方对解除时间有争议。根据上述合同法关于合同解除权的相关规定和相关理论，法院认为解除权人直接向法院提起诉讼行使解除权，法院一经确认合同解除，则解除的效力应当自载有解除请求的起诉状送达合同相对方时，发生合同解除的效力。据此结合本案事实，故法院认定涉诉房屋买卖合同及相关补充协议于2017年8月1日解除。

二、参照适用本案应当注意的问题

合同解除是司法实践中运用十分广泛的一项制度，且违约解除作为违约救济的一种方式，可以产生合同终止等法律效果，直接关系到当事人订约目的的实现，合同解除时间的认定关乎合同效力的延续与否，既存权利义务是终止抑或清算，形成权和抗辩（权）的产生与援用，辐射至物的返还请求权、不当得利返还请求权、损害赔偿请求权、附着的担保的命运以至诉讼时效。审理涉及合同解除时间认定问题的案件时，应当从以下方面进行认定和分析：解除权属于简单形成权的理论，其行使应不以诉讼为必要，即依当事人一方意思表示可以产生解除的法律效果，原则上，解除权人应当以通知方式解除合同。在具体的审判实践中，如在诉讼前，解除权人已发出解除合同的通知，相对方有异议提起诉讼或解除权人直接起诉请求法院确认合同解除的效力，法院审理后认为当事人行使合同解除权符合合同约定或法律规定的，解除合同通知送达之日即为合同解除之日。但解除权人未发出解除合同的通知，径行起诉或反诉要求解除合同，法院审理后认为当事人行使合同解除权符合合同约定或法律规定的，也应当判决解除合同，为避免诉讼拖延影响当事人利益，合同解除的时间可以确定为法院传票送达时间，合同相对方有多方当事人的，以最后收到传票一方的送达时间为合同解除时间。当事人双方对合同是否解除存在争议，法院审理后认为主张解除的当事人无合同解除权，合同应当继续履行，但当事人在诉讼中均同意解除合同的，可以双方合意解除之日为合同解除之日。当事人在起诉时未提出解除的请求，但在诉讼过程中，一方当事人变更诉讼请求或对方反诉要求解除合同的，法院经审理认为合同应当解除的，可以诉讼请求通知到对方之日为合同解除日期。

编写人：北京市顺义区人民法院　张鹏飞

23

借名登记真实意思表示下的房屋买卖合同无效

——陈某秋诉陈某军房屋买卖合同案

【案件基本信息】

1. 裁判书字号

北京市第一中级人民法院（2019）京01民终1116号民事判决书

2. 案由：房屋买卖合同纠纷

3. 当事人

原告（被上诉人）：陈某秋

被告（上诉人）：陈某军

【基本案情】

2010年3月8日，任某萍（出卖人）、陈某秋（买受人）与北京鑫尊房地产经纪有限责任公司（居间人）签订《居间服务合同》，约定原告购买涉案房屋。同日，任某萍（出卖人）与陈某秋（买受人）签订《北京市房屋买卖合同》，约定房屋成交总价310万元，房屋价款89万元，附属设施设备221万元。合同签订后，陈某秋向任某萍支付定金20万元。后陈某军向任某萍支付260万元，陈某秋向任某萍支付30万元。陈某秋称陈某军所支付的购房款均为其所支付，并提交银行流水证明其已于2009年2月分四次共计向陈某军转账1985730元。

2010年6月25日，前述房屋过户登记到陈某秋名下，该房屋过户税费由其支付，该房屋所有权证书也由其持有。同日，陈某秋与北京罗顿物业管理有限公司签订《北街家园物业管理服务协议》，并缴纳了其自入住至今的物业管理费，且该房屋系由陈某秋之子韩冰所选定并实际居住，截至目前仍由韩冰居住。

2010年9月15日，陈某秋（出卖人）与陈某军（买受人）签订《存量房屋买卖合同》以89万元的价款将房屋出售给陈某军。该合同文本共计十四条及七个附件，双方仅在合同第一条至第四条进行了明确约定，合同第五条至第十四条及七个附件均为制式条款且未对空白内容进行补充。当日，该房屋过户登记到陈某军名下，但该房屋所有权证书由陈某秋持有。

现被告于2017年11月20日将原告的产权证挂失，并挂牌出售。原告交涉无果后遂诉至法院。

【案件焦点】

1. 陈某秋与陈某军之间民事法律行为的性质与效力如何认定；2. 本案是否适用《中华人民共和国民法总则》的相关规定。

【法院裁判要旨】

北京市昌平区人民法院经审理认为：从当事人订立合同时的意思表示来看，双方当事人均故意使意思表示与真实意思不符，属于通谋进行虚假的意思表示。行为人与相对人以虚假的意思表示实施的民事法律行为无效。陈某秋与陈某军签订《存量房屋买卖合同》，二人在合同中仅约定了房屋坐落及成交价格，且约定的成交价格明显低于市场价格。双方并未在合同中约定价款支付时间、房屋交付事宜、违约责任等内容。在该房屋买卖合同履行过程中，双方之间亦无合理的购房款费用的支出、没有实际的房屋交付行为。从现有证据而言，陈某秋自任某萍处购买涉案房屋时，该次交易的全部细节系由陈某秋及其家人完成，即由陈某秋之子看房确定购买涉案房屋、陈某秋与居间机构签订居间合同并支付居间费用、陈某秋签订房屋买卖合同、该房屋过户登记到陈某秋名下、陈某秋持有该房屋所有权证书、陈某秋之子实际居住使用涉案房屋等；虽然部分购房款系用陈某军名下银行卡支付，但并无其他证据证明二人就合伙购买涉案房屋进行过约定，陈某军主张其系购房人一节无事实及法律依据，法院不予采信。因此，陈某秋与陈某军虽签订《存量房屋买卖合同》并完成了过户登记，但双方之间并无房屋买卖的真实交易，无法认定二人之间存在真实的房屋买卖的意思表示，故二人签订的《存量房屋买卖合同》因不符合民事法律行为构成的有效要件，应属无效。合同无效或者被撤销后，因该合同取得的财产，应当予以返还，陈某秋主张要求陈某军配合将涉案房屋过户登记至自己名下，于法有据，法院予以支持。

北京市昌平区人民法院依照《中华人民共和国民法总则》（以下简称《民法总则》）第一百四十三条、第一百四十六条，《中华人民共和国合同法》（以下简称《合同法》）第五十八条之规定，作出如下判决：

一、原告陈某秋与被告陈某军于2010年9月15日签订的《存量房屋买卖合同》无效；

二、被告陈某军于本判决生效后十日内协助原告陈某秋将涉案房屋过户登记至原告陈某秋名下。

陈某军不服一审判决，提起上诉。北京市第一中级人民法院经审理认为：第一，陈某秋与陈某军之间民事法律行为的性质为借名登记行为，双方签订的房屋买卖合同系虚假意识表示而无效。《最高人民法院关于适用〈中华人民共和国民事诉讼法〉的解释》第一百零八条规定，对负有举证证明责任的当事人提供的证据，人民法院经审查并结合相关事实，确信待证事实的存在具有高度可能性的，应当认定该事实存在。结合上述分析，应当认定陈某秋与陈某军之间并不存在真实的房屋买卖行为，而是形成了借名登记的约定。即二人的内心意思与外部的表示行为并不一致，双方合作完成了通谋虚伪行为，形成了真实与虚假两项意思表示。虚假的房屋买卖意思表示浮现于表面，真实的借名登记意思表示则被隐藏于内。综合以上，法院认定陈某秋与陈某军之间针对诉争房屋形成借名登记的民事法律行为。

第二，关于陈某秋与陈某军之间民事法律行为的效力。双方隐藏的民事法律行为系借名登记行为，该行为并未违反法律、行政法规的强制性规定，应属有效。陈某秋通过诉讼的方式要求陈某军履行义务，协助将诉争房屋登记至陈某秋名下，具备事实及法律依据，应予支持。但是，一审法院基于双方之间虚假意思表示实施的无效民事法律行为判令将房屋登记至陈某秋名下，适用法律错误，法院予以纠正。

第三，《民法总则》施行时，本案争议的法律事实尚在持续中且未履行完毕，本案适用《民法总则》的相关规定并无不当。

原判决裁判结果正确，但适用法律存在瑕疵，予以纠正。北京市中级人民法院依照《最高人民法院关于适用〈中华人民共和国民事诉讼法〉的解释》第三百三十四条，《中华人民共和国民事诉讼法》第一百七十条第一款第一项之规定，判决如下：

驳回上诉，维持原判。

【法官后语】

现在司法实务中经常遇到借名登记的法律问题，尤其在近年来实施房屋限购政策的北京，利用借名登记来规避上述政策、购买房屋的行为越发常见，因为民法中“法无禁止即自由”，而借名登记本身并未违反相关法律规定，虽说在实践中，一般皆认可其效力，但具体审理中存在较大差异。虽然因为房屋的价值巨大，借名人一般都会很谨慎，使得借名登记行为一般发生在亲戚朋友，也就是彼此比较信任和熟悉的人员之间，借名人多对出名人是十分信赖的，但由于近年来房价暴涨，在金钱的诱惑下出现许多出名人否认借名买房的情形，双方无法私下调解，多诉至法院。

本案就是因借名登记引发的纠纷，当事人双方系姐弟关系，其借名登记的原因也是为规避限购政策，在当前时代背景下具有典型的代表性。本案中，一审法院的审理思路是就双方签订的房屋买卖合同为切入点，论证涉案合同无效，从而得出涉案房屋登记错误，变更登记的结论。这一思路在解决问题时回避借名登记的法律行为，仅就合同本身效力进行审理，对解决借名登记问题也有一定可行性。但其在适用法律上是存在问题的，在该思路下，适用《合同法》第五十二条第三项之规定“以合法形式掩盖非法目的”，该项法律规定一般认为有通谋虚伪的意思表示；或者可以适用《中华人民共和国民法通则》第五十五条第二项之规定“意思表示真实”，从反面认定通谋虚伪系意思表示不真实，合同不成立。在一审中，法院适用了《民法总则》第一百四十三条和一百四十六条的规定，虽然其欲达到的法律效果一致，但是，一审法院回避了借名登记的法律行为，因此其仅就房屋买卖合同而言，其属于非继续性合同，在原被告完成房屋交付时该合同即已完成，该合同债权归于消灭，根据法不溯及既往的规则，《民法总则》对其并不具有溯及力，所以一审法院适用法律存在瑕疵。因此，二审虽判决维持原判，但其对一审法院适用法律错误予以纠正，并阐释了适用《民法总则》条款的原因，其从《民法总则》第一百四十六条第二款“以虚假的意思表示隐藏的民事法律行为的效力，依照有关法律规定处理”的角度，将涉案民事法律行为定性为在虚假的买卖合同下的借名登记，从而认定“法律事实尚在持续中且未履行完毕”，为解决借名买房问题提供了的新思路，使《民法总则》能溯及既往地适用。

在借名登记中，涉及的法律关系颇为复杂。在债权法律关系上有内部法律关系和外部法律关系之分，内部法律关系表现为借名人与出名人之间形成的借名登记合同，外部法律关系表现为出名人与相对人之间形成的买卖合同；在物权法律关系上涉及借名登记中法律物权与事实物权相分离的情况以及我国财产登记的制度。而在实务审理中多是从债权法律关系层面进行审理，依托买卖合同的效力认定来处理借名登记，本案二审对《民法总则》第一百四十六条第二款的解读和适用，将借名登记作为买卖合同无效下隐藏的真实民事法律行为，并对其效力予以认可。对司法实务有一定的实际意义，可为类似案件和借名登记案件的解决提供借鉴。

编写人：北京市昌平区人民法院　刘敏

24

房屋买卖合同履行过程中，履行方式变更的认定

——邓某敏诉黄某萍房屋买卖合同案

【案件基本信息】

1. 裁判书字号

福建省厦门市中级人民法院（2018）闽02民终3822号民事判决书

2. 案由：房屋买卖合同纠纷

3. 当事人

原告（上诉人）：邓某敏

被告（被上诉人）：黄某萍

【基本案情】

2017年2月12日，邓某敏（甲方、出售方）与黄某萍（乙方、买受方）在淘安居公司的居间介绍下签订一份《协议书》。协议书约定邓某敏将讼争房屋以267万元的总价出售给黄某萍；黄某萍应于协议签订之日向邓某敏支付30万元定金；黄某萍于2017年5月16日向邓某敏支付150万元（含定金）；若黄某萍不能按期向邓某敏支付购房款或邓某敏不能按期向黄某萍交付房产，每逾期一日，由违约方向对方支付上述购房款的0.05%作为违约金；邓某敏、黄某萍双方保证于2017年5月16日前到公证处将办理上述房产所有相关手续的权利书面委托给黄某萍指定第三方，所产生的公证费用由黄某萍承担，公证书由黄某萍执管；若在办理产权交易过程中须邓某敏协助办理的，邓某敏须及时办理。

协议书签订后，黄某萍于2017年2月12日向邓某敏支付定金30万元；于2017年3月19日支付购房款30万元；于2017年5月11日支付购房款20万元；于2017年6月17日、7月14日、8月15日各向邓某敏账户转入5096元；于2017年9月1日通过银行转账方式支付购房款50万元。2017年9月1日，邓某敏出具一份收条交黄某萍收执，该收条载明："兹收到黄某萍购房的首付款及定金130万元。之前签署任何收条均属无效。"同日，在淘安居公司见证下，邓某敏（甲方）与黄某萍（乙方）签订补充协议，约定：一、乙方按揭贷款实际发放款项多出部分必须于收到款项当天还给乙方。二、乙方向银行申请贷款扣除上述房产的尾款657787元，多出部分甲方应于银行放款当天还给乙方，若未及时返还，应负违约责任。而后，黄某萍于2017年9月15日、10月14日、11月17日、11月18日各向邓某敏账户转入5096元；于2017年11月18日分两笔向邓某敏支付50万元、157787元。2017年12月6日，邓某敏出具一份收条交黄某萍收执，该收条载明："兹本人邓某敏收到黄某萍购房款657787元。"2017年12月6日，黄某萍向中国农业银行支付714287.14元，用于提前归还讼争房屋抵押贷款。

另查明：2017 年 3 月 21 日起，厦门市各公证机构不予办理未取得房产证的房屋出售、抵押等委托事项的公证。

【案件焦点】

1. 买受人是否存在逾期支付购房款的事实；2. 买受人应否支付逾期付款违约金及律师费。

【法院裁判要旨】

福建省厦门市海沧区人民法院经审理认为：双方当事人对于黄某萍是否逾期支付首期购房款的事实存在争议，法院予以查明、分析并认定如下：《协议书》约定的第一期购房款支付的时间与讼争房屋办理委托公证的时间为同一天。在《协议书》签订后，因政策变化未取得产权证的房产无法办理委托公证，双方就讼争房屋首期款支付事宜通过淘安居公司员工进行沟通，从微信记录及收条记载的内容可以看出，就首期购房款的支付时间及金额问题双方已于 2017 年 9 月 1 日达成新的一致意见，黄某萍也按照约定于同日支付剩余首期购房款 50 万元，故黄某萍并未存在逾期支付首期购房款的事实。

本案系房屋买卖合同纠纷。邓某敏与黄某萍签订的《协议书》系双方真实意思表示，内容合法，应为有效。《中华人民共和国合同法》第七十七条规定，当事人协商一致，可以变更合同。根据上述分析，在《协议书》履行过程中，就首期购房款支付时间及金额问题，邓某敏与黄某萍于 2017 年 9 月 1 日达成新的一致意见，黄某萍按约支付并不违反约定。邓某敏主张黄某萍逾期支付首期购房款，并要求黄某萍支付逾期付款违约金和赔偿律师费损失的诉讼请求，缺乏事实和法律依据，不予支持。依照《中华人民共和国合同法》第七十七条，《中华人民共和国民事诉讼法》第六十四条第一款规定，判决如下：

驳回邓某敏的诉讼请求。

邓某敏提起上诉。

福建省厦门市中级人民法院经审理认为：本案二审的争议焦点在于黄某萍是否逾期付款，构成违约。讼争合同约定黄某萍在 2017 年 5 月 16 日前应支付购房款 150 万元，邓某敏在上述日期前办理委托公证手续。从邓某敏、黄某萍与中介人员三方微信沟通可认定：因限购政策原因邓某敏不能如期办理委托公证手续，黄某萍经过邓某敏的同意也没有按期支付足额首期购房款。同年9月1日，邓某彬出具收条确认黄某萍支付首付款及定金为130万元；同日双方签订补充协议，确认黄某萍按补充协议履行支付剩余购房款。据此可以认定双方对支付首期购房款的时间及金额进行了变更，黄某萍按双方签订的补充协议履行支付购房款，黄某萍不构成逾期付款，邓某敏主张黄某萍支付逾期付款违约金和赔偿律师费缺乏事实和法律依据，不能成立，应予驳回。一审判决认定事实清楚，适用法律正确，应予维持。依据《中华人民共和国民事诉讼法》第一百七十条第一款第一项规定，判决如下：

驳回上诉，维持原判。

【法官后语】

房地产调控政策前签订的房屋买卖合同明确约定办理委托公证的时间，以及支付首期购房款的时间与数额，出卖人因限购政策原因无法在约定日期前办理公证委托手续。房屋买卖合同履行过程中，双方通过中介就支付首付款的时间及数额进行协商，变更履行方式，若买受人举证证明双方达成新的一致意见，并且按变更后的协议履行，则买受人无需支付逾期付款违约金。

一、房屋买卖合同履行方式变更的认定

合同可以依据法律规定而变更。如《中华人民共和国合同法》第五十四条规定的可变更、可撤销的情形。合同也可以依据当事人协商一致而变更。《中华人民共和国合同法》第七十七条规定，当事人协商一致，可以变更合同。合同变更与合同订立一样，是当事人自由意志的结果，当事人可以在自愿的基础上，通过协商一致来变更合同。因此，在变更合同时，当事人应做到充分协商，不得把自己的意志强加给对方，不得采取欺诈、胁迫的方式强迫对方，要遵循公平的原则变更合同的内容，确定双方的权利义务，如果双方不能就合同变更达成一致意见的，则当事人仍应按原合同的内容来履行。《中华人民共和国合同法》第七十八条规定，当事人对合同变更的内容约定不明确的，推定为未变更。一般情况下，只要当事人就合同变更的内容协商一致，变更后的合同对当事人都具有约束力。因此，查明双方当事人是否在房屋买卖合同中协商对履行方式进行变更，即审理此类案件的关键点。

本案中，双方当事人对于买受人是否逾期支付首期购房款的事实存在争议。

《协议书》约定的第一期购房款支付的时间与讼争房屋办理委托公证的时间为同一天。在《协议书》签订后，因政策变化未取得产权证的房产无法办理委托公证，买受人就讼争房屋首期款支付事宜与中介公司员工进行沟通，中介公司将意见反馈给出卖人。经协商，双方对于第一期购房款支付的时间及金额达成一致意见，从双方微信聊天记录可以证实。出卖人委托其儿子与中介公司员工就讼争房屋首期款支付事宜进行沟通协商，中介公司将意见反馈给买受人，从微信记录及收条记载的内容可以看出，双方就房屋买卖合同履行方式作了变更，就首期购房款的支付时间及金额问题双方已达成新的一致意见，买受人也按照约定于同日支付剩余首期购房款，故买受人并未存在逾期支付首期购房款的事实。

二、买卖双方协商变更履行方式，出卖人是否有权主张逾期付款违约金

在买受人逾期付款的场合，如房屋买卖合同有逾期付款违约金的约定，则出卖人同时享有支付逾期付款违约金与请求继续履行房屋买卖合同两项请求权。而本案，通过上述分析，在房屋买卖合同履行过程中，买受人与出卖人就房屋买卖合同履行方式作了变更，就首期购房款的支付时间及金额问题双方已达成新的一致意见，买受人也按照约定于同日支付剩余首期购房款，买受人不构成逾期付款。因此，出卖人无权向买受人主张逾期付款违约金。

编写人：福建省厦门市海沧区人民法院　颜思远　黄秋丽

25

房屋买卖合同中信赖利益损失的确定

——王某元诉唐某义、北京我爱我家房地产经纪有限公司房屋买卖合同案

【案件基本信息】

1. 裁判书字号

北京市第二中级人民法院（2018）京02民终466号民事判决书

2. 案由：房屋买卖合同纠纷

3. 当事人

原告（被上诉人）：王某元

被告（上诉人）：唐某义

被告：北京我爱我家房地产经纪有限公司（以下简称我爱我家公司）

【基本案情】

坐落于北京市东城区×××号楼×号房屋系唐某义所有的房产，房屋性质为央产房。2012年12月，我爱我家公司将涉诉房屋推荐给王某元，并与唐某义联系房屋买卖事宜。2012年12月29日，唐某义之子唐某以唐某义委托代理人的身份，与王某元及我爱我家公司签订了《房屋买卖定金协议》，约定唐某义将涉诉房屋出售给王某元，唐某义确保所出售之房屋符合上市交易条件；双方认可王某元以人民币251万元的价格购买涉诉房屋；此价格不包含国家规定应当由唐某义承担的税费。唐某义接受王某元在签署本协议当日交付的购房定金人民币10万元整；双方应于协议签署后七个工作日内积极主动前往我爱我家公司签署《北京市存量房屋买卖合同》及《北京市存量房屋买卖居间服务合同》等其他交易所需的相关法律文书；如甲、乙任何一方违约，均应依据《中华人民共和国合同法》定金条款的规定执行，即收受定金一方违约应双倍返还定金，交付定金一方违约则无权索要。《房屋买卖定金协议》签订后，王某元向唐某支付了购房定金10万元。此后，双方并未签署《北京市存量房屋买卖合同》。后我爱我家工作人员及王某元多次与唐某联系协商未果。后王某元与唐某义就《房屋买卖定金协议》的效力问题及履行问题进行了多次诉讼，最终法院认定，《房屋买卖定金协议》有效，其效力及于唐某义。王某元、唐某义均应按照协议的约定履行。《房屋买卖定金协议》属于预约合同。双方未能签署定金协议中约定的《北京市存量房屋买卖合同》，唐某义具有明显的过错，构成违约。故王某元诉至法院，要求解除双方签订的《房屋买卖定金协议》；唐某义双倍返还王某元定金20万元并赔偿王某元经济损失154.42万元。在案件审理过程中，为证明其信赖利益损失，王某元要求对涉诉房屋的市场价值进行评估。经评估，涉诉房屋在价值时点2016年1月10日的市场价值为405.42万元。

【案件焦点】

1. 唐某义是否应该赔偿王某元的信赖利益损失；2. 如何确定王某元信赖利益的损失范围及数额。

【法院裁判要旨】

北京市东城区人民法院经审理认为：王某元、唐某义及我爱我家公司签订的《房屋买卖定金协议》已经有效，其效力及于唐某义。唐某义对双方未能签署定金协议中约定的房屋买卖合同具有明显的过错，构成违约。根据协议的约定，唐某义应双倍返还王某元定金。因买卖定金协议约定的定金罚则数额不足以弥补王某元的实际损失，唐某义应赔偿王某元因此所受到的信赖利益损失。关于信赖利益损失的数额，王某元主张其损失为评估的涉诉房屋的现值减去协议约定的房屋价值，但王某元主张的该损失为合同履行的可得利益损失而非信赖利益损失。考虑到唐某义在协议履行过程中具有明显过错，由于唐某义的违约行为导致王某元在解决纠纷过程中丧失另订其他有利合同的机会，法院将依据公平原则和诚实信用原则酌情确定损失数额。

综上，依据《中华人民共和国合同法》第九十三条、第九十四条、第九十七条、第一百一十五条之规定，判决：

一、解除原告王某元与被告唐某义、被告我爱我家公司于2012年12月29日签订的《房屋买卖定金协议》；

二、被告唐某义于本判决生效后七日内双倍返还原告王某元定金20万元；

三、被告唐某义于本判决生效后七日内赔偿原告王某元损失90万元；

四、驳回原告王某元的其他诉讼请求。

唐某义提起上诉。北京市第二中级人民法院经审理认为：本案的争议焦点为唐某义应如何赔偿王某元的损失。生效判决已将《房屋买卖定金协议》认定为预约合同，并认定唐某义构成违约。在此基础上王某元要求解除《房屋买卖定金协议》，唐某义亦无异议，所以违约方唐某义应赔偿守约方王某元因此所受到的信赖利益损失。信赖利益损失包括所受损害和所失利益（当事人信赖合同有效成立而丧失另订其他有利合同的机会损失等）。王某元实际向唐某义支付定金10万元，所以王某元所受损害有支付10万元产生的利息损失及提起本案追索信赖利益损失而支出的诉讼费用及律师费用等合理支出。王某元所失利益应是丧失另购房屋的机会损失，由于双方签订了预约合同，王某元对唐某义产生了信赖，事实上王某元也实地看房，唐某义却在履行中提出增加房屋价格，唐某义涨价的行为明显违背诚信行为，应让唐某义为其不诚信行为付出相应代价。关于信赖利益损失的数额。第一，唐某义将因不诚信履行合同产生巨大收益，以2016年1月10日确定的房屋价格与唐某义出售王某元的房屋价格之差，该差价为154.42万元，这是唐某义以不诚信行为而获得的收益，在计算王某元丧失另购房屋的机会损失时，应以此作为参考。第二，王某元的交易成本支出情况。王某元仅支出10万元，会产生相应利息损失，但王某元并未完全支付购房价，客观上并不会造成王某元另购房屋因价款支付而产生的不利局面，再考虑本案产生的诉讼费用、律师费用等合理成本时，交易成本以及实现应得利益额外支出的成本作为在案参考。第三，王某元对唐某义履行合同有一定程度的信赖。一方面，王某元事先支付了10万元，而唐某义却在履行中提出涨价的请求，所以王某元有理由信赖唐某义不存在继续履行障碍；另一方面，王某元就要求确定双方协议为房屋买卖协议并要求履行进行了诉讼，但唐某义另诉要求确认协议无效，导致王某元的信赖利益损失扩大，唐某义有一定责任。综上，唐某义同意在双倍返还定金即返还王某元20万元的基础上，再赔偿王某元20万元，所以法院不对一审法院判决第二项进行调整。在考虑唐某义返还王某元20万元的基础上，根据公平原则和诚信原则并结合上述分析，酌情确定，唐某义再行赔偿王某元损失50万元。

据此，北京市第二中级人民法院依照《中华人民共和国合同法》第四十二条、《中华人民共和国民事诉讼法》第一百七十条第一款第二项规定，判决：

一、维持北京市东城区人民法院（2016）京0101民初2341号民事判决第一项、第二项；

二、撤销北京市东城区人民法院（2016）京0101民初2341号民事判决第四项；

三、变更北京市东城区人民法院（2016）京0101民初2341号民事判决第三项为唐某义于本判决生效后七日内赔偿王某元损失50万元；

四、驳回王某元的其他诉讼请求。

【法官后语】

信赖利益损失是指当事人信赖合同能够履行而得到履行利益所支付的费用或财产因违约而遭受的损失。[①] 信赖利益损失一般区别于可得利益损失，可得利益损失是合同按照约定履行后应该得到的经济利益的损失。赔偿信赖利益损失主要是使当事人能够恢复至缔约时的经济状态，故赔偿信赖利益损失系缔约过失责任的一种。而赔偿可得利益损失是为了使守约方达到合同履行后应得到的利益，系合同违约责任的一种。一般认为，可得利益不仅包括当事人为合同履行支付的费用和成本（信赖利益），还应包括扣除该费用及成本后的利润，故信赖利益的赔偿数额不应大于合同有效时守约方的可得利益。

如前所述，赔偿信赖利益损失系缔约过失责任的一种。故在房屋买卖合同案件中，如当事人签订了预约合同，因可归责于当事人一方的原因导致房屋买卖合同未能订立的，如预约合同中对违约责任没有约定或者约定不足以弥补守约方的实际损失的，守约方可以要求违约方赔偿信赖利益损失。《中华人民共和国合同法》并未明确规定信赖利益损失。关于信赖利益损失的赔偿依据为《中华人民共和国合同法》第四十二条："当事人在订立合同过程中有下列情形之一，给对方造成损失的，应当承担损害赔偿责任：（一）假借订立合同，恶意进行磋商；（二）故意隐瞒与订立合同有关的重要事实或者提供虚假情况；（三）有其他违背诚实信用原则的行为。"本案中，王某元与唐某义签订的《房屋买卖定金协议》已经被生效法律文书认定为预约合同，而双方未签订房屋买卖合同系因唐某义的违约行为，故唐某义应赔偿王某元的信赖利益损失。

如何确定信赖利益损失的范围及数额系本案的争议焦点，亦为本案二审改判一审判决的主要原因。一般认为，信赖利益损失包括所受损害和所失利益。所受损害的范围一般较好确定，主要是当事人为了缔约所支付的费用和付出的成本，本案中包括王某元为签订房屋买卖合同支付的10万元定金所产生的利息损失及为追索信赖利益损失所付出的诉讼费用、律师费用等实际损失。所失利益即当事人信赖合同有效成立而丧失另订其他有利合同的机会的损失，具体到本案即为王某元因信赖唐某义而丧失另行购买房屋机会的损失。该损失较难确认，本案中进行的涉诉房屋的

---

① 李永军：《合同法》，法律出版社2010年6月版，第555页。

差价损失的评估，该损失应为可得利益的损失，而非信赖利益损失。在认定和确定信赖利益损失的数额时，还是应参考双方的履约情况，从违约方的主观过错程度、违约方可能因其违约行为所获得的收益，守约方支付的交易成本情况及双方对损失的扩大是否存在责任等因素予以确定。最终实现督促交易双方遵循诚实信用原则，让不诚信的一方就不诚信行为付出相应代价以维护诚信的市场交易秩序的目的。本案中，一审判决主要考虑了唐某义在履约过程中的明显过错确定的信赖利益损失，信赖利益损失确定过高。二审综合考虑了唐某义因其违约行为所获收益、王某元支付的交易成本、王某元的信赖程度及损失扩大的责任等，对信赖利益损失进行了调整。

编写人：北京市东城区人民法院　杨莹

26

为避税签订的“阴阳房屋买卖合同”并不全部无效

——苏某秀诉胡某锦房屋买卖合同案

【案件基本信息】

1. 裁判书字号

四川省广安市中级人民法院（2018）川16民终1711号民事判决书

2. 案由：房屋买卖合同纠纷

3. 当事人

原告（被上诉人）：苏某秀

被告（上诉人）：胡某锦

【基本案情】

胡某锦的法定代理人胡某欲为胡某锦购置房屋一套。在中间人李某财的介绍下，胡某查看并了解了苏某秀房屋的详细状况，决定购买该房屋。胡某与苏某秀口头约定苏某秀将其名下房屋出售给胡某锦，交易价格为22.8万元。为规避房产交易税费，胡某以胡某锦的名义与苏某秀签订了一份《购房合同》，约定房屋交易价款为 13 万元，在签订合同时付 5 万元，余款在产权证过户完毕时一次性付清。在胡某向苏某秀转账支付了购房款 5 万元后，苏某秀在不动产登记机关以 13 万元的交易价格缴纳了相关税费，将该房屋过户至胡某锦名下，并交付了房屋。后，苏某秀要求买方支付购房款余款时，胡某以双方书面合同中约定的购房款为 13 万元为由，不认可双方真实成交价为 22.8 万元，双方为此发生纠纷。

【案件焦点】

苏某秀、胡某锦在房屋买卖交易中达成的真实价格为多少。

【法院裁判要旨】

四川省广安市前锋区人民法院经审理认为：对双方争议的房屋价款问题，原、被告双方虽在《购房合同》中约定房屋交易价格为 130000 元，但证人李某财作为介绍双方达成交易的中间人证实了双方交易价格为 228000 元，观阁镇观音社区居委会干部林某开亦证实胡某的表哥在要求社区干部对本案纠纷进行调解时曾表明原、被告真实交易价格是 228000 元，再结合被告所居住社区干部周某、周某成所作书面调查笔录，足以认定原、被告对房屋交易的真实价格为 228000 元。原告主张其在向被告法定代理人胡某出具的 5 万元收条上备注了房屋价款为 228000 元并要求被告当庭出示该收条，但被告法定代理人以该收条已丢失为由拒绝提供。被告法定代理人在第二次庭审中出示了自交易开始至发生纠纷后的一系列证据，其中也包括了其向原告支付 5 万元房款的凭据，该事实足以表明被告法定代理人具有强烈的维权意识，对双方之间的交易高度谨慎。以常理推断，原告向其出示的收条能够证实其部分履行了合同义务，是双方交易的重要内容及重要凭证，被告法定代理人谨慎程度能够细致到保留返回广安的车票及收视费发票等票据，不可能反而将能够反映双方主要交易活动的收条丢失，故被告方以收据丢失为由拒不向法庭出示该证据的理由不成立，根据《最高人民法院关于适用〈中华人民共和国民事诉讼法〉的解释》第一百一十二条“书证在对方当事人控制之下的，承担举证证明责任的当事人可以在举证期限届满前书面申请人民法院责令对方当事人提交……对方当事人无正当理由拒不提交的，人民法院可以认定申请人所主张的书证内容为真实”的规定，再结合上述相关证人证言，法院认定原、被告双方房屋交易真实价格为 228000

元。原、被告双方在书面《购房合同》中约定的关于130000元的合同价格系为规避税收的虚假意思表示，属以合法形式掩盖非法目的，应当无效，但该交易价格条款无效对合同其他条款没有影响，双方买卖房屋的意思表示真实，该购房合同的其他条款并不违反法律规定，且被告亦已支付部分房款，房屋已过户登记到被告名下，故原、被告应以228000元的交易价继续履行合同义务。遂依照《中华人民共和国合同法》第六十条第一款、第一百零七条、第一百一十三条第一款、第一百五十九条，《中华人民共和国民事诉讼法》第六十四条，《最高人民法院关于适用〈中华人民共和国民事诉讼法〉的解释》第九十条、第一百一十二条之规定，作出如下判决：

胡某锦于本判决生效后五日内向苏某秀支付购房余款178000元，并从2018年6月13日起至款项实际支付之日止按年利率4.35%承担利息。

胡某锦不服该判决，提起上诉。四川省广安市中级人民法院经审理认为：原判事实清楚，适用法律正确，维持原判。

【法官后语】

本案的处理重点在于房屋买卖的真实交易价格的认定。本案房屋买卖过程中涉及“阴阳合同”问题，“阴阳合同”指买卖双方通过签订不同价格条款的双份合同，或书面合同与实际交易约定不一致，用以规避税收、获取银行贷款、突破房屋限价等。不管是以何种形式出现，在实践中认定双方的真实交易内容是关键，何种交易条件、交易价格是双方真实意思的表示，在合同文本中能够直接体现出来，但如果只存在“阳合同”，而“阴合同”则以口头或其他非书面的存在，则双方真实交易价格体现不清，可以结合房屋交易时的市场价格、双方的关系、相关证人证言、交易中能够体现双方真实交易价格的收据、收条等来进行综合认定。

“阴阳合同”的效力问题，主要受《中华人民共和国合同法》的约束，包括合同无效的法定情形、合同自始无效与部分有效的相关规定，主要依据《中华人民共和国合同法》第五十二条的规定：“有下列情形之一的，合同无效：（一）一方以欺诈、胁迫的手段订立合同，损害国家利益；（二）恶意串通，损害国家、集体或者第三人利益；（三）以合法形式掩盖非法目的；（四）损害社会公共利益；（五）违反法律、行政法规的强制性规定。”第五十六条的规定：“无效的合同或者被撤销的合同自始没有法律约束力。合同部分无效，不影响其他部分效力的，其他部分仍然有效。”如果“阴阳合同”符合《中华人民共和国合同法》第五十二条的规定情形则均属于无效合同，自始没有法律约束力。在房屋买卖交易过程中，如果出现合同无效的情形，则涉及房屋交易的恢复原状、没收违法所得等问题，双方因此发生的损失按双方过错程度来分摊，对买卖双方造成的风险及损失是显而易见的。出现合同部分无效的情形，也可能会出现双方房屋交易真实意思的认定问题，如果一方不注意交易过程中的票据留存或没有以书面形式体现交易过程，容易出现证据不足，在诉讼中处于被动地位，给自己造成损失。

签订“阴阳合同”或实际存在“阴阳合同”有很大的风险和隐患，涉及违法行为，可能遭受法律制裁。如本案中当事人为规避税收，以虚假合同低价办理过户，违反相关税收法律规定，人民法院可以建议税务机关予以追缴，并加以行政处罚。而且签订“阴阳合同”后，在履行过程中易引起各种纠纷，不利于当事人维权。买卖双方应秉着诚实信用原则，杜绝“阴阳合同”的出现。

编写人：四川省广安市前锋区人民法院　罗升超　周凤

27

限购政策下房屋买卖合同法定解除权的判定

——林某淑诉李某辉房屋买卖合同案

【案件基本信息】

1. 裁判书字号

北京市第三中级人民法院（2018）京03民终2012号民事裁定书

2. 案由：房屋买卖合同纠纷

3. 当事人

原告（上诉人）：林某淑

被告（被上诉人）：李某辉

【基本案情】

2010年12月14日，林某淑与李某辉签订合同，约定李某辉购买林某淑所有的1005号房屋。合同中关于房屋的抵押情况为：已经抵押，抵押权人为兴业银行。双方均认可因签订合同时林某淑尚未取得房屋所有权证书，林某淑先将房屋交付李某辉，待林某淑取得房屋所有权证书后过户，双方预计林某淑可在2012年上半年取得房屋所有权证书，于2012年5月30日前办理抵押注销。2010年12月15日，李某辉支付首付33万元，2010年12月，林某淑将房屋交付李某辉。房屋交付后李某辉装修并居住至今，李某辉缴纳了居住期间的物业费及供暖费。

2012年7月24日，林某淑取得房屋所有权证书。2013年4月10日，兴业银行取得房屋的他项权利证书。但2011年2月，北京市政府已规定在本市没有住房且连续5年以上在本市缴纳社会保险或个人所得税的非本市户籍居民家庭，限购1套住房，李某辉非北京市户籍，社会保险记录显示此时李某辉不具备北京购房资质，双方无法完成过户。如连续缴纳社会保险，李某辉于2015年年底能具备在京购房资质。因双方仍愿继续进行交易，故2012年8月20日林某淑作为甲方、李某辉作为乙方签订《房屋协议书》，约定：因甲、乙双方原因导致交易延期并达成本协议。1. 由2012年7月开始乙方履行甲方房屋银行还款事项，每月按时还款。2. 乙方在未来的时间里如能全款购买房屋，甲方必须积极配合乙方办理房产转移等相关事宜。自2012年7月起李某辉每月将应还贷款金额转入林某淑账户用于还款。2015年8月14日，北京市及通州区政府出台规定，要求在符合现行政策有关规定且本市没有住房且近3年在通州区连续缴纳社会保险或个人所得税的非本市户籍居民家庭限购1套通州区商品住房。李某辉再次不符合购房条件，为满足条件，李某辉自2016年4月起开始连续在北京市通州区缴纳社会保险。2015年11月21日，李某辉受林某淑委托代其偿还了兴业银行剩余全部贷款本息。后原告以被告迟迟不办理过户手续为由起诉要求解除《房屋协议书》、被告腾退1005号房屋并支付违约金25.2万元。被告请求驳回原告全部诉讼请求。

【案件焦点】

原、被告双方在合同履行中的行为是否已经构成了合同解除的条件。

【法院裁判要旨】

北京市通州区人民法院经审理认为：本案中林某淑与李某辉签订的《房屋协议书》合法有效，且不违反法律法规的强制性规定，各方当事人均应按照合同的约定进行履行，买卖合同亦为林某淑与李某辉的真实意思表示。本案被告虽经几次政策变化一直处于暂不具备购房资格的状态，但可合理推断林某淑以其行为表明自己愿意等待李某辉继续缴纳社会保险或个人所得税，直至符合购买1005号房屋的资格后再完成房屋的过户手续。而李某辉亦自2016年4月起开始连续在北京市通州区缴纳社会保险，积极满足购买1005号房屋的条件。同时，从公平的角度考虑，李某辉已经支付超过买卖合同、《房屋协议书》中约定的1005号房屋的全部购房款，2010年12月至今1005号房屋的价格亦已上涨数倍，李某辉自2010年12月起对1005号房屋进行了装修、居住至今，并缴纳了居住期间的相关费用，林某淑在此时要求解除《房屋协议书》会造成双方利益的明显失衡。林某淑要求解除《房屋协议书》，并要求李某辉腾退1005号房屋的诉讼请求，没有事实和法律依据，法院依法不予支持。林某淑提供的证据亦不足以证明李某辉构成违约，故对林某淑要求李某辉支付违约金25.2万元的诉讼请求，法院亦不予支持。

北京市通州区人民法院依照《中华人民共和国合同法》第五条、第八条、第九十四条，《中华人民共和国民事诉讼法》第六十四条第一款，作出如下判决：

驳回原告林某淑的全部诉讼请求。

林某淑不服一审判决，提起上诉。二审审理过程中，林某淑于2018年2月5日向北京市第三中级人民法院申请撤回上诉。

北京市第三中级人民法院经审理认为，林某淑在本案审理期间提出撤回上诉的请求，不违反法律规定，依据《中华人民共和国民事诉讼法》第一百七十三条之规定，裁定如下：

准许林某淑撤回上诉。

【法官后语】

《中华人民共和国合同法》第九十四条规定，有下列情形之一的，当事人可以解除合同：（一）因不可抗力致使不能实现合同目的；（二）在履行期限届满之前，当事人一方明确表示或者以自己的行为表明不履行主要债务；（三）当事人一方迟延履行主要债务，经催告后在合理期限内仍未履行；（四）当事人一方迟延履行债务或者有其他违约行为致使不能实现合同目的；（五）法律规定的其他情形。

第一，根据《中华人民共和国民法通则》相关规定，不可抗力是指不能预见、不能避免且不能克服的客观情况。上述三个要素需要全部具备方可构成不可抗力。本案被告由于购房政策的履次变化而无法按约定的时间办理过户。政策的变化对于民事主体而言是难以准确预见更无力避免的。但购房政策并不禁止交易，不会从根本上导致商品房买卖合同不能履行，一般只会对商品房买卖合同中的付款条件、过户时间等履行条款产生影响，且这种影响不是完全不能克服的，因此购房政策的调整应不属于不可抗力，本案不属于“因不可抗力致使不能实现合同目的”，当事人不能据此要求解除合同。

第二，本案由于原告尚未取得房屋的所有权证书，被告无法直接办理过户手续。在此期间，由于购房政策的变化而导致被告一直处于暂不能办理过户手续的状态。暂不能办理过户，并非由于被告主观原因造成，被告不仅没有以行为明示其将不履行主要义务，而且在此期间被告付清了购房款、为原告还清了涉案房屋的全部贷款，被告的行为均表现出其是在积极地履行义务、配合原告减少迟延过户所造成的损失，本案不可适用“在履行期限届满之前，当事人一方明确表示或者以自己的行为表明不履行主要债务”而解除合同的规定。

第三，本案中被告几次因政策原因而推迟办理房屋过户的履行时间，如前所述，这并非系由于被告原因导致的合同迟延履行；且在依政策暂不能过户的期间内，原告不仅并未催告被告履行，而且通过签署《房屋协议书》、办理公证文书委托被告偿还贷款等方式明确地表明其愿意继续交易的意愿。本案亦不适用因“当事人一方迟延履行主要债务，经催告后在合理期限内仍未履行”而解除。

第四，如前所述，本案中被告暂时无法办理涉案房产的过户系政策原因，非被告过错导致，被告自身既无主观迟延，也不具备其他违约行为。原告在本案中已取得全部购房款，贷款亦由被告代为还清，原告并未明确指出其订立本合同的交易目的，故不能适用“当事人一方迟延履行债务或者有其他违约行为致使不能实现合同目的”而解除合同。

第五，本案也没有可以适用的其他法律规定的可以解除合同的依据。

综上所述，本案中被告已履行了购房款支付义务、代原告偿还了贷款、对房屋进行了装修并居住至今，缴纳了居住期间的相关费用，未办理过户系政策原因所致，而非被告的违约行为所致，不符合法律规定的合同解除条件；且综合被告在合同履行期间的行为，解除合同关系不仅不具备法律依据，而且会造成双方利益的明显失衡。因此，本案中应当维持合同的法律效力，不应予以解除。

编写人：北京市通州区人民法院　刘丹丹

28

未经共同共有人同意处分不动产不能产生物权变动效果

——肖某成、徐某诉徐某铭等房屋买卖合同案

【案件基本信息】

1. 裁判书字号

江苏省高级人民法院（2018）苏民申4352号民事裁定书

2. 案由：房屋买卖合同纠纷

3. 当事人

原告（反诉被告，上诉人，再审申请人）：肖某成、徐某

被告（反诉原告，被上诉人，再审被申请人）：徐某铭、高某芳、徐某锴

第三人：盐城海拓房地产经纪有限公司（以下简称海拓房产经纪公司）

【基本案情】

2016年10月23日，肖某成作为乙方与徐某铭作为甲方以及第三人海拓房产经纪公司作为丙方签订《房地产经纪合同》一份，约定：甲方将坐落于盐城市北港花园11幢××室、××室房屋出售给乙方，房屋售价800000元整。双方约定于2016年10月31日前办理资金托管和交税手续。同时，双方约定于2016年12月31日交房。合同中还载明："甲方的共同产权人徐某锴未到场签字，若甲方违约，承担一切违约责任。违约金为伍万元。"该份《房地产经纪合同》甲方一栏仅有徐某铭签字。同日，肖某成向徐某铭支付购房定金20000元。

2016年11月10日，高某芳作为甲方与肖某成作为乙方签订《盐城市存量房自行交易合同》一份，约定：甲方自愿将坐落于盐城亭湖区北港花园11幢402室、05室的房屋出售给乙方。甲、乙双方经协商一致，同意上述房屋转让价款为人民币650000元。甲、乙双方定于2016年12月20日正式交付该房屋。合同中，双方还明确约定了逾期支付房款以及逾期交房的违约责任。该份《盐城市存量房自行交易合同》上甲方处仅有高某芳签字。

2016年12月5日，肖某成支付房款50000元，由高某芳向其出具收条。后原告肖某成、徐某又分别于2016年11月10日、2016年12月19日依约办理资金托管20万元。其后，高某芳多次催促肖某成支付剩余房款，并以微信信息的方式通知其最后交款的宽限期至2017年1月20日。而肖某成、徐某于2017年2月4日才成功办理公积金贷款30万元，并于2017年7月4日（诉讼过程中）将尾款汇入高某芳设立的资金托管账户内。

2017年2月6日，肖某成、徐某向徐某铭、高某芳、徐某镨致函要求其协助办理北港花园11幢402、05室办理交付及过户手续。次日，徐某铭即向肖某成发出解除《房地产经纪合同》的通知称，肖某成未在约定日期内支付房款，经多次催款未果，致使其年前收到房款的合同目的无法实现，因此通知肖某成解除双方于2016年10月23日签订的《房地产经纪合同》。

因被告徐某铭、高某芳、徐某镨迟迟未协助原告办理房产过户手续，肖某成、徐某遂诉至法院请求被告协助办理过户手续。

庭审中，徐某铭、高某芳、徐某镨提起反诉请求：1. 判令解除反诉人与被反诉人及第三人签订的《房地产经纪合同》、反诉人与被反诉人签订的《盐城市存量房自行交易合同》。2. 被反诉人及第三人支付反诉人违约金5万元。

【案件焦点】

1. 案涉《房地产经纪合同》《盐城市存量房自行交易合同》是否有效；2. 案涉房屋的所有权能否转移；3. 上述两份合同是否应当解除；4. 肖某成、徐某是否应支付违约金5万元。

【法院裁判要旨】

江苏省盐城经济技术开发区人民法院经审理认为：肖某成与徐某铭签订的《房

地产经纪合同》系合同双方当事人的真实意思表示，且不违反法律、行政法规的强制性规定，应当认定有效。肖某成与高某芳签订的《盐城市存量房自行交易合同》除价款部分的约定系为了逃避税费应当认定无效外，其他关于房屋买卖的条款约定仍应当认定有效。但本案中因作为共同共有人的徐某锴未在合同上签名，且亦未在事后表示其同意出售共同共有的房屋，出于对共有人共同所有权的保护，原告请求判令三被告将案涉房屋过户至其名下的主张，不能予以支持。对于被告关于解除合同的反诉请求，因肖某成在被告徐某铭、高某芳给予的支付房款的宽限期内未能及时付清房款，在宽限期届满后半个月贷款才审批到位，因此根据合同法的规定，徐某铭、高某芳亦取得了合同法定解除权，故对于徐某铭、高某芳解除合同的请求，依法予以支持。对于被告徐某铭、高某芳要求原告承担违约金的请求，因案涉房屋未能过户的根本原因在于房屋共有人徐某锴未在房屋销售合同上签名且事后亦未同意，徐某铭、高某芳存在较大的过错，同时，原告为购买案涉房屋已办理了贷款等诸多准备工作，在其向被告主张房屋未能过户的损害赔偿责任的情形下，片面地判令原告承担违约责任，于法失衡。江苏省盐城经济技术开发区人民法院于2017年11月7日作出（2017）苏0991民初字284号民事判决：

一、驳回原告（反诉被告）肖某成、徐某的诉讼请求；

二、解除原告（反诉被告）肖某成与被告（反诉原告）徐某铭于2016年10月23日签订的《房地产经纪合同》以及原告（反诉被告）肖某成与被告（反诉原告）高某芳于2016年11月10日签订的《盐城市存量房自行交易合同》；

三、驳回被告（反诉原告）徐某铭、高某芳、徐某锴的其他诉讼请求。

肖某成、徐某不服该判决向江苏省盐城市中级人民法院提起上诉。二审法院于2018年6月4日作出如下判决：驳回上诉，维持原判。

后肖某成、徐某仍不服生效判决，向江苏省高级人民法院申请再审。江苏省高级人民法院裁定：

驳回肖某成、徐某的再审申请。

【法官后语】

近年来，由于房地产市场的火爆，房屋价格的上涨，卖房人为了经济利益，肆意撕毁房屋买卖合同的行为时有发生，扰乱了房地产交易市场的同时，极大冲击了社会诚信体系的构建。在该案中，原告虽存在着迟延支付购房价款的行为，但若不是房屋价格上涨过快，被告对原告因银行房贷放款迟延发放而最终导致的房款延期（半个月）支付的行为并不会过多追究。然而，因原告在签订购房合同时，明知该房屋系由被告徐某铭、高某芳与其成年的子女徐某锴所有，相信了徐某铭、高某芳的承诺而未要求徐某锴在该份合同上签名。该案的裁判价值导向在于购房人的合同利益（债权利益）与房屋共有权人的所有权保护（物权利益）之间应当如何进行衡平，司法最终选择了保护不动产物权的安定性，但并没有剥夺购房人因卖房人的违约行为而主张其承担损害赔偿责任的权利，旨在将法律关系厘清，并在此基础上，让各类法律责任的判定恰如其分。

第一，案涉两份房产买卖合同均为合法、有效。合同效力认定问题是处理一切合同纠纷的重要性前提。该案的两份合同属于典型的无权处分合同。根据《最高人民法院关于审理买卖合同纠纷案件适用法律问题的解释》第三条第一款的规定，该案两份合同中关于房屋买卖部分的合意系双方当事人的真实意思表示，故应当依法认定有效。另外，值得注意的是，该案中出现的第二份作为缴纳契税依据的《存量房自行交易合同》中约定的价款与在房产经纪公司撮合下签订的《房产经纪合同》不一致，且明显较低。在房屋买卖实践中，为规避税费，当事人签订“阴阳”合同的情形较为普遍，故法院认定该合同中关于房屋价款的变更并非买卖双方的真实意思表示，系为逃避税费，应属于“恶意串通，损害国家、集体或第三人利益”的约定，故应当认定无效，但鉴于该案中双方签订合同的主要目的并非在于损害国家利益，而是进行房屋交易，故《存量房自行交易合同》关于价款部分的约定无效，其他部分仍然有效。

第二，案涉两份房产买卖合同所指向的房产所有权不能转移。《中华人民共和国物权法》（以下简称《物权法》）第十五条规定：“当事人之间订立有关设立、变更、转让和消灭不动产物权的合同，除法律另有规定或者合同另有约定外，自合同成立时生效；未办理物权登记的，不影响合同效力。”第九十七条规定：“处分共有的不动产或者动产以及对共有的不动产或者动产作重大修缮的，应当经占份额三分之二以上的按份共有人或者全体共同共有人同意，但共有人之间另有约定的除外。”该两条规定不仅确立了我国不动产交易的合同行为与物权变动行为相互独立的原则，而且体现了既要维护合同效力，更要维护不动产物权安定性的物权法精神。该案涉及的《房产经纪合同》《盐城市存量房自行交易合同》上均未有作为案涉房屋共同共有权人徐某锴的签字，且原告亦未提交徐某锴同意处分该房产的证据。在案涉合同签订时，徐某锴虽系被告徐某铭、高某芳的子女，但当时已成年，徐某铭、高某芳在未取得其授权的情形下无权行使全部共同共有权人的权利。除非有充分确实的证据，不能轻易推定徐某铭、高某芳对其成年子女徐某锴构成表见代理，因为我国对不动产物权的变动采法定主义，严格而审慎，故在是否构成表见代理上，也应从严认定，如此也方能不违背《物权法》第九十七条的明确规定。案涉房屋所有权虽未能发生转移，但并不影响原告肖某成、徐某依照《最高人民法院关于审理买卖合同纠纷案件适用法律问题的解释》第三条第二款的规定向被告主张违约责任或者主张损害赔偿。

第三，案涉合同应当解除。该案中，双方约定于2016年12月31日前交付案涉房屋，并房款两清。但届时肖某成仅支付了27万元的购房款，余款53万元均于2017年2月4日后陆续支付，业已超过高某芳给予的2017年1月20日前的宽限期间。另，申请房贷有一定的程序和时限要求，对贷款过程中可能出现的各类情况肖某成应有充分预见，故贷款的迟延发放并不能构成其逾期付款的合理抗辩。因此，法院依法对徐某铭、高某芳、徐某锴解除合同的反诉请求予以支持。

另外，案涉房屋不能过户的根本原因在于欠缺共同共有的所有权人徐某锴的签字认可，责任在被告方，即案涉合同自始有效但无法履行过户，导致房屋买卖合同的根本目的无法实现的责任主要在被告方。且房屋出卖人徐某铭在交易合同上明确承诺，因共有权人未到场签字产生的一切违约责任由其负责，原告为买房已办理了贷款等诸多准备工作，在房屋不能过户的情况下，再让其承担违约金5万元，显失公允。此外，在原告方于该案中未变更诉讼请求，尚未向被告方主张违约损害赔偿的情况下，让原告方在该案中片面地承担违约责任亦于法失衡。

编写人：江苏省盐城经济技术开发区人民法院　周琳苒　徐冬冬

四、农村房屋买卖

29

城镇居民购买农村房屋的合同不当然无效

——巫某莉、洪某华诉秦某新房屋买卖合同案

【案件基本信息】

1. 裁判书字号

江苏省南通市中级人民法院（2018）苏06民终2451号民事判决书

2. 案由：房屋买卖合同纠纷

3. 当事人

原告（上诉人）：巫某莉

原告：洪某华

被告（被上诉人）：秦某新

【基本案情】

原告洪某华、巫某莉欲在老家建房需要资金，在证人杨书成主持和介绍下，与被告秦某新于2009年6月29日签订《房产转让协议》一份，约定了如下事项：(1) 双方在平等、自愿、协商一致的基础上，就原告房产出让给被告有关事宜订立本合同；(2) 交易房屋（一底一楼）位于通州市兴东镇杨世桥村七组兴东镇人民路路西，屋面朝东，在巫秦华隔壁，建筑面积为96.8平方米；(3) 转让价格为人民币95000元，该款应于双方协议后、原告搬出所有物品并将房屋使用权交给被告时一次性结清；(4) 本合同自双方签字生效后，房屋所有权归被告所有。此外，以

上合同记载的秦某新住址为“南通市崇川区教育路14号”。上述合同，原、被告均在落款处签字确认，兴东街道司法所在落款处盖章见证。签约后的一天内，第三人杨某筹集资金结清了房款，原告出具收条并交付了房屋，由第三人实际居住，至今第三人户口一直在兴东街道杨世桥村。

另查明：案涉房屋系原告出资建造，建房审批表记载的住房人口为秦某新和巫某莉。2012年8月20日，巫某莉、杨某与南通市通州区兴东镇人民政府签订《房屋拆迁补偿安置协议》，案涉房屋所在集体土地因工程建设需要被依法征收，房屋被拆迁。巫某莉、杨某选购了安置房两套，经杨某申请并根据有关房产分割协议，杨世桥村村委会于2016年10月审核并批准杨某认购两套安置房中面积较小的一套即兴飞花苑××幢×××室（含车库）。

【案件焦点】

1. 案涉《房产转让协议》是否违反法律、行政法规的禁止性规定或损害社会公共利益；2. 能否以原告的行为违反诚实信用原则而驳回其诉讼请求。

【法院裁判要旨】

江苏省南通市崇川区人民法院经审理认为：案涉《房产转让协议》形式上经原、被告本人签字确认，由兴东街道司法所盖章见证，结合原告真实的签约动机，该份合同应当是双方真实意思表示。针对该案的争议焦点，该院认为：该案中被告在签订该份合同时确实是城镇户口，但案涉《房产转让协议》并不无效。首先，现行法律、行政法规并没有明确的关于城镇居民购买农村房屋的禁止性规定。其次，从公共利益层面看，案涉房屋所在土地已经因征收转为国有土地，原有宅基地的性质和巫某莉的农民身份都已发生转变；第三人杨某合法占有并实际居住使用案涉房屋，当地集体经济组织未否定案涉《房产转让协议》，继而认可其被拆迁人资格，村集体利益未受损害，该合同也不存在其他损害社会公共利益的情形。最后，案涉《房产转让协议》的买受人虽然记载为被告秦某新，但其母为购房出资并实际居住使用，可以认定为第三人和被告家庭共同购房，第三人本身就是案涉房屋所在集体经济组织成员，依法可以购买本村房屋。

基于上述分析，原告的诉请在法律规则层面并无依据，而在法律原则层面原告的请求有违诚实信用原则，也不应得到支持，主要表现在以下三方面：一是原告诉称自己签订案涉《房产转让协议》时明知农村房屋不得出售给城镇居民的规定，而其为了筹集资金建房依然签订了该份合同；二是案涉《房产转让协议》签订后原告并无异议，直到多年之后拆迁拿房时才对该份合同提出异议；三是案涉《房产转让协议》的无效将导致原告违规出卖房屋获利后又因房屋增值等因素再次获益。

江苏省南通市崇川区人民法院依照《中华人民共和国合同法》第一条、第五条、第六条、第五十二条，《最高人民法院关于审理买卖合同纠纷案件适用法律问题的解释》第三条第一款之规定，作出如下判决：

驳回原告洪某华、巫某莉的诉讼请求。

原告巫某莉不服一审判决，提起上诉。

江苏省南通市中级人民法院经审理，二审法院同意一审法院裁判意见，依照《中华人民共和国民事诉讼法》第一百七十条第一款第一项之规定，作出如下判决：

驳回上诉，维持原判。

【法官后语】

一、城镇居民购买农村房屋的合同原则上无效

在农村房屋买卖案件中，买受人为城镇居民的案件非常多，此类合同的效力争议颇大，在理论界存在无效说、有效说，为缓和两种学说的矛盾又产生了部分无效说[①]。虽然学理上争议巨大，但国务院有关部门规章及规范性文件明确禁止城镇居民购买农村房屋，虽然效力等级不高但代表着国家的基本方针政策，转让农村房屋的同时也转让了宅基地，有损集体经济组织的利益，故依据《中华人民共和国合同法》第五十二条第四项的规定，司法实践原则上不支持此类合同的合法效力。

二、同一集体经济组织成员参与出资并共同居住所购买的农村房屋而签订的合同有效

城镇居民以自己名义签订农村房屋买卖合同，并且其家庭成员参与出资并共同居住的，如果该家庭成员是房屋所在地集体组织成员，就可以认定为城镇居民与其家庭成员共同购房，继而交易发生在同一集体经济组织成员之间，不触及该集体经济组织的整体利益，亦不违反法律法规或国家政策的规定，其法律效力应予以

---

① 参见陈甦：《在法条与法理之间把握审判的张力》，载《人民法院报》2007年12月6日第五版。

确认。

三、规则适用显失公正情形下法律原则的司法适用

依“禁止向一般条款逃逸”原则，法官运用“三段论”推理裁判结果时，首先考虑的是行为模式及后果都明确的“法律规则”。但规则也会出现“不能”的状况，包括四种情形：一是规则模糊，二是规则漏洞，三是规则冲突，四是规则适用导致不公正。[①] 这就是法律原则的适用时机，本案即为第四种情形，适用《中华人民共和国合同法》第五十二条第四项将为原告的不诚信行为架桥铺路，此时就应当考虑法律原则的适用，本案中最需要获得满足的那个法律原则显然是诚实信用原则。

然而，法律原则并不当然在效力上优越于法律规则，因为规则的背后也有支撑性的实质性法律原则和形式性法律原则，在本案中分别为维护社会公共利益原则和法的安定性及不偏离惯常法律实践原则。这一方面的法律原则与诚实信用原则在本案中并非一方有效、另一方无效的关系，而是一种竞争优先级的关系。法官此时应当通过“法益衡量”的方法在两方面原则中权衡。

关于案涉房屋所在的杨世桥村七组已经因征收转为国有土地，拆迁调查时村委会也认可杨某的被拆迁人资格，这些事实都表明集体经济组织的公共利益未受到侵害或者说损害已经“愈合”。禁止城镇居民购买农村房屋的国家政令年代久远，当时立法的社会环境已经发生巨变，这些政策性规定本身就随着时代的变迁在发生动摇；至于惯常司法实践，过去认定城镇居民购买农村房屋行为无效的司法判例大多是针对城镇居民欲依据买卖合同主张履行利益或违约责任的情形，本案则完全不是此种情形。反观诚实信用原则的适用在本案中非常必要，不适用该原则将打破已经完成分配的拆迁利益格局、损害市场交易秩序的安全和稳定、违背合同严守原则及契约精神、冲击人们朴素善良的道德观念，令原告立约时至履约后的不诚信行为逃脱正义的审判，可见诚实信用原则在本案中是非常需要被最大限度满足的。

编写人：江苏省南通市崇川区人民法院　顾彬

① 参见张保生：《法律推理的理论与方法》，中国政法大学出版社2000年版，第44页。

30

出卖人以所卖房屋系其名下唯一住房为由主张解除房屋买卖合同的不予支持

——林某芬、李某军诉彭某保农村房屋买卖合同案

【案件基本信息】

1. 裁判书字号

江苏省无锡市中级人民法院（2018）苏02民终3194号民事判决书

2. 案由：农村房屋买卖合同纠纷

3. 当事人

原告（反诉被告，上诉人）：林某芬、李某军

被告（反诉原告，被上诉人）：彭某保

【基本案情】

2017年5月5日，林某芬、李某军与彭某保签订房产买卖协议1份，约定彭某保将其所有坐落于茗岭长岗村柒组房屋出售给林某芬、李某军。房屋成交价为16万元，另1万元为承包地和自留地。合同签订后，彭某保收取定金7万元。宜兴市张渚镇茗岭村村民委员会（以下简称茗岭村委会）在买卖协议上盖章确认。同日，彭某保女儿彭某芳、彭某芬出具申明1份，载明：关于涉案房产处理，均由彭某保全权，对于继承共有份额部分，本人放弃主张任何权利。后林某芬、李某军因彭某保未按约履行房屋过户手续诉至江苏省宜兴市人民法院，要求彭某保配合办理房屋过户手续，审理中，彭某保提出反诉请求，要求解除其与林某芬、李某军签订的房产买卖协议，理由为其与母亲共同生活且仅有涉案房屋一处住所，房产买卖协议事实上已无法履行。一审中，林某芬、李某军向法院申请撤回本诉请求。

【案件焦点】

出卖人彭某保能否以所卖房屋系其名下唯一住房为由主张解除房产买卖协议。

【法院裁判要旨】

江苏省宜兴市人民法院经审理认为：林某芬、李某军与彭某保属同一农村集体经济组织成员，林某芬未曾享受过宅基地安排，双方签订的房产买卖协议，经茗岭村委会盖章确认，且已部分履行，该协议合法有效。但在该协议履行过程中，因彭某保未有其他居住场所，明确提出解除，导致合同事实上无法履行，彭某保存在过错，应承担本案纠纷的全部责任。合同解除后，尚未履行的终止履行，已经履行的，可要求恢复原状并赔偿损失。双方明确约定定金 7 万元且彭某保出具定金收条，因收取定金方彭某保原因导致本案纠纷，彭某保除应退还定金 7 万元外，还应按合同总价款 20% 双倍返还法定定金计 3.4 万元。

江苏省宜兴市人民法院依照《中华人民共和国土地管理法》第十条，《中华人民共和国合同法》第八条、第六十条、第九十四条、第九十七条、第一百零七条、第一百一十五条，《中华人民共和国担保法》第八十九条、第九十一条规定，作出如下判决：

林某芬、李某军与彭某保于 2017 年 5 月 5 日签订的涉案房产买卖协议解除，彭某保于判决发生法律效力之日起十日内返还林某芬、李某军款项 10.4 万元（含定金 3.4 万元）。

林某芬、李某军不服一审判决提起上诉。江苏省无锡市中级人民法院经审理认为：当事人一方不履行非金钱债务或者履行非金钱债务不符合约定的，对方可以要求履行，但事实上不能履行的除外。本案中，即使涉案房屋系彭某保名下唯一房产，也不属于事实上不能履行的情形。首先，我国法律法规并不禁止个人或家庭出售名下唯一房产的行为；其次，公民的居住权与生存权不以房产所有权为前提，彭某保名下有无房产与其是否有能力解决个人居住问题没有必然联系；最后，彭某保在出卖涉案房产时理应考虑到自己将来的住所，而林某芬、李某军在签订房产买卖协议时对于该房产是否为彭某保名下唯一房产并无审查义务，不应承担彭某保以房产唯一而拒绝履行的后果。综上，彭某保仅以涉案房产系其名下唯一住房为由主张解除房产买卖协议，没有事实和法律依据，林某芬、李某军上诉认为涉案房产买卖协议具备履行条件，不应解除的意见，法院予以支持。

江苏省无锡市中级人民法院依照《中华人民共和国合同法》第一百一十条、《中华人民共和国民事诉讼法》第一百七十条第一款第二项之规定，作出如下判决：

一、撤销江苏省宜兴市人民法院（2017）苏0282民初5277号民事判决；

二、驳回彭某保的一审反诉请求。

【法官后语】

我国合同法规定，依法成立的合同受法律保护，对当事人具有法律约束力。当事人应当按照约定履行自己的义务，不得擅自变更或者解除合同。本案彭某保作为房屋出卖方提出解除买卖合同的理由为所卖房屋系其名下唯一住房，其与母亲共同生活且无其他住所，房产买卖协议事实上无法履行。鉴于双方并未就此合同解除事由在合同中进行约定，我国现有法律亦未赋予出卖人以住房唯一为由解除房屋买卖合同的权利，故出卖人名下住房唯一是否构成合同事实上不能履行是本案审查的重点。

根据《中华人民共和国合同法》第一百一十条规定，当事人一方不履行非金钱债务或者履行非金钱债务不符合约定的，对方可以要求履行，但法律上或者事实上不能履行的除外。所谓事实上不能履行，是指履行在事实上不可能做到，或者已经没有意义。例如，在房屋买卖合同关系中，卖房人一房二卖且第三人已经善意取得房屋所有权，则买房人无法再要求卖房人继续履行合同交付房屋；又或者合同签订后所售房屋出现毁损、灭失等情形时，买房人要求卖房人继续履行交付房屋义务的，则缺乏履行条件或已经没有意义。而本案卖房人抗辩的住房唯一事由并不属于前述法条规定的事实上不能履行的情形。即便出卖人名下仅有一处房产，但公民的居住权、生存权并非以房产所有权为必要条件，维持生活所必需的住房可以有多种实现方式；就买房人而言，其对所购房屋是否为出卖人名下唯一住房、出卖人在出售房屋后是否有其他居所等事实没有审查的义务与能力，买房人亦有理由相信出卖人在自愿出售房屋时已对个人及其家属的后续居住去向做好了妥善安排，不应让买房人来承担出卖人因房产唯一而拒绝履行的后果。此外，如房屋出卖人可随时以房产唯一为由对已订立的房屋买卖合同进行单方解除的，不仅有违诚实信用原则、损害诚信履约方的合法权益，也将扰乱正常的房屋买卖市场交易秩序。

编写人：江苏省无锡市中级人民法院　姚旭斌　杜凤君

31

城市居民能否购买农村集体开发的新农村住房

——郑某龙诉张某兵等房屋买卖合同案

【案件基本信息】

1. 裁判书字号

河南省信阳市中级人民法院（2018）豫15民终1485号民事判决书

2. 案由：房屋买卖合同纠纷

3. 当事人

原告（反诉被告、被上诉人）：郑某龙

被告（反诉原告、上诉人）：张某兵、张某

被告：简某毫

【基本案情】

2013年，郑某龙购买位于淮滨县赵集镇高楼新村A区××号房屋，于2013年2月5日、2014年1月26日交付给张某兵合计150000元，用来购买张某在淮滨县赵集镇简楼新村开发的新农村住房。简某毫在涉诉房屋堆放木料，2017年1月4日，该处房屋发生火灾，导致房屋毁损严重。原告找到张某兵要求解决房屋问题，张某兵说该处房屋开发老板是张某，让找张某，而张某说房屋被烧毁的责任不完全在他，为此特提出反诉，请求：（1）依法责令被反诉人履行房屋买卖合同，给付剩余购房款；（2）依法判令被反诉人郑某龙及被告简某毫赔偿房屋因火灾造成的损失；（3）诉讼费及实际支出费用由被反诉人及被告简某毫承担。

【案件焦点】

1. 城市居民能否购买农村集体开发“新农村住房”；2. 关于房屋买卖合同无效后过错的认定问题。

【法院裁判要旨】

河南省淮滨县人民法院经审理认为，原告郑某龙（反诉被告）交付150000元购房款事实存在，但是原告郑某龙（反诉被告）为城市户口，按照《国务院办公厅关于严格执行有关农村集体建设用地法律和政策的通知》（国发办〔2007〕71号）规定，农村集体土地只能分配给本村村民，城镇居民不得到农村购买住宅，且该规定为效力性规定，原告郑某龙（反诉被告）与被告张某（反诉原告）之间就购买诉争房屋的合意本身已经违反了法律的效力性规定，而按照《中华人民共和国合同法》第五十二条及《最高人民法院关于适用〈中华人民共和国合同法〉若干问题的解释（二）》第十四条的规定，违反法律、行政法规强制性规定的合同无效。被告张某（反诉原告）代理律师庭审中陈述原告城市户口也可以购买房屋，不能作为自己无过错的抗辩理由。由于合同无效后已无继续履行的可能，因此被告张某（反诉原告）反诉继续履行合同的请求，法院不予支持。至于被告张某（反诉原告）、张某兵（反诉原告）要求原告郑某龙（反诉被告）继续履行合同及原告郑某龙、被告简某豪赔偿其遭受损失，因为未在法庭规定时间内缴纳反诉费，视为撤回反诉。被告张某（反诉原告）要求对毁损房屋提出鉴定，由于原告郑某龙（反诉被告）不同意鉴定，而法院认为该鉴定申请事项涉及被告简某毫侵权事实的最终认定与合同无效之诉的竞合问题，而且可以在另案侵权之诉中提出，故法院认为在本案中提出鉴定实无必要，因此不予支持。由于被告张某（反诉原告）是实际开发商，应当由其退还原告郑某龙购房款150000元。依照《中华人民共和国土地管理法》第六十三条、《中华人民共和国合同法》第五十二条、《最高人民法院关于适用〈中华人民共和国合同法〉若干问题的解释（二）》第十四条、《中华人民共和国民事诉讼法》第六十四条之规定，判决如下：

被告张某于本判决生效后三十日内，退还给原告郑某龙150000元。

张某不服一审判决，提起上诉。河南省信阳市中级人民法院经审理认为：本案的争议焦点是：（1）一审法院认定上诉人张某全额退还购房款是否适当；（2）一审法院是否程序违法。关于第一个焦点，《最高人民法院关于审理商品房买卖合同纠纷案件适用法律若干问题的解释》第十一条规定，对房屋的转移占有，视为房屋的交付使用，但当事人另有约定的除外。房屋毁损、灭失的风险，在交付使用前由出卖人承担，交付使用后由买受人承担。本案中，涉诉房屋尚未交付，故房屋的毁损、灭失的风险由出卖人，即上诉人承担。因涉诉房屋发生火灾，毁损严重，已无法交付使用，被上诉人有权主张退还购房款，故一审法院认定由被上诉人张某全额退还购房款，并无不当。关于第二个焦点，涉诉房屋的失火损失与本案非同一法律关系，故一审法院未予支持上诉人关于涉诉房屋的损失鉴定申请，并无不当。上诉人关于涉诉房屋的失火损失，可另行主张权利。本案的基础法律关系是房屋买卖合同关系，故一审法院依法认定合同效力，并无不当。且被上诉人郑某龙一审诉讼请求为“被告退还购房款 15 万元”，一审判决主文为“被告张某（反诉原告）于本判决生效后三十日内，退还给原告郑某龙（反诉被告）150000 元”，故一审法院判决结果并未超出诉讼请求。综上，上诉人一审提出的鉴定申请与本案并非同一法律关系，一审判决结果未超出诉讼请求，一审法院程序并无不当。综上所述，上诉人张某、张某兵的上诉理由均不能成立，法院不予支持。一审判决认定事实清楚，适用法律正确，应予维持。依照《中华人民共和国民事诉讼法》第一百七十条第一款一项之规定，判决如下：

驳回上诉，维持原判。

【法官后语】

关于城市居民购买农村住房问题，《中华人民共和国合同法》及《最高人民法院关于适用〈中华人民共和国合同法〉若干问题的解释（二）》规定，违反法律、行政法规效力性规定的合同无效，而土地管理法明确规定农村土地只有取得国有建设用地规划许可证及国有土地使用证后才可以对外出售，任何个人及法人均无权改变土地使用用途，两被告（反诉原告）开发的房屋实质是农村宅基地建设，其私自将新农村宅基地建房出卖给原告郑某龙已经违反法律效力性规定。该行为自始无效。

在处理该类案件中，还是要从基础民事法律关系入手，首先，房屋买卖合同无效的双方当事人之间是从物的处分行为转为债的负担行为，这种处分行为的无效不导致债的行为无效，涉及金钱债务返还可以按照不当得利返还，不涉及金钱债务的适用损害赔偿责任法律后果处理。其次，案件中涉及多种法律关系竞合的，应当把握法律关系的实质来解决问题，案件矛盾焦点方可明确。

编写人：河南省信阳市淮滨县人民法院　韩卓珂

32

农村宅基地未经相关部门同意或批准进行买卖的效力认定问题

——原某振、荆某云诉原某富、王某梅房屋买卖合同案

【案件基本信息】

1. 裁判书字号

河南省新乡市新乡县人民法院（2018）豫 0721 民再 4 号民事判决书

2. 案由：房屋买卖合同纠纷

3. 当事人

原告（再审申请人）：原某振、荆某云

被告（被申请人）：原某富、王某梅

【基本案情】

原某振、荆某云与原某富、王某梅均系河南省新乡县朗公庙镇原庄村村民。原某振、荆某云系夫妻。1988 年，原某太、李某荣与原某富分家时，分单注明：原某富分南院宅基地一片，房五间。原某太、李某荣住房三间。2007 年 12 月 6 日，新乡县人民法院对原某太、李某荣诉原某富赡养纠纷一案作出（2007）新民初字第 707 号民事判决，判决老院原某太、李某荣住的房屋三间由原某太、李某荣居住。原某富、王某梅原系夫妻。2010 年 10 月 28 日，王某梅与原某富离婚，在离婚协议书中约定：所有财产归女方所有，男方自愿放弃一切财产。

2016 年 2 月 7 日（农历 2015 年 12 月 29 日），原某富与原某振签订《房屋买卖合同》一份，内容为：甲方：原某富，乙方：原某振。一、甲方自愿将坐落新乡市朗公庙镇原庄村 × × 号房屋转让给乙方（平方数 18 × 18 平方米）。二、双方议定上述房地产附属建筑物总价为陆仟元整，即人民币 6000 元整。三、乙方在签订合同时已付清余款。× × 号土地房屋归乙方所有。四、如乙方办理房产手续，乙方自己承担费用。《房屋买卖合同》签订时，原某振和原某富没有在场，合同由王某梅、

原某富之子原某喜书写，由原某喜代签双方名字。合同签订时，原某振、荆某云支付了6000元房款，王某梅将房屋及新乡县集建（1991）字第071302××集体土地建设用地使用证一并交付给原某振、荆某云。该集体土地建设用地使用证系1991年8月30日由新乡县人民政府和新乡县土地管理局联合下发，土地使用者为原某富，该新乡县集建（1991）字第071302××集体土地建设用地使用证上现有临街房屋五间系王某梅、原某富二人婚后共同建造，主房五间中有三间已经坍塌。后因原某富父亲原某太将该房屋大门焊住，致使原某振、荆某云无法居住，原某振、荆某云要求解除合同，退还房款，并诉至法院。另，原某振、荆某云有两个儿子，均已分家另过。其两个儿子各有一块宅基地。原某振、荆某云在大儿子家居住。

【案件焦点】

《房屋买卖合同》效力的认定。

【法院裁判要旨】

河南省新乡县人民法院经审理认为：依法签订并生效的合同，对双方均具有法律约束力。本案中，原、被告均为新乡县朗公庙镇原庄村村民，系同一农村集体组织的成员，且被告二人拥有本案房屋土地的使用权及房屋所有权，故双方签订的关于宅基地使用权及地上附着物的转让合同，依法成立并生效。且按照约定，原告履行了支付价款的义务，被告履行了交付不动产及宅基地使用权证的义务，双方的合同义务均已履行完毕。原告所称的被告父亲原某太将大门焊住不让被告居住的行为构成其与案外第三人侵权法律关系，应通过其与侵权人协商或诉讼解决，与原、被告之间的农村房屋买卖合同关系无涉，故原告以此为由要求解除合同并退还房款的诉讼请求，不予支持。依据《中华人民共和国物权法》第一百五十三条及《中华人民共和国合同法》第四十四条之规定，判决如下：驳回原告原某振、荆某云的诉讼请求。

河南省新乡市新乡县人民法院经审理认为：案涉《房屋买卖合同》包括临街房屋五间的买卖和新乡县集建（1991）字第071302××集体土地建设用地使用权的转让，而宅基地属于集体经济组织所有，其所有权属于集体经济组织，农民作为集体经济组织的成员，对于宅基地拥有的是用益物权，即使用和收益的权利。其处分宅基地使用权的行为必须取得集体经济组织的同意或事后经过集体组织同意。因买卖房屋而转移宅基地使用权的，宅基地使用权主体发生变化，应当依照《土地管理法》《土地管理法实施条例》及其他规定履行审查、批准等手续，并完成权利主体的变更登记。案涉《房屋买卖合同》当事人在进行房屋买卖时未经任何部门批准，既没有进行房屋产权的变更登记，又没有完成宅基地的变更登记，宅基地使用权和房屋所有权并未发生转移。另原某振、荆某云有两个儿子，均已分家另过。且两个儿子各有一块宅基地。而《中华人民共和国土地管理法》第六十二条第一款规定："农村村民一户只能拥有一处宅基地，其宅基地的面积不得超过省、自治区、直辖市规定的标准。"因此案涉《房屋买卖合同》违反了"一户一宅"原则。综上所述，原某富、王某梅与原某振、荆某云之间的房屋买卖合同应为无效，因该合同取得的财产，应当予以返还。

王某梅称本案中的房屋已被原某振、荆某云改造、使用，无法恢复原状，因双方均未提供证据证明房屋买卖时的状态，无法证明房屋是否已被原某振、荆某云改造、使用，是否因改造使用无法恢复原状，故本案不作处理。原某富父亲原某太将该房屋大门焊住的行为，与本案不属于同一法律关系，本案不作处理。

河南省新乡市新乡县人民法院依照《中华人民共和国土地管理法》第六十二条，《中华人民共和国合同法》第五十二条、五十八条，《中华人民共和国民事诉讼法》第一百四十四条之规定，作出如下判决：

一、撤销法院（2017）豫0721民初397号民事判决。

二、限原某振、荆某云于判决生效之日起十日内将新乡县集建（1991）字第071302××集体土地建设用地使用证返还给原某富、王某梅，并将该宅基地上临街房屋五间（东屋三间，临街两间）返还给原某富、王某梅。

三、限原某富、王某梅于判决生效之日起十日内将6000元购房款返还给原某振、荆某云。

四、驳回原某振、荆某云的其他诉讼请求。

【法官后语】

本案中原某富与原某振签订的《房屋买卖合同》，包括临街房屋五间的买卖和新乡县集建（1991）字第071302××集体土地建设用地使用权的转让，其实质为农村宅基地的买卖。对该房屋买卖合同效力的认定，是本案的焦点。

对案涉《房屋买卖合同》效力的认定，庭审中产生了两种意见：

第一种意见是：原某富与原某振均为新乡县朗公庙镇原庄村村民，系同一农村集体组织的成员，且原某振、荆某云二人拥有本案房屋土地的使用权及房屋所有权，故双方签订的关于宅基地使用权及地上附着物的转让合同，依法成立并生效。按照约定，原某振、荆某云履行了支付价款的义务，原某富、王某梅履行了交付不动产及宅基地使用权证的义务，双方的合同义务均已履行完毕。故对原某振、荆某云以此为由要求解除合同并退还房款的诉讼请求，应不予支持。

第二种意见是：案涉《房屋买卖合同》当事人虽系同一农村集体组织的成员，但在进行房屋买卖时未经任何部门批准，既没有进行房屋产权的变更登记，又没有完成宅基地的变更登记，宅基地使用权和房屋所有权并未发生转移。另原某振、荆某云有两个儿子，均已分家另过。且两个儿子各有一块宅基地。而《中华人民共和国土地管理法》第六十二条第一款规定："农村村民一户只能拥有一处宅基地，其宅基地的面积不得超过省、自治区、直辖市规定的标准。"因此案涉《房屋买卖合同》违反了"一户一宅"原则。综上所述，原某富、王某梅与原某振、荆某云之间的房屋买卖合同应为无效，因该合同取得的财产，应当予以返还。

合议庭采取了第二种意见。理由如下：农村宅基地是仅限本集体经济组织内部符合规定的成员，按照法律法规规定享受使用，并且可以用来建造居住房屋的农村土地。根据《中华人民共和国宪法》第十条规定，宅基地属于集体所有，其所有权属于集体。宅基地使用权是指农民为建自有房屋对集体土地所享有的占有、使用的权利，其权利主体是农村集体经济组织的成员。换言之，宅基地使用权是农村集体经济组织成员的一种福利，带有一定的人身属性。在现实中转让宅基地使用权的形式主要表现为农民对其宅基地上建造的房屋进行转让，根据《中华人民共和国物权法》"地随房走"的原则，农民将宅基地上建造的自有房屋进行转让，必然导致宅基地使用权的一并处分。该处分行为符合转让规定的，其行为可认定为有效；如果违反了土地管理等法规，其行为应认定为无效。

对于农村宅基地的买卖，《最高人民法院关于印发〈全国民事审判工作会议纪要〉的通知》（法办〔2011〕442号）第十五条明确规定：在农村集体所有土地上建造房屋并向社会公开销售，应当依据合同法第五十二条和土地管理法第四十三条规定，认定该买卖合同无效。将宅基地上建造的房屋出卖给本集体经济组织成员以外的人的合同，不具有法律效力；出售给本集体经济组织成员的，应当符合法律、行政法规和国家政策关于宅基地分配、使用条件的规定。在确定合同无效后的损失承担时，应综合考虑当事人的过错，避免处理结果导致当事人利益的失衡。

根据有关法律规定，农村宅基地的使用权进行转让，应当符合以下四点要求：(1) 需经本村村民委员会同意和乡级政府的批准；(2) 转让人与受让人同为本村村民；(3) 受让人无宅基地，符合宅基地申请条件；(4) 宅基地使用权不能单独转让，须与住房一并转让。另外，转让人户口应该已迁出本村或属于“一户多宅或多房”。如系一户一宅，须明确表示不再申请宅基地，且有证据表明其已有住房保障，如与其他近亲属合户居住。符合以上条件，方为有效。

就本案而言，案涉《房屋买卖合同》包括临街房屋五间的买卖和新乡县集建(1991)字第071302××集体土地建设用地使用权的转让，没有取得集体经济组织的同意或事后经过集体组织同意。且买卖双方未依照《土地管理法》《土地管理法实施条例》及其他规定履行审查、批准等手续，没有完成权利主体的变更登记。案涉《房屋买卖合同》又违反了“一户一宅”原则。原某富、王某梅与原某振、荆某云之间的房屋买卖合同应为无效，因该合同取得的财产，应当予以返还。新乡县人民法院按照第二种意见作出判决是正确的，也取得了当事人的认可和较好的社会效果。

编写人：河南省新乡市新乡县人民法院　陈常军

五、拆迁安置房买卖

33

安置房（被认定为危房）重新安置不影响买受人基于原交易合同主张再次履行

——江某、李某俤诉朱某清与朱某琴房屋买卖合同案

【案件基本信息】

1. 裁判书字号

福建省福州市中级人民法院（2018）闽01民终7680号民事判决书

2. 案由：房屋买卖合同纠纷

3. 当事人

原告（反诉被告，被上诉人）：江某、李某俤

被告（反诉原告，上诉人）：朱某琴

被告（上诉人）：朱某清

第三人：郑某麟

【基本案情】

2006年12月15日，被告朱某琴（乙方）与福州开发区国有资产营运有限公司（甲方）、马尾区城建拆迁工程处（丙方）签订《拆迁补偿安置协议书》，约定甲方委托丙方拆迁乙方坐落马尾区儒江路外垱××号，属私产（所有权人：乙方）的房屋。协议书第一条约定，乙方被拆除房屋总建筑面积90平方米。第二条约定，甲方同意在江滨锦城三、四期安置乙方住宅90平方米左右。第四条约定，原房过

渡，过渡期24个月。并在拆迁补偿费和购房计算单中确定具体回迁安置时间为2009年1月31日。同日，乙方抽取选房顺序号378号，选得8#楼×××单元。按照当日房屋拆迁丈量评估表测算，被告朱某琴所取得90平方米系从20世纪80年代和90年代先后建设的老宅共同确认面积中分割所得。

2007年11月7日，两原告（乙方）与两被告（甲方）签订《购房协议书》，第一条约定，甲方同意将位于福州马尾儒江村外垱××号住宅部分房屋（土地证号范围内）出售给乙方，出售方式采取拆迁分割书直接分给乙方，由乙方自行办理：签订拆迁协议书、领取选房号、回迁选房以及办理产权证等相关手续。第二条约定，甲方出售给乙方住宅拆迁安置房面积90平方米，每平方米人民币2600元，合计金额234000元，乙方愿意以上述价格向甲方购买该房。购房款在签订此购房协议书时先预付15万元给甲方。第三条约定，付款方式：如协议第一条款出售方式，直接分割给乙方顺利办理，则待乙方办理完拆迁分割手续并签订拆迁协议书时将购房余款全部付清给甲方，12个月后本协议终止。如协议第一条款不能办理直接分割给乙方，则甲方应在回迁安置时将安置房交给乙方使用，乙方则将购房余款中再先付75000元给甲方。待甲乙双方办理房屋过户手续后（即乙方拿到产权证和土地证），乙方将购房余款全部付清给甲方本协议终止。第六条约定，如果甲方违约，拒绝将房屋出售给乙方，应向乙方赔偿因此受到的损失。如果乙方违约，没有向甲方购买房屋，应向甲方赔偿因此受到的损失。第七条约定，本协议自双方签字起生效。协议签订当日，双方均在合同上签字捺印，证人朱加强（现已死亡）签字证明。2007年11月20日，两原告支付15万元，两被告出具收条。2008年2月13日，两原告再支付5万元，两被告再出具收条。

因安置的房屋存在质量问题，2013年10月6日，被告朱某琴（乙方）与福州开发区国有资产营运有限公司（甲方）、马尾区城建拆迁工程处（丙方）签订《拆迁安置补偿补充协议书》，确定对乙方原安置小区“江滨锦城”变更为“儒江苑”，面积仍然为90平方米。按照被告陈述，2017年年底被告朱某琴在儒江苑安置房为1幢1504单元。朱某琴获得相应的安置款项合计105765元。

另查，2002年12月11日，朱某琴与郑某麟登记结婚。

【案件焦点】

1. 双方签订的《购房协议书》的效力及解除问题；2. 朱某琴是否应当将新安置的房屋交付给两原告。

【法院裁判要旨】

福建省福州市马尾区人民法院经审理认为：关于第一个争议焦点问题，原告与被告签订的《购房协议书》系双方真实意思表示，内容不违反法律法规规定，合法有效，对双方当事人具有法律约束力。被告朱某琴以两原告长期未支付余款 25000 元（不包括最后一笔协助办证尾款 9000 元）构成根本违约为由主张解除《购房协议书》，但其理由缺乏事实和法律依据。一方面双方在协议书中并未约定被告在此情形下可以行使解除合同的权利，另一方面也不符合《中华人民共和国合同法》第九十四条规定的法定解除合同情形。客观上，两原告在协议书签订后已经支付了 20 万元的购房款，被告朱某琴也将房屋交付两原告使用，依据《最高人民法院关于审理买卖合同纠纷案件适用法律问题的解释》第三十六条第一款的规定，买受人已经支付标的物总价款的百分之七十五以上，出卖人主张取回标的物的，人民法院不予支持。两原告交付 20 万元达房屋总价款的 85% 以上，反诉原告朱某琴以此主张解除合同并要求取回已交付的房屋显然缺乏法律依据。至于 25000 元首期尾款未付问题，被告朱某琴亦未提供证据证明其在此期间有向两原告催讨，其主张的所谓“合同目的无法实现”显然依据不足。因此，双方均已履行了合同的主要部分，朱某琴以江某、李某俤未支付余款 25000 元构成根本违约缺乏事实和法律依据，法院不予支持，朱某琴主张解除合同的意见法院不予支持。

关于第二个争议焦点，尽管 2007 年 11 月 7 日两原告与被告朱某琴签订的《购房协议书》中未有具体的交易房屋所在小区、楼号和房号，但交易房屋属于朱某琴位于福州马尾儒江村外垱 27 号部分住宅的拆迁安置房是明确的，而朱某琴在 2006 年 12 月与拆迁部门签订的《拆迁补偿安置协议书》中已经明确了安置小区，且其通过选房顺序号选得 8#402 单元，最后朱某琴交付给两原告的房屋也是“江滨锦城三期 8#402 单元”。因此，可以说明双方购房协议书指向的交易房屋客观上是明确具体的。但由于拆迁部门安置的该套房屋被认定为危房需要重新置换，拆迁部门与朱某琴通过签订补充协议方式变更安置房小区为儒江苑，朱某琴亦通过其原先选房号选得“儒江苑 1 幢 1504 单元”。从本质上看，两套安置房所指向的拆迁物均是朱某琴所有并被拆迁部门认可的儒江路外垱27号的房屋，朱某琴获得拆迁部门安置所依据的合同基本一致，2013年10月6日签订《拆迁安置补偿补充协议书》是对2006年11月朱某琴与拆迁安置单位签订《拆迁补偿安置协议书》的补充协议，二者在合同主要内容上并无不同。因此，在朱某琴原先交付给两原告的“江滨锦城三期8#402单元”因属于危房而被拆迁部门重新以“儒江苑1幢1504单元”再行安置情况下，朱某琴负有将《购房协议书》所约定的安置房屋交付给两原告。关于协助办理不动产权证的要求，因安置房办理产权证政策性强且周期长，原告可在具备办理产权证情况下另行主张。

对两原告要求被告朱某琴交付重新安置“儒江苑1幢1504单元”时拆迁部门给付的安置费用合计80765元的主张，因双方合同对此未进行约定，两原告该项主张不予支持。

第三人郑某麟以有独立请求权第三人申请参与诉讼，但未缴纳诉讼费用，依法按撤回以有独立请求权第三人参与诉讼的请求，其相关主张依法不予认定，法院将另行出具裁定予以判定。

福建省福州市马尾区人民法院依据《中华人民共和国合同法》第八条、第四十四条、第九十三条、第九十四条，《最高人民法院关于审理买卖合同纠纷案件适用法律问题的解释》第三十六条，《最高人民法院关于民事诉讼证据的若干规定》第五条的规定，判决如下：

一、确认原告江某、李某佛与被告朱某琴于2007年11月7日签订的《购房协议书》有效；

二、被告朱某琴应于本判决生效之日起三十日内将位于福州市马尾区的“儒江苑1幢1504单元”交付给原告江某、李某佛；

三、驳回原告江某、李某佛的其他诉讼请求；

四、驳回反诉原告朱某琴的诉讼请求。

朱某琴、朱某清不服提起上诉。福建省福州市中级人民法院经审理认为：本案争议的焦点即《购房协议书》效力问题。

《购房协议书》约定由江某、李某佛向朱某清、朱某琴购买朱某琴位于福州马尾儒江村外垱27号部分住宅的拆迁安置房，朱某清在一审庭审中亦已对案涉《购房协议书》为何由朱某清、朱某琴签署作出说明。虽然《购房协议书》并未约定具体的小区、楼号、房号，但该协议书的标的物，即朱某琴就福州马尾儒江村外垱27号部分住宅所产生的拆迁安置权益所指向的对象是明确且具有唯一性的。《最高人民法院关于适用〈中华人民共和国合同法〉若干问题的解释（二）》第一条规定："当事人对合同是否成立存在争议，人民法院能够确定当事人名称或者姓名、标的和数量的，一般应当认定合同成立。但法律另有规定或者当事人另有约定的除外。对合同欠缺的前款规定以外的其他内容，当事人达不成协议的，人民法院依照合同法第六十一条、第六十二条、第一百二十五条等有关规定予以确定"，故一审法院认定案涉《购房协议书》成立并无不当。朱某清、朱某琴主张该协议书应属预约合同，但其主张适用《商品房销售管理办法》第十六条规定的是房地产开发企业和买受人之间订立书面商品房买卖合同应具备的内容，故其该项诉请依据不足，法院不予采纳。

《中华人民共和合同法》第五十二条规定："有下列情形之一的，合同无效：（一）一方以欺诈、胁迫的手段订立合同，损害国家利益；（二）恶意串通，损害国家、集体或者第三人利益；（三）以合法形式掩盖非法目的；（四）损害社会公共利益；（五）违反法律、行政法规的强制性规定。"本案中，双方当事人买卖的标的物系朱某琴签订的《拆迁安置协议书》项下的拆迁安置房，朱某清、朱某琴提供的证据不足以证明《拆迁安置协议书》具有上述导致合同无效的情形，且朱某清、朱某琴在一审程序中以江某、李某俤根本性违约为由诉请解除《拆迁安置协议书》，合同解除系当事人根据法律规定或者合同约定，终止已成立的合同的行为，故其诉请案涉《拆迁安置协议书》无效依据不足，法院不予支持。

关于朱某琴以无权处分为由主张合同无效问题。《最高人民法院关于审理买卖合同纠纷案件适用法律问题的解释》第三条第一款规定："当事人一方以出卖人在缔约时对标的物没有所有权或者处分权为由主张合同无效的，人民法院不予支持"，故朱某琴以其无权处分为由主张案涉《购房协议书》无效，法院不予支持。

福州市中级人民法院根据《中华人民共和国民事诉讼法》第一百七十条第一款第一项的规定，判决：

驳回上诉，维持原判。

【法官后语】

安置房是二手房市场常见的交易标的物，其与普通商品房的交易并无实质差异。但安置房由于施工质量问题成为危房则是安置房开发体制中容易出现的纠纷，一旦被认定为危房且不具备修复的情况下，政府会重新予以安置。但是，一方面，受到我国房地产市场的影响，安置房重新安置往往伴随发生安置地点的变化、楼层的变化、房价的变动，进而引发双方超预期的利益争夺；另一方面，政府为了提高安置效率和减少麻烦，无视安置房已经出售的事实，径直将重新安置的房屋再次交付给原拆迁户，而这便是此类纠纷难以调解且争议较大的根本所在。具体到本案当中，结合双方签订的《购房协议书》和选房号，双方对完成交付的 8#楼 402 单元并无异议，客观上也履行了。但重新安置后房屋地点不一致、房号不一致，被告以此主张重新安置的房屋不属于《购房协议书》约定的交易房屋，原告要求交付重新安置的房屋缺乏事实依据。单纯从房屋房号和地点来说，确实属于不同的房屋，但如果简单以此否认合同的可履行性，则是对契约精神的简单理解和践踏。从契约精神看，合同的签订和履行践行的是双方的真实合意，合意指向特定的标的物，实现市场的资源优化。安置房不同于普通商品房，其来源是对原有被拆迁物的实物补偿，即使安置房被认定为危房进而重新安置，仍然是对原有被拆迁物的实务补偿。而安置房的二手交易指向的标的物本质上就是对原有被拆迁物的实务补偿的交易。因此，买受人基于原有安置房交易合同主张出卖人将重新安置的房屋再次交付给买受人合法合理，客观上买受人所持原有的安置房危房终究要被政府收回。同时，从合同履行角度看，原有安置房已经交付，合同主要义务均已履行，买受人实际上已经是讼争安置房的合法使用人，在此期间发生的任何指向原有安置房的变动，不管是利益还是损害，其责任显然应当均由买受人自行承受。因此，基于原有安置房买卖的交易合同在重新安置后，买受人仍然可以基于原有合同要求出卖人履行再次交付安置房的合同义务。

编写人：福建省福州市马尾区人民法院　沈镇友

34

拆迁安置房买卖房产证面积与买卖合同面积不一致的处理

——王某诉薛某明、陈某红房屋买卖合同案

【案件基本信息】

1. 裁判书字号

江苏省无锡市中级人民法院（2018）苏02民终3562号民事判决书

2. 案由：房屋买卖合同纠纷

3. 当事人

原告（反诉被告、被上诉人）：王某

被告（反诉原告、上诉人）：薛某明、陈某红

【基本案情】

2007年，王某向薛某明、陈某红购买了胡埭一套安置房用于结婚，该房屋因政策原因当时尚不能上市交易，也未办理房产证，双方遂根据拆迁安置协议的房屋面积119.33平方米签订了房屋买卖合同，成交价为238800元，双方同时约定具备办理转让过户手续时，薛某明、陈某红陪同王某办理过户，并提供相关的证件，过户费用由王某承担。同日，王某支付房款，薛某明、陈某红交付了房屋。后王某使用该房屋至今。

2017年，该房屋终于具备办理房产证的条件，但因房产证上面积为135.45平方米，薛某明、陈某红遂要求王某按该房屋现在的市场价补足面积差后再过户，但王某认为自己就是购买的整套房屋，而非以单价乘以面积计算房屋价款，且政府亦未要求薛某明、陈某红就多出的面积补差价，故王某起诉至法院，要求：1. 确认《房屋转让协议》合法有效；2. 判令薛某明、陈某红配合办理房屋产权转移登记手续。薛某明、陈某红在庭审中提起反诉，要求判令王某支付面积差价128960元（16.12平方米×8000元/平方米）。

【案件焦点】

房产证面积与房屋买卖合同面积不一致时如何确认房屋价值。

【法院裁判要旨】

江苏省无锡市滨湖区人民法院经审理认为：当事人应当按照约定全面履行自己的义务。薛某明、陈某红与王某签订的《房屋转让协议》系双方当事人真实意思表示，其内容不违反法律和行政法规的强制性规定，应属有效。现王某已经按约支付了房款，并实际入住、使用该房屋，而薛某明、陈某红已经取得涉案房屋的产权证，涉案房屋也已经具备办理产权转移登记手续的条件，故王某要求薛某明、陈某红继续履行合同，配合其办理产权转移登记手续，法院予以支持。

关于薛某明、陈某红提出要求王某就涉案房屋按照现市场价支付面积差价的反诉诉讼请求，一审法院认为，首先，双方在签订合同后，已经按约履行。现双方对于房屋价款如何确定产生争议，虽房屋买卖中介余某萍反映当时可能按照面积单价确定房价，但是涉案合同中并未明确约定定价标准。按照常理，房屋买卖双方应该是在对房屋所处地段、楼层、结构、面积等各因素综合考虑的情况下协商确定的房屋价款。且双方在签订合同时，产权证尚未办理，应当能够预见最终产权登记时核定的面积与《房屋拆迁补偿安置协议书》上所载面积可能不符，此类情况在房屋拆迁补偿安置过程中亦为常见，双方在此情况下签订合同即表明按照房屋现状进行交易，即使今后面积产生误差，双方亦接受此种瑕疵给付；其次，双方在签订涉案合同时并未对出现登记面积与协议面积不符约定相应的处理办法，事后双方亦未对此情况达成补充协议，实践中亦无相应的交易习惯；最后，薛某明、陈某红并未因此额外缴纳拆迁安置差价款，并未产生损失。故薛某明、陈某红要求王某支付面积差价的反诉诉请没有事实及法律依据，法院不予支持。

江苏省无锡市滨湖区人民法院依照《中华人民共和国合同法》第六十二条、第一百零七条，《中华人民共和国民事诉讼法》第六十四条第一款，《最高人民法院关于民事诉讼证据的若干规定》第二条之规定，作出如下判决：

一、王某与薛某明、陈某红于2007年9月28日签订的《房屋转让协议》合法有效；

二、薛某明、陈某红于本判决生效后十日内配合王某办理无锡市滨湖区胡埭镇花汇苑三区92号202室房屋产权转移登记手续；

三、驳回薛某明、陈某红的反诉诉讼请求。

薛某明、陈某红不服一审判决，提起上诉。江苏省无锡市中级人民法院经审理认为：一审法院判决认定事实清楚，适用法律正确，应予维持，依法判决如下：

驳回上诉，维持原判。

【法官后语】

所谓安置房是指因城市规划、土地开发等原因进行拆迁，而安置给被拆迁人或承租人居住使用的房屋。安置对象包括城镇居民被拆迁用户和征拆房屋的农户，安置房就是政府或企业对拆迁对象的一种补偿形式。因安置对象是特定的动迁安置户，该类房屋的买卖除受法律、法规的规范外，还受地方政策的约束，所以和一般的商品房交易有很大的不同，此类房屋在一定期限内不具备上市交易的条件，无法办理房产证。但房产市场却存在安置房买卖的需求，此时，买卖双方就会私下达成房屋买卖的协议，同时约定暂时先不过户，在具备过户条件时再由卖房人配合买房人办理过户手续。我国立法采取的是债权形式主义的物权变动模式，债权合同效力的发生仅能引起债权变动的法律后果，并不直接引起物权变动，在这种情况下，卖房人并未实际取得房屋所有权，仅享有将来的一种债权。双方买卖房屋时通常是根据拆迁安置协议所记载的房屋面积、位置、楼层等条件来确定房屋价款，这就会带来一个问题，当房产证面积与安置协议上记载的面积不一致时，房屋买卖双方的利益如何平衡，买房人是否需要就超面积补交购房款。

《中华人民共和国合同法》第六十条规定："当事人应当按照约定全面履行自己的义务。当事人应当遵循诚实信用原则，根据合同的性质、目的和交易习惯履行通知、协助、保密等义务。"《中华人民共和国合同法》第六十一条规定："合同生效后，当事人就质量、价款或者报酬、履行地点等内容没有约定或者约定不明确的，可以协议补充；不能达成补充协议的，按照合同有关条款或交易习惯确定。"也就是说，如果买卖双方就此存在争议时，可以根据交易习惯来确定。《最高人民法院关于适用〈中华人民共和国合同法〉若干问题的解释（二）》对"交易习惯"作出了规定，(1) 在交易行为地或者某一领域、某一行业通常采用并未交易对方订立合同时所知道或者应当知道的做法；(2) 当事人双方经常使用的习惯做法。根据上述规定，如果买卖双方在协议中对价款的确定有明确约定的，按照约定，也就是说，双方在房屋买卖过程中明确约定了房价按照面积单价确定，则买房人补差价比较符合双方签订合同时的预期，但该差价也应该按照房屋买卖当时房屋的市场价确定，而不是产生争议时的市场价。如果双方没有约定，也无法达成补充协议的，可按照合同条款或交易习惯来确定。案件审理中，根据对涉案房屋所在小区调查，当时在相同地域范围内，政府并不会再要求被安置人补交超面积款，卖房人一般也不会再要求卖房人补差价款，这是当时、当地拆迁房屋正常流转方式。而且根据诚实信用原则，双方在签订合同时未明确约定房价的计算方式，可以认为双方是以整套房屋当时的现状确认的房价，买房人在购买时已经对房屋的各项情况有了清楚的了解，并且自愿接受可能会出现的瑕疵，为了保障交易安全，也不宜再补足差价。

编写人：江苏省无锡市滨湖区人民法院　郑远园

35

拆迁安置房屋购买方注意义务的正确界定

——陈某旭诉唐某东房屋买卖合同案

【案件基本信息】

1. 裁判书字号

江苏省苏州市中级人民法院（2018）苏05民终9190号民事判决书

2. 案由：房屋买卖合同纠纷

3. 当事人

原告（被上诉人）：陈某旭

被告（上诉人）：唐某东

第三人：赵某英、唐某芬、唐某娣

【基本案情】

2016年4月2日，唐某东（甲方）与陈某旭（乙方）签订《房屋买卖协议书》一份，约定：甲方将坐落于杨舍镇百家桥新村47幢905室的拆迁安置房一套卖予乙方，价款共计70.8万元，协议签订生效时付40.8万元，余款待房屋过户手续办理完毕后三日内付清。甲方配合乙方办理过户手续，相关费用由乙方承担。陈某旭已支付购房款55.8万元于唐某东，唐某东于2016年4月将房屋钥匙交予陈某旭。后陈某旭要求协助办理房屋的过户登记手续，唐某东未予协助办理，并做出不再出售案涉房屋、退回已付价款及再付12万元的意思表示，陈某旭未予同意。

上述房屋所涉的被拆迁房屋的宅基地性质为集体土地，宅基地的使用权登记于唐某东的父亲唐金荣名下，被拆迁房屋未办理产权证。唐金荣与赵某英系夫妻关系，育有三名子女，即唐某芬、唐某娣和唐某东。唐金荣于2008年1月29日去世，未留有遗嘱。赵某英、唐某娣和唐某芬未参与上述《房屋买卖协议书》的签署。被拆迁房屋于2012年实施拆迁，相应的动迁协议由唐某东与拆迁人和拆迁实施单位签署，拆迁证明文件中反映唐某东为被拆迁房屋所有人。被拆迁房屋所对应的拆迁安置房为三套，其中的一套房屋即上述《房屋买卖协议书》所售的房产，该房屋于2017年3月2日登记于张家港城投置业有限公司名下，该公司作为出卖人、唐某东作为买受人签订的《商品房买卖合同》已在张家港市房产管理中心备案，案涉房屋已经具备由唐某东办理相应产权证书的条件。赵某英、唐某芬和唐某娣未参与上述房屋拆迁安置材料的办理和签署。

唐某东的前妻王某未参与上述《房屋买卖协议书》和房屋拆迁安置材料的签署。王某接受一审法院调查时陈述其知晓并同意唐某东出售案涉房屋。

审理过程中：陈某旭已将尚未支付的15万元购房款汇至一审法院执行款账户，并表示如其诉讼请求成立，即同意在完成案涉房屋的过户登记手续后即将上述款项支付于原审被告唐某东。陈某旭亦表示如其诉讼请求成立，则愿意先行负担案涉房屋登记至其名下的过程中所产生的全部各项费用。

【案件焦点】

陈某旭是否已尽到合理的注意义务，案涉《房屋买卖协议书》在第三人未参与签订的情况下是否有效并应予履行。

【法院裁判要旨】

江苏省张家港市人民法院经审理认为：当事人对自己提出的诉讼请求所依据的事实或者反驳对方的请求所依据的事实有责任提供依据加以证明。没有证据或者证据不足以证明当事人的事实主张的，由负有举证责任的当事人承担不利后果。本案中原被告之间签订的上述《房屋买卖协议书》是双方当事人的真实意思表示，合法有效，双方当事人均应按照协议书的约定行使权利、履行义务。第三人赵某英、唐某芬、唐某娣虽系唐金荣的法定继承人，但案涉房屋所对应的被拆迁房屋的动迁材料及《商品房买卖合同》等均由唐某东签署，相应的手续均由唐某东经办，相关材料及合同中明确被拆迁房屋的权利人、拆迁安置对象及拆迁安置房已备案的买受人为唐某东，第三人对此均未提出异议，说明第三人均同意唐某东为涉案房屋的权利人。陈某旭签订合同时有理由相信唐某东对案涉房屋具有相应的处分权，且陈某旭已按照协议书的约定超额支付了办理过户登记手续前应当给付唐某东的购房款，唐某东的前妻王某亦表示同意唐某东出售案涉房屋。案涉房屋已经具备领取不动产权证书及过户的条件，陈某旭亦同意负担案涉房屋登记至其名下的过程中应当缴纳的各项税费，并且已将尚未支付的购房款汇付至一审法院执行款账户，故《房屋买卖协议书》应当继续履行，办理相应的过户手续。另外，即便唐某东的前妻王某对唐某东签订协议出售案涉房屋并不知情，但事后对唐某东出售案涉房屋表示同意予以追认，也不影响本案《房屋买卖协议书》的效力和履行。江苏省张家港市人民法院判决：

一、唐某东于本判决生效后的十日内办理案涉房屋的不动产权先行登记至唐某东名下的相关手续；

二、唐某东于上述房屋的不动产权登记至其名下后的十日内协助陈某旭办理将上述房屋的不动产权变更登记至陈某旭名下的相关手续；

三、陈某旭在上述房屋的不动产权登记至其名下后给付被告唐某东购房款15万元（该款已提存至一审法院执行款账户内）。

唐某东不服一审判决，提起上诉。江苏省苏州市中级人民法院对一审法院的判决予以维持。

【法官后语】

随着我国社会经济的快速发展和城镇化水平的不断提高，农村房屋的拆迁速度也在逐年递增。在近年来我国房价整体稳中有升和拆迁政策向有利于群众利益的方向倾斜的情况下，农村居民大多选择房屋产权调换的拆迁补偿方式。被拆迁房屋面积较大的农村居民，往往会取得数套拆迁安置房屋，并基于改善生活质量等需要，将多余的房屋予以出售，由此引发的房屋买卖合同纠纷也逐渐增多。就本案纠纷而言，矛盾的引发点主要有以下几项：（1）在案涉《房屋买卖协议书》签订时，拆迁安置房屋虽然已由拆迁权利人/拆迁安置对象唐某东实际占有并控制，但拆迁安置房屋的产权尚未实际变更登记至唐某东的名下，整个拆迁安置过程各个节点的时间间隔较长；（2）本案原被告的合同意识和法律意识均较为薄弱，未要求对拆迁安置房屋的权利归属可能产生影响的其他当事人作为签订方或见证人对案涉《房屋买卖协议书》予以确认；（3）从宏观角度考量，自2016年《房屋买卖协议书》签订至案涉拆迁安置房屋可进行过户的期间内，市场整体房价已有较大幅度的上涨。因此，案涉《房屋买卖协议书》是否有效，是否应当继续履行以及是否能够继续履行将对双方当事人的权益产生非常大的影响，应当综合且审慎地进行考量：首先，应当审查唐某东是否为案涉拆迁房屋的权利人。从拆迁的整个实施过程中所涉及材料的签署和证明材料的内容分析，本案中的第三人对唐某东享有拆迁安置房的权利不持异议，唐某东的前妻对出售案涉拆迁安置房屋亦表示同意，故唐某东有权出售案涉拆迁房屋。陈某旭与唐某东签订《房屋买卖协议书》时已尽到了合理的注意义务，并不存在重大过失或故意损害第三人利益之过错。其次，案涉拆迁案涉房屋的售价在当事人签订《房屋买卖协议书》系公平合理，并不存在畸高畸低之偏差，各方不持异议，且陈某旭已按约且超额履行了价款的给付义务。最后，案涉拆迁安置房屋已符合登记过户的条件，即符合不动产所在地的房屋买卖及过户政策。综上，在拆迁安置房的买卖合同纠纷案件中，不能仅因可能与房屋权利存在牵连的第三方提出异议即否认合同的有效性，而应当全面充分地审查整个拆迁安置过程、房屋买卖合同的签订和已履行情况以及不动产所在地政府就相应性质房屋所制定的具体买卖和过户政策，并在此基础上对合同当事人是否已尽到合理的注意义务进行审查，从而作出最有利于实现诚实守信的一方当事人合法利益的裁判。

编写人：江苏省张家港市人民法院　宋志成

36

夫妻按份共有及一房二卖的房屋买卖合同履行的可行性认定

——梁某秀诉黄某房屋买卖合同案

【案件基本信息】

1. 裁判书字号

广东省深圳市中级人民法院（2018）粤03民终5145号民事判决书

2. 案由：房屋买卖合同纠纷

3. 当事人

原告（反诉被告，被上诉人）：梁某秀

被告（反诉原告，上诉人）：黄某

第三人：陈某、郑某伍

【基本案情】

2014年3月，梁某秀（乙方、买方）与黄某（甲方，卖方）签订《深圳房屋买卖合同》，约定：甲方将其享有所有权的涉案房产转让给乙方，转让总价款为2413260元，首付款80万元；乙方已经向甲方支付首付款，还应向甲方支付房款1613260元；剩余房款于乙方取得涉案房屋的《房屋所有权证》及《土地使用权证》之日起3日内支付。涉案合同同时注明，“本合同项下房屋的《房屋所有权证》及《土地使用权证》尚未办理”。双方同时在合同结尾处备注：“甲方房屋属于婚前财产，与其妻陈某无关，另甲方拆迁后补偿增加的11.59平方米补交房款161392元是甲方向黎明罡先生所借属于个人债务”。2014年3月11日，梁某秀向黄某转账汇款80万元；同日，黄某出具“收条”载明收到梁某秀首付款80万元。2014年10月28日，梁某秀分两笔向黄某转账汇款15万元及5万元。原告诉至法院请求被告将房屋权属登记过户至原告名下。

【案件焦点】

1. 关于夫妻一方单方行使对涉案房产的处分权是否影响合同履行的问题；2. 关于一房两卖的合同履行问题。

【法院裁判要旨】

深圳市福田区人民法院经审理认为：梁某秀与黄某签订的《深圳房屋买卖合同》系双方真实意思表示，双方据此成立合法有效的房屋买卖合同关系。

1. 关于黄某对涉案房产的处分权是否影响合同履行的问题。黄某于1999年12月即取得深圳市委党校住宅楼2栋×××号房的所有权，而此事实发生于黄某与陈某登记结婚之前，该房产应属黄某的婚前个人财产。2010年11月15日，黄某通过与深圳市教育局签订《房屋拆迁安置补偿协议》而将深圳市委党校住宅楼2栋101号房用以置换涉案房产，置换后的涉案房产增加了16.59平方米，对于增加的16.59平方米，因产生于黄某与陈某婚姻关系存续期间，故该增加部分（约占涉案房屋面积总份额19%）应属夫妻共同财产。因此，对于涉案房产，黄某个人享有81%的处分权，剩余19%的房产份额的处分权由黄某与陈某共同享有，即涉案房产属黄某与陈某按份共有，而黄某个人所占份额已占总份额的2/3以上，故陈某是否同意处分涉案房产并不影响黄某行使独立处分涉案房产的权利，因此，黄某有权与梁某秀签订房屋买卖合同以处分涉案房产，涉案合同不存在导致履行不能的权利瑕疵情形。

2. 关于黄某与郑某伍就涉案房产签订房屋买卖合同是否影响涉案合同履行的问题。虽然黄某与郑某伍签订的房屋买卖合同所载明的签约时间在涉案合同签订之前，但郑某伍尚未就涉案房产办理房屋所有权登记或预告登记，且黄某与郑某伍均确认黄某未向郑某伍交付房产，而梁某秀与黄某均确认黄某在收到80万元购房款后即将涉案房产交付给梁某秀使用至今，据此，法院认定梁某秀先行接受涉案房产的交付，有权请求继续履行涉案房屋买卖合同。

综上，涉案房产已具备上市交易的条件，梁某秀有权要求黄某继续履行涉案房屋买卖合同，协助梁某秀将涉案房产转移登记至梁某秀名下，梁某秀的本诉请求成立，予以支持。关于剩余购房款的支付，依照合同约定，剩余购房款系在梁某秀取得房产证之日起三日内支付，故剩余购房款的支付条件尚未成就，黄某以梁某秀未支付剩余购房款构成根本违约为由而提出要求解除涉案合同并据此要求梁某秀搬离房产及支付租金的反诉请求，缺乏依据，不予支持。

深圳市福田区人民法院依照《中华人民共和国物权法》第九十七条、《中华人民共和国合同法》第八条、《最高人民法院关于审理商品房买卖合同纠纷案件适用法律若干问题的解释》第十一条、《中华人民共和国民事诉讼法》第一百四十二条之规定，作出如下判决：

一、黄某应于本判决生效之日起十日内协助梁某秀将位于深圳市福田区侨香三道28号雅福居A栋×××号房转移登记至梁某秀名下；

二、驳回黄某黄某的反诉请求。

黄某和陈某不服一审判决，提起上诉。广东省深圳市中级人民法院同意一审法院裁判意见，判决：

驳回上诉，维持原判。

【法官后语】

本案涉及两方面的问题，一个为涉及部分产权属于夫妻共有的房产的处分权效力问题，另一个为一房二卖情况下履行顺序的认定问题。

对于第一个问题，在审理买方要求继续履行合同的二手房买卖合同纠纷案件中，有相当一部分业主以未获得其配偶同意、私自出售登记在其一人名下的夫妻共有房产为由而主张合同无效或事实上无法继续履行，双方对此争议较大。此类案件的处理会涉及债权保护与物权保护的权衡、房产市场交易的履行可预见性和稳定性、对诚信守约方的保护以及案件审结后的实际执行问题。本案涉及的情况具有一定特殊性，即涉案房产在黄某婚前购买后，于婚姻关系存续期间又经过了拆迁补偿，导致产权组成并非单一，仅其中一部分为夫妻共有财产，在此情况下，应根据证据来确定夫妻共有的具体份额，从而认定黄某个人所享有的份额，据此判断其是否有处分财产的权利。本案中，综合考察证据以及事实发生脉络，可以认定最终黄某个人对现有房产享有81%的处分权，剩余19%的房产份额的处分权由黄某与陈某共同享有，即涉案房产属黄某与陈某按份共有，而黄某个人所占份额已占总份额的2/3以上，故陈某是否同意处分涉案房产并不影响黄某行使独立处分涉案房产的权利，因此，黄某有权与梁某秀签订房屋买卖合同以处分涉案房产，涉案合同不存在导致履行不能的权利瑕疵情形。

对于第二个问题，依据物权法的相关规定，同时参考《最高人民法院关于审理涉及国有土地使用权合同纠纷案件适用法律问题的解释》第十条关于土地使用权一物数卖的处理规则以及《最高人民法院关于审理买卖合同纠纷案件适用法律问题的解释》中有关动产一物数卖履行顺序的规定，依据对物的占有程度和权利行使程度，对于一房二卖甚至数卖的问题，目前司法实践处理原则是，在买卖合同均有效的情况下，买受人均要求履行合同的，若均未办理权属转移登记，则支持已先行依据合同占有房屋的买受人关于继续履行合同的请求。

编写人：深圳市福田区人民法院　张凌炜

37

未满上市交易年限转让经济适用住房的合同效力认定标准

——史某某诉周某某、宋某某第三人撤销之诉案

【案件基本信息】

1. 裁判书字号

江苏省高级人民法院（2017）苏民再415号民事判决书

2. 案由：第三人撤销之诉

3. 当事人

原告（被上诉人、再审申请人）：史某某

被告（上诉人、被申请人）：周某某

被告（被申请人）：宋某某

【基本案情】

宋某某与周某某于2006年10月登记离婚。离婚协议书约定，双方共有的南京栖霞区某村240平方米房产归周某某所有。离婚后，该房产未办理过户手续，仍登记在宋某某名下。2007年7月10日，宋某某与栖霞区拆迁办签订“征地房屋拆迁补偿安置协议”约定，栖霞区拆迁办拆除宋某某上述房屋，支付宋某某房屋补偿款

681118元，其中556847元按《南京市经济适用住房管理实施细则》规定的申购经济适用住房程序和要求，申购总建筑面积155平方米的拆迁安置房。2009年5月16日，宋某某申购拆迁安置房两套，一套系南京市栖霞区某居民区2××室（以下简称2××室房屋），建筑面积65.47平方米，房款160806元；另一套为同地址4××室，建筑面积89.9平方米，房款226447元。

2010年6月6日，宋某某与史某某签订《协议书》，约定：宋某某以255000元价格将2××室房屋转让给史某某；宋某某保证该房产无权属争议；五年后可以上市交易时，宋某某无条件配合过户，史某某应于过户手续完成后三日内付清购房余款25000元。协议签订后，史某某付给宋某某购房款230000元，宋某某将房屋钥匙、水卡、电卡一并交付史某某。史某某装修后入住。

2014年6月25日，周某某以宋某某为被告，向南京市栖霞区人民法院提起离婚后财产纠纷诉讼，要求确认2××室、4××室房屋归其所有。宋某某确认该两套房屋归周某某所有，未陈述2××室房屋已出卖给史某某的事实。南京市栖霞区人民法院遂作出（2014）栖龙民初字第303号民事判决（以下简称303号判决），确认2××室、4××室两套房屋均归周某某所有，宋某某协助周某某将上述房屋所有权证和国有土地使用权证登记在周某某名下。史某某得知303号判决结果后，提起本案第三人撤销之诉，请求撤销303号判决，确认2××室归其所有，由宋某某协助办理房屋过户手续。

【案件焦点】

转让合同签订时，案涉经济适用住房未满当地政府规定的五年上市交易年限，转让合同效力能否援引《中华人民共和国合同法》第五十二条第四项规定的“损害社会公共利益”作否定性评价。

【法院裁判要旨】

江苏省南京市栖霞区人民法院经审理认为：宋某某在303号案件中未能主动如实陈述涉案房屋已出卖给史某某的事实，故史某某有权提起第三人撤销之诉。史某某与宋某某签订的《协议书》是双方当事人的真实意思表示，史某某已按协议支付大部分购房款，并已实际入住使用。史某某善意取得了涉案房屋。

据此，江苏省南京市栖霞区人民法院作出（2014）栖民撤初字第1号民事判决：

一、撤销303号民事判决中2××室归周某某所有的判决；

二、2××室的房屋所有权归史某某所有，由宋某某协助史某某办理上述房屋的权属转移迁户登记手续，过户费用由史某某负担；

三、上述房屋权属登记过户手续办理后三日内，由史某某给付宋某某购房余款25000元。

周某某提起上诉。南京市栖霞区人民法院一审判决支持了史某某的诉讼请求。

江苏省南京市中级人民法院经审理认为：宋某某取得经济适用住房未满上市交易年限，与史某某签订房屋买卖协议转让2××室，破坏了政府对经济适用住房的管理秩序，损害社会公共利益，转让合同无效。改判：

一、撤销南京市栖霞区人民法院（2014）栖民撤初字第1号民事判决；

二、驳回史某某的诉讼请求。

江苏省高级人民法院经审理认为：原建设部等七部委联合发布的《经济适用住房管理办法》规定，经济适用住房是指由政府提供政策优惠，限定套型面积和销售价格，按照合理标准建设，面向城市低收入住房困难家庭供应，具有保障性质的政策性住房。《南京市房屋拆迁补偿安置办法》及《南京市经济适用住房管理实施细则》规定的当地经济适用住房供应对象除“城市低收入住房困难家庭”外，还包含征地拆迁中的被拆迁人。相关政策对二者在房屋取得条件、程序、价格、数量、溢价归属等方面的规定均大相径庭，被拆迁人可以通过产权置换方式取得多套经济适用住房，且无需上缴转让收益。由于房屋拆迁而取得经济适用住房，以满足拆迁安置条件为前提，系拆迁人与被拆迁人协商一致的结果，不具有为困难家庭提供社会保障的公益属性。本案中，宋某某转让其因拆迁安置取得的经济适用住房，不损害社会公共利益，转让合同当属有效。二审法院适用法律错误，依照《中华人民共和国民事诉讼法》第二百零七条第一款、第五十六条第三款、第一百七十条第一款第二项规定，判决如下：

一、撤销江苏省南京市中级人民法院（2015）宁民撤终字第6号民事判决及南京市栖霞区人民法院（2014）栖民撤初字第1号民事判决；

二、撤销南京市栖霞区人民法院（2014）栖龙民初字第303号民事判决中南京市栖霞区某居民区2××室归周某某的判项；

三、宋某某协助史某某办理上述房屋的权属变更登记，过户费用由史某某负担，上述房屋权属变更登记办理后三日内，史某某给付宋某某购房余款25000元；

四、驳回史某某的其他诉讼请求。

【法官后语】

自改革开放以来，我国法官时常逡巡于民事合同效力，进退维谷。对于合同效力的认定，收之过紧，有害于民事交易的安全和诚信，有损于市场经济的活力；放之过松，则有害于政府在公共管理领域的职能和权威，有损于宏观调控的效果。司法裁判时，法官必须充分权衡二者在类案中所承载的价值重量。《中华人民共和国合同法》第五十二条第四项规定，损害社会公共利益的合同无效。何为社会公共利益？现行法律法规对此尚无具体规定。通说认为，社会公共利益一般是指关系社会不特定多数成员的利益，具有广泛性和群众性，且利益需求往往无法通过市场选择机制满足，需要通过有组织的统一行动予以提供。

未满上市交易年限转让经济适用住房的合同效力如何，时常成为该类案件的争议焦点。对此，法院需要甄别转让行为是否损害社会公共利益。目前中央政府层面关于经济适用住房的规定，主要是原建设部等七部委联合发布的《经济适用住房管理办法》。该办法定义的经济适用住房，系面向不特定住房困难家庭供应，购买必须经过申请、核查、公示、轮候等严格的法定公开程序，上市期限届满后转让所得溢价原则上也须缴归政府。同时，国家给予多项相关优惠政策，一般由政府无偿划拨土地，减免开发建设规费，严格限定销售价格。此类经济适用住房体现了政府对弱势群体的有组织帮助，目的是解决其无法通过正常市场机制购房的实际困难，具有鲜明的公益属性。当事人以"城市低收入住房困难家庭"身份申购取得经济适用住房，不用于自住却用于套取资金，在未满上市交易年限的情况下订立转让合同，违背了国家政策初衷，对其他需要住房保障的低收入群众而言是极不公平的，理当认定为损害了社会公共利益。

然而，一些地区扩大了经济适用住房的供应范畴，实际操作中为推进城市化进程，而将被征收土地的被拆迁人列为供应对象。由于房屋拆迁而取得的经济适用住房，其实质是地方政府借经济适用住房之名，与被拆迁人原有房屋进行的产权置换，被拆迁人可以在现金补偿和房屋置换两种拆迁补偿方式中进行选择，转让溢价亦归被拆迁人享有。与住房困难家庭申购经济适用住房相比，在申购条件、申购程序等多方面均有显著差异。此类经济适用住房的供应并非政府履行其公益职能，而是基于拆迁主体的经济效益考量。被拆迁人对置换房屋的权利来源可以追溯到无转让限制的被拆迁房屋，如果将转让限制强加于用作拆迁安置的经济适用住房，无异于令被拆迁人固有的洁净财产上横生权利瑕疵。因此，被拆迁人转让因产权置换取得的经济适用住房，系民事主体对其财产的合法处分，无论年限，均不宜认定损害社会公共利益。

综上所述，未满上市交易年限转让经济适用住房的合同效力，应当根据房屋取得缘由是否具有公益属性作区别认定。“城市低收入住房困难家庭”经申购取得的经济适用住房，未满年限私自转让的，损害社会公共利益，应依法认定转让合同无效；地方政府将经济适用住房用于拆迁安置，被拆迁人转让通过产权置换取得的房屋，不损害社会公共利益，应依法认定转让合同有效。司法裁判中切不可望文生义，以冠有经济适用住房之名而径行认定转让合同无效。

编写人：江苏省高级人民法院　于泓　姚盛中

38

征收房屋拆迁补偿安置权益的认定

——庄某峰、吴某蜂诉庄某进、林某花房屋买卖合同案

【案件基本信息】

1. 裁判书字号

福建省泉州市安溪县人民法院（2018）闽0524民初1401号民事判决书

2. 案由：房屋买卖合同纠纷

3. 当事人

原告：庄某峰、吴某蜂

被告：庄某进、林某花

【基本案情】

庄某进与庄某峰系兄弟关系。1995年3月底，庄某进将其所有的址在安溪县凤城镇河滨北路交通局集资1号楼×××号房（建筑面积123平方米）及附属设施煤间（建筑面积8.57平方米）以房价款75000元卖给庄某峰，双方达成了《房屋买卖协议》，庄某进随即将上述房屋交付给庄某峰装修并居住使用至今。1995年4月23日，庄某峰支付庄某进购房款60000元，尚欠购房款15000元，庄某进向庄某峰出具一张便条给庄某峰收执。2008年4月，原告庄某峰又向被告庄某进支付购房款15000元及利息2000元共计17000元，庄某进将其所有的址在安溪县凤城镇河滨北路交通局集资1号楼×××号房《房屋所有权证》（证号：第139862号；所有权人：庄某进；建筑面积123平方米；煤间8.57平方米；填发机关：福建省安溪县建设委员会；填发日期：1995年12月25日）交给庄某峰保管。同时，作为甲方的庄某进、林某花与作为乙方的庄某峰、吴某蜂签订上述达成的《房屋买卖协议》，自1995年3月底被告庄某进将其所有的址在安溪县凤城镇河滨北路交通局集资1号楼×××号房交付给原告庄某峰使用至今，双方均没有按《房屋买卖协议》约定到房屋登记机关办理产权变更登记。2015年11月20日，安溪县人民政府发出安政综（2015）164号文《关于安溪县沼涛实验小学（河滨北路）片区改造建设项目房屋征收决定书》，决定征收安溪县中山路以东、河滨北路以西、民主路以北、凤春路至河滨北路规划延伸段以南地块等范围内所有房屋。为此，址在安溪县凤城镇河滨北路交通局集资1号楼×××号房属于被征收范围。原告庄某峰按安溪县沼涛实验小学片区改造建设领导小组办公室的要求，于2016年4月6日已将上述所居住的房屋腾空完毕，上述房屋已被拆除。根据《安溪县沼涛实验小学（河滨北路）片区改造建设项目房屋征收补偿安置方案》规定，原告庄某峰、吴某蜂选择产权调换安置方案。原告庄某峰向被告庄某进购买址在安溪县凤城镇河滨北路交通局集资1号楼×××号房后，因至今未在房地产管理部门办理房屋所有权权属变更登记，致双方对上述征收房屋拆迁补偿安置权益发生纠纷，由此，庄某峰、吴某蜂于2016年12月14日向法院提起诉讼，2017年11月24日申请撤诉，法院于2017年11月27日以（2016）闽0524民初6569号民事裁定书裁定：准许庄某峰、吴某蜂撤诉。2018年3月5日，庄某峰、吴某蜂又向法院提起诉讼。

【案件焦点】

1. 涉案《房屋买卖协议》是否有效；2. 原告是否取得所购房屋所有权；3. 涉案房屋因政府征收拆迁已灭失，原告是否能够主张所购房屋产权消灭的对价并获得征收涉案房屋拆迁补偿安置权益。

【法院裁判要旨】

福建省泉州市安溪县人民法院经审理认为：庄某进、林某花与庄某峰、吴某蜂签订的《房屋买卖协议》系双方当事人自愿达成的真实意思表示，协议约定内容不违反法律、行政法规强制性规定，协议依法成立、合法有效，具有法律约束力，双方当事人应当按照协议的约定全面履行。

因庄某进与庄某峰系兄弟关系，所以在协议签订前，庄某进就将涉案房屋交给庄某峰，在庄某峰按照协议约定支付全部购房款后，庄某进又将涉案房屋的《房屋所有权证》交给庄某峰保管。根据《中华人民共和国物权法》第九条第一款“不动产物权的设立、变更、转让和消灭，经依法登记，发生效力；未经登记，不发生效力，但法律另有规定的除外”之规定，庄某峰、吴某蜂与庄某进、林某花虽然签订了《房屋买卖协议》，并按照协议的约定向庄某进付清了全部购房款，但因未在房地产管理部门办理所购买房屋的房屋所有权权属变更登记，故庄某峰、吴某蜂对所购买的房屋虽实际占有、使用，但并没有实际取得所购房屋的房屋所有权。依据《中华人民共和国物权法》第二十八条“因人民法院、仲裁委员会的法律文书或者人民政府的征收决定等，导致物权设立、变更或者消灭的，自法律文书或者是人民政府的征收决定等生效时发生效力”之规定，因所购房屋物权已因政府征收拆迁而消灭，故庄某峰、吴某蜂已无法实际取得涉案房屋所有权。

庄某进作为涉案房屋登记的所有权人，在取得安溪县沼涛实验小学片区改造建设领导小组办公室对因征收涉案房屋拆迁补偿安置的所有权益（即包括房屋拆迁补偿款、房屋搬迁费、安置房过渡费、奖励费、房屋安置权等）后，在一定意义上，是庄某进、林某花在《房屋买卖协议》中的合同权利出卖给庄某峰、吴某蜂涉案房屋的对价。根据《中华人民共和国合同法》第一百三十五条“出卖人应当履行向买受人交付标的物或者交付提取标的物的单证，并转移标的物的所有权的义务”之规定，庄某进在已收取了全部购房款的情况下，本应及时将出卖房屋过户登记至庄某峰、吴某蜂名下，现因政府征收拆迁的原因而致涉案房屋物权消灭，在此情况下，庄某峰、吴某蜂可选择解除合同，也可选择主张所购房屋产权消灭的对价——征收涉案房屋拆迁补偿安置的所有权益（即包括房屋拆迁补偿款、房屋搬迁费、安置房过渡费、奖励费、房屋安置权等），现庄某峰、吴某蜂请求确认其享有《房屋买卖协议》中庄某进、林某花出卖给庄某峰、吴某蜂涉案房屋对应的征收涉案房屋拆迁补偿安置的所有权益，符合上述法律规定和《中华人民共和国合同法》第六条“当事人行使权利、履行义务应当遵循诚实信用原则”的规定以及权利义务相一致原则，应予支持。因此，原告诉讼请求合法，法院予以支持。庄某进、林某花经传票传唤无正当理由拒不到庭参加诉讼，又未在法院指定的举证期限内提交证据，视为自愿放弃参加庭审抗辩权利和举证、质证权利，不影响法院依据查明的事实和证据进行裁判，法院依法缺席审理和判决。

福建省安溪县人民法院依照《中华人民共和国合同法》第六条、第八条、第四十四条第一款、第六十条、第一百三十条、第一百三十五条，《中华人民共和国物权法》第九条、第十五条、第二十八条，《中华人民共和国民事诉讼法》第六十四条第一款、第一百四十四条，《最高人民法院关于民事诉讼证据的若干规定》第二条、第五条第一款、第二款、第三十四条、第七十六条，《最高人民法院关于适用〈中华人民共和国民事诉讼法〉的解释》第九十条规定，作出如下判决：

一、被告庄某进、林某花与原告庄某峰、吴某蜂签订的《房屋买卖协议》合法有效；

二、原告庄某峰、吴某蜂拥有对址在安溪县凤城镇河滨北路交通局集资1号楼×××号房（建筑面积123平方米）及附属设施煤间（建筑面积8.57平方米）因征收房屋拆迁补偿安置的所有权益（即包括房屋拆迁补偿款、房屋搬迁费、安置房过渡费、奖励费、房屋安置权等）。

【法官后语】

一、涉案《房屋买卖协议》是否有效

买卖双方签订房屋买卖合同但未及时办理过户登记手续，买方已支付房款且已实际占有房屋，卖方也应履行协助过户等义务。登记是房屋所有权转移的必经程序和要件，而非房屋买卖合同成立的要件。因为房屋买卖合同能否成立，取决于合同当事人的意思表示是否真实、合同订立的程序是否合法、合同的内容是否违反法律和社会公共利益。而登记作为房屋买卖合同所追求的法律后果，是房屋产权有效转移的要件，而非房屋买卖合同生效的要件，二者为两个不同的法律问题。因此，房屋买卖合同自成立时生效，未办理过户登记的，不影响合同效力。

本案中，被告与原告签订的《房屋买卖协议》系双方当事人自愿达成的真实意思表示，协议约定内容不违反法律、行政法规强制性规定，协议依法成立、合法有效，具有法律约束力，双方当事人应当按照协议的约定全面履行。

二、原告是否取得所购房屋所有权

依照物权理论，房屋作为不动产，其所有权取得为要式法律行为，以取得房产证为准，房屋的交付及其实际占有、居住都不是所有权取得或转移的标准。《中华人民共和国民法通则》第七十二条规定："财产所有权的取得，不得违反法律规定。按照合同或者其他合法方式取得财产的，财产所有权从财产交付时起转移，法律另有规定或者当事人另有约定的除外。"其中交付转移所有权，通常理解是指动产而言，即动产所有权转移一般以交付为准，交付即改变了占有，占有就作为宣告所有权的公示方法。而不动产所有权的转移，属"法律另有规定"的问题，以取得所有权证为准，以办理了产权登记、产权过户登记为宣告所有权的公示方法。在物权关系中，所有权具有最高效力，占有、使用也不具有对抗所有权的效力。

本案中，根据《中华人民共和国物权法》第九条第一款规定不动产物权的设立、变更、转让和消灭，经依法登记，发生效力；未经登记，不发生效力，但法律另有规定的除外。原告与被告虽然签订了《房屋买卖协议》，并按照协议的约定向庄某进付清了全部购房款，但因未在房地产管理部门办理所购买房屋的房屋所有权权属变更登记，故原告对所购买的房屋虽实际占有、使用，但并没有实际取得所购房屋的房屋所有权。

在民法意义上，拆迁安置权益的归属与被拆迁房屋所有权的主体是同一的，仅仅是被拆迁房屋所有权在拆迁事实基础上的存在形态变化，即房屋所有权阶段性地不以房屋实际存在为前提。同时又不是在拆迁安置完成后形成的安置房所有权和安置地使用权，仅是产生上述新物权的法律基础，因为期间可能介入如补偿方式选择、拆迁安置权益处分等法律行为。因此，是新老物权的更迭临界时区。另外，拆迁安置权益在运行内容上具有综合性，包括补偿款、补助费、安置房或者安置地指标等诸多内容，全面涉及所有权的占有、使用、收益、处分等权能。也正是因为综合性特点，其运行结果将导致房屋所有权的消灭。

本案中，依据《中华人民共和国物权法》第二十八条“因人民法院、仲裁委员会的法律文书或者人民政府的征收决定等，导致物权设立、变更或者消灭的，自法律文书或者是人民政府的征收决定等生效时发生效力”之规定，原告所购房屋物权已因政府征收拆迁而消灭，故原告已无法实际取得涉案房屋所有权。

三、涉案房屋因政府征收拆迁已灭失，原告是否能够主张所购房屋产权消灭的对价并获得征收涉案房屋拆迁补偿安置权益

《中华人民共和国合同法》第一百三十五条规定：“出卖人应当履行向买受人交付标的物或者交付提取标的物的单证，并转移标的物的所有权的义务。”庄某进作为涉案房屋登记的所有权人，在取得安溪县沼涛实验小学片区改造建设领导小组办公室对因征收涉案房屋拆迁补偿安置的所有权益（即包括房屋拆迁补偿款、房屋搬迁费、安置房过渡费、奖励费、房屋安置权等）后，在一定意义上，是被告在《房屋买卖协议》中的合同权利出卖给原告涉案房屋的对价。

本案中，庄某进在已收取了全部购房款的情况下，本应及时将出卖房屋过户登记至原告名下，现因政府征收拆迁的原因而致涉案房屋物权消灭，在此情况下，原告可选择解除合同，也可选择主张所购房屋产权消灭的对价——征收涉案房屋拆迁补偿安置的所有权益（即包括房屋拆迁补偿款、房屋搬迁费、安置房过渡费、奖励费、房屋安置权等），现原告请求确认其享有《房屋买卖协议》中被告出卖给原告涉案房屋对应的征收涉案房屋拆迁补偿安置的所有权益，法院依据《中华人民共和国合同法》及诚实信用原则、权利义务相一致原则等规定，依法予以支持。

编写人：福建省泉州市安溪县人民法院　林山鸿　魏薇

六、公房转让

39

无权处分后共有人追回房屋之救济路径选择

——张某珍诉杨某忠、杨某确认合同无效案

【案件基本信息】

1. 裁判书字号

北京市第二中级人民法院（2018）京02民终10552号民事判决书

2. 案由：确认合同无效纠纷

3. 当事人

原告（上诉人）：张某珍

被告（被上诉人）：杨某忠、杨某

第三人：杨某敏

【基本案情】

杨某忠与张某珍系夫妻关系，于1979年3月20日登记结婚。杨某敏与杜某生系夫妻关系，育有杨某。杨某敏与杨某忠系兄弟关系。案涉房屋建筑面积76.51平方米，原系杨某忠向北京铁路分局购买的公有住房。案涉房屋在2001年已经交付杨某敏、杜某生一家并居住至今。2014年5月6日，杨某忠与杨某进行网签过户，签订案涉合同，约定出卖人杨某忠出售案涉房屋。该房屋成交价格为100万元。案涉合同就房屋交付、定金支付、违约责任等约定均为空白，杨某于2014年5月7日取得产权证。

张某珍主张杨某忠与杨某存在恶意串通，其对售房情况并不知情。关于购房主体，张某珍主张案涉合同的签约主体为杨某忠和杨某。杨某忠予以认可。杨某及杨某敏、杜某生均主张签订2014年案涉合同只是为了完成2001年口头买卖合同的过户，杨某只是代杨某敏、杜某生持有房屋。

【案件焦点】

1. 杨某忠与杨某敏、杜某生之间就案涉房屋是否成立有效的房屋买卖合同；2. 案涉房屋价款的认定问题；3. 如果杨某忠与杨某敏、杜某生之间成立有效的房屋买卖合同，该合同对张某珍是否具有约束力；4. 案涉合同的性质；5. 张某珍的诉讼请求应否得到支持。

【法院裁判要旨】

北京市东城区人民法院经审理认为：张某珍虽主张不知情交易，但其家庭在密云区购买房屋前将家庭唯一住房长期无偿由杨某一家借住，由后者装修并持有相关房屋资料的原件，不符常理。鉴于此，结合双方之间亲属关系、经济往来情况及杨某忠在继承纠纷中陈述，张某珍关于案涉合同存在恶意串通应无效的诉讼请求，证据不足，法院不予支持。综上，一审法院判决：

驳回张某珍的全部诉讼请求。

判决后，张某珍不服一审判决，上诉至北京市第二中级人民法院。

北京市第二中级人民法院经审理认为：结合杨某、杨某忠以及杨某敏、杜某生的答辩意见，本案的争议焦点为：（1）杨某忠与杨某敏、杜某生之间就案涉房屋是否成立有效的房屋买卖合同；（2）案涉房屋价款的认定问题；（3）如果杨某忠与杨某敏、杜某生之间成立有效的房屋买卖合同，该合同对张某珍是否具有约束力；（4）案涉合同的性质；（5）张某珍的诉讼请求应否得到支持。

关于争议焦点一，杨某忠与杨某敏、杜某生之间就案涉房屋是否成立有效的房屋买卖合同一节，杨某敏、杜某生称2001年杨某忠将案涉房屋出卖给杨某敏、杜某生，并且案涉房屋已交付占有，房价款20万元金额已经支付。从各方陈述的情况看，2001年杨某敏一家入住案涉房屋并进行了装修当无异议。张某珍与杨某忠夫妇反驳意见为案涉房屋系借住给杨某敏一家居住，该陈述虽为证据之一种，但其未提供其他证据支持，张某珍与杨某忠为纠纷实际一方，具有共同利益，其仅为陈述，对此认定较难。从案涉房屋来源及各方当事人除案涉房屋各自具有居住条件看，从杨某敏、杜某生夫妇曾代杨某忠、张某珍炒股，争议各方具有正常经济往来并具有亲属关系看，未显示 2001 年时各方当事人之间发生矛盾抑或纠纷。在前述基础上，杨某敏、杜某生对房屋装修做了较大投入且杨某忠、张某珍未予反对，各方系对案涉房屋于 2001 年仅争议为借住抑或买卖，而没有其他法律关系存在，杨某忠与杨某敏兄弟于该时存在买卖关系虽不能认定，但也不能排除。

关于争议焦点二，证人杨凤华、杨凤兰所作证言，虽然包括证人在内的杨某忠、杨某敏等曾发生继承纠纷，但杨某忠、张某珍没有证实证人与杨某忠、张某珍之相对方有相关利益关系，从证人证言角度、细节等分析，具有相应证明力。因此，从案涉房屋争议各方具有亲属关系且家庭成员关系和睦，家庭尊者参与购房事项且向家庭成员周知，案涉房屋已交付并入住装修，除案涉房屋购房各方各有住处等情节考虑，杨某敏、杜某生于 2001 年从杨某忠、张某珍处购买案涉房屋，应认为达到盖然程度。从相关法律规定来看，杨某敏、杜某生与杨某忠、张某珍之间已交付案涉房屋且支付了 20 万元购房款，履行了主要权利义务内容，不违背相关合同成立要件，可以初步认定各方就案涉房屋成立了有效合同。

关于争议焦点三，根据当事人陈述及证人证言，杨某忠与张某珍系夫妻，二人共同居住生活。杨某忠称，2001 年借房给杨某敏、杜某生住时，张某珍不同意，是劝说后张某珍才勉强同意，如果卖房对张某珍说，事情就办不成了，借此说明卖房给杨某敏、杜某生的事项，张某珍并未参与且不知情。从生活习惯来看，杨某忠、张某珍夫妇在处理家庭重大事项时并非相互隐瞒，如其夫妇均主张将案涉房屋借给杨某敏、杜某生，夫妇之间即做过协商；如杨某忠主张 60 万元为相对方支付的房款，而张某珍主张将 60 万元房款退还给杨某，其夫妇二人对 60 万元性质陈述一致，即使为诉讼而沟通，也说明其夫妇关于夫妻生活重大事项沟通协商为正常。并且张某珍明知案涉房屋存在，在其子女长大后可能需要使用案涉房屋。其主张案涉房屋长期借给他人而未能由自己居住使用不闻不问亦非常理所在。由此看来，其述称对案涉房屋买卖不知情难以置信。况且，相应证人证言等已证明 2001 年案涉房屋达成房屋买卖合同时，张某珍知情且表示认可，所以，应认定张某珍是案涉房屋 2001 年买卖合同与杨某忠同为一方当事人，该房屋 2001 年买卖合同对张某珍具有约束力。

关于争议焦点四，案涉合同即杨某忠与杨某之间的网签合同的性质。本案各方当事人均承认该合同系办理房屋所有权过户之用，该合同属于现阶段办理产权登记所必需手续。对于本案各方当事人而言，案涉房屋在2001年买卖合同成就并履行主要义务后，一直未办理过户手续，2014年，杨某忠和杨某敏、杜某生同意将房屋所有权过户至杨某名下，案涉合同具有补充合同约定向第三人履行性质。应当看到，2001年案涉房屋买卖合同约定有主要权利义务，因为案涉房屋政策等因素长期未能办理过户登记，案涉合同虽然导致由向杨某敏、杜某生过户而转为向杨某过户，但该案涉合同不属于具有独立性的负担合同，仅系表明双方同意2001年案涉房屋买卖合同向第三人履行。杨某忠、张某珍均陈述2014年杨某忠与杨某签订了以市场价为房价款的案涉合同，但该陈述被杨某一方否认，杨某忠、张某珍一方未有充分证据，法院对杨某忠、张某珍对此项陈述不予采信。

关于争议焦点五，通过争议焦点三分析可知，2001年关于案涉房屋的买卖合同成立并有效，该合同对张某珍亦具有约束力，即该合同主体为卖房人杨某忠、张某珍，买房人为杨某敏、杜某生。双方在2001年合同成就后，卖房人交付房屋，买房人支付了20万元房价款，双方履行了主要权利义务，依据《中华人民共和国合同法》相关规定，该合同应当继续履行。

对于案涉合同，如前述争议焦点四之分析，该合同性质一为办理案涉房屋过户所必需手续，二为2001年合同的补充合同。过户手续系依赖于补充合同而办理，张某珍单独主张过户手续无效，没有道理。从案涉合同为2001年买卖合同之补充合同的角度看，杨某一方陈述2014年案涉房屋过户至其名下时，张某珍知道并同意，因其未提交充足证据，不应予以采信。但是案涉合同不属于具有独立性的负担合同，其为2001年案涉房屋买卖合同的补充，内容仅为将案涉房屋过户给杨某即向2001年案涉房屋买卖合同之第三人履行，作为2001年案涉房屋买卖合同一方，张某珍在合同目的能够实现的情况下，也不能拒绝履行。事实上，杨某忠已将案涉房屋过户给杨某，2001年案涉房屋买卖合同与2014年补充合同性质的案涉合同已完全履行。从效力上讲，因为2001年案涉房屋买卖合同系有效合同并对张某珍具有约束力，故张某珍无权主张案涉合同无效。

如果张某珍依据《中华人民共和国物权法》第一百零六条主张杨某非善意取得而主张追回权，判断张某珍是否具有追回权的前提是杨某忠对案涉房屋是否进行了无权处分。从前述事实和分析看，以2001年案涉房屋买卖合同为基础，以案涉合同为补充的案涉房屋买卖行为，张某珍是案涉房屋的2001年买卖合同一方当事人，案涉房屋系其与杨某忠共同处分，因此张某珍受合同约束没有追回权利，其诉讼请求仍不能得到支持。其主张退还60万元房款系属于杨某敏、杜某生的请求权，张某珍要求退还没有道理，也不应予以支持。

综上所述，张某珍的全部诉讼请求没有事实和法律依据，北京市第二中级人民法院判决：

驳回上诉，维持原判。

【法官后语】

本案是典型的家庭成员之间因房屋买卖而产生的确认合同无效纠纷案件，司法实践中，该类案件的特点在于买卖双方存在亲属关系、交易环节缺乏书面证据而双方各执一词、时间跨度久远案件事实难以还原。

本案是案涉房屋的原共有权人要求确认网签合同无效的纠纷，二审判决总结了本案的五大争议焦点，实则着力于三个方面：一是当事人行使请求权的权利基础的分析，即依《中华人民共和国物权法》第一百零六条主张买受人非善意取得，抑或依《中华人民共和国合同法》第五十二条主张买卖双方存在恶意串通、损害第三人利益从而导致合同无效；二是在缺乏书面证据的情况下，综合双方家庭情况、日常往来、关联案件的先后陈述等证据，对房屋买卖合同成立与否、效力问题及房价款等事实认定的分析；三是案涉网签合同性质的分析。

一、请求权基础的分析

本案原告作为案涉房屋的原隐名共有人，其主张案涉合同无效的理由主要有二：一是现产权人并非善意取得；二是买卖双方存在恶意串通，损害了第三人即原隐名共有权人的利益。此二理由也是司法实践中大量此类案件的原告主张合同无效之理由。从法律适用上分析，上述两个理由的请求权基础并不相同，实则是两种权利路径的选择。理由一之请求权基础系原共有权人行使物上追及权，其法律依据是《中华人民共和国物权法》第一百零六条规定的善意取得制度，而理由二之请求权基础系《中华人民共和国合同法》第五十二条第二款规定的导致合同无效之情形。当事人同时提出上述两项意见时，法院应依据其不同的请求权基础分别予以判断。

我国善意取得制度的适用条件主要有四：一是无权处分人将动产或不动产转让

给受让人；二是受让人受让该财产时是善意的；三是受让人支付了合理的对价；四是转让的动产或不动产依照法律规定应当登记的已登记，不需要登记的已交付。由此可见，转让人无权处分是善意取得制度的前提，而原因行为是否有效并非善意取得之法定要件。善意取得制度是在保护静态的财产安全和动态的交易安全中，在真正的权利人的利益和善意第三人的利益间做出博弈和权衡的结果，只要转让人实施了无权处分行为，受让人基于交易行为取得了物权，在符合法定要件的情形下，则可构成善意取得，不应再追问合同效力，即转让合同本身有效或无效不影响善意取得的构成。回到本案中，其一，原审原告即上诉人的诉讼请求是要求确认案涉合同无效，从上文的分析中可以看出，是否构成善意取得与合同是否无效之间并无直接的因果关系；其二，结合本案证据可以认定二被上诉人之间的买卖合同成立并生效，该合同对上诉人亦具有约束力，故出卖人并不构成无权处分，上诉人亦不享有追回的权利。

而关于上诉人依《中华人民共和国合同法》第五十二条第二款主张的合同无效之理由，因认定上诉人受双方合同约束，即上诉人也是合同一方当事人，故其无权依据该条款主张合同无效。

此系本案二审最终判令维持一审驳回其诉讼请求之判决的思维路径。

二、证据认定的分析

从上文分析可以看出，无论上诉人依照何种请求权基础寻求权利救济，本案的关键事实在于双方是否成立了合法有效的房屋买卖合同，若成立，其对上诉人是否具有法律拘束力，即出卖人是否构成无权处分。本案纠纷所涉事实较为久远，又发生在亲属之间，在缺乏书面证据的情况下，需要综合分析才能认定。二审判决对此进行了充分的论述，在此不再赘述。

三、案涉合同性质的分析

于案涉网签合同的性质问题，因上诉人坚持主张其对案涉网签合同并不知情，并要求确认该合同无效，故对该合同性质的认定直接关系到该网签合同对上诉人是否亦具有法律拘束力。二审判决从两个维度对此进行了分析。从形式上看，网签合同是办理案涉房屋转移登记的必要手续，从内容上看，案涉网签合同是双方2001年房屋买卖合同的补充合同，其不属于具有独立性的负担合同。因此，根据上文的分析，上诉人系2001年房屋买卖合同的一方当事人，则案涉网签合同亦应对其具有法律拘束力。

综上所述，二审法院最终认定上诉人要求确认案涉网签合同无效缺乏依据，应予驳回。综合来看，本案的难点有二：一是法律适用，即不同请求权基础的救济途径交叉下的规则适用；二是证据的综合认定，即在没有书面合同的情况下，运用其他证据综合分析后对关键事实做出认定，从而对法律适用做出判断。同时，本案又是实践中此类案件的典型，本案虽是二审维持原判的案件，但在一审的基础上，二审判决无论是案件事实的查明还是论理都更为详实，尤其是对证据认定的分析以及法律适用的阐述都更加透彻明晰，对此类案件的审理具有参考意义。

编写人：北京市第二中级人民法院　陈雨菡

七、房屋买卖代理

40

明知《委托书》非被代理人签字，不构成表见代理

——武某诉补某军、王某霖房屋买卖合同案

【案件基本信息】

1. 裁判书字号

北京市第一中级人民法院（2018）京01民终1299号民事判决书

2. 案由：房屋买卖合同纠纷

3. 当事人

原告（上诉人）：武某

被告（被上诉人）：补某军、王某霖

【基本案情】

王某霖与补某军系夫妻，涉案房屋系夫妻共同财产，登记在补某军名下单独所有。2016年8月4日，王某霖以补某军名义与武某签订《房屋买卖合同》等文件，约定补某军以895万元将房屋出售给武某。同日，武某向王某霖支付5万元定金。2016年8月15日，武某称虽双方约定建委查档后再支付定金95万元，但因一直无法约到补某军，为表诚意，故在未查档的情况下支付20万元。2016年8月24日，王某霖向武某提出房屋无法出售。2016年8月29日，武某收到解除通知。补某军称其未授权王某霖与武某签订上述合同，不认可合同的有效性。武某称与王某霖签署合同时，王某霖向其出示了结婚证、房产证、王某霖的《承诺书》《配偶同意声

明》及补某军的《委托书》。《委托书》载明，补某军委托王某霖代办房屋买卖事宜；《配偶同意声明》载明，王某霖声明其系共有权人，同意补某军出售房屋。王某霖和补某军称《委托书》是中介公司让王某霖当着中介公司和武某的面签订的，不是补某军本人签字。经法院释明，武某不申请对补某军签字进行鉴定，后武某认可并非补某军签字，但其认为王某霖作为补某军的配偶且出示了《配偶同意声明》应构成表见代理，故合同应为有效。

2016年8月1日，中原地产公司工作人员给补某军发短信称……知道你在出差……你看能否安排嫂子先跟客户见个面？后中介人员与补某军联系确定8月4日王某霖与客户见面的时间、地点。

2016年8月4日，王某霖当着武某的面，在中介公司提供的空白格式文本上签署：《配偶同意声明》《委托书》（王某霖在委托人处签署“补某军”，签署的日期是2016年8月1日），中介公司工作人员嘱咐王某霖回去后让补某军在《委托书》上补签；《承诺书》内容为：王某霖承诺已获得产权人补某军授权办理出售手续，本人保证产权人授权或者提交的授权书不存在任何问题。王某霖在承诺人处签字，签署的日期是2016年8月1日。后王某霖与武某又在中介公司提供的空白格式文本上签署《告知书》《房屋买卖合同》《补充协议》。

【案件焦点】

王某霖以补某军的代理人名义与武某签订《房屋买卖合同》的行为是否构成表见代理。

【法院裁判要旨】

北京市海淀区人民法院经审理认为：武某仅依据王某霖提供的结婚证、房产证、承诺书、《配偶同意声明》等，在未与补某军本人核实的情况下，便与王某霖签字，其本身未尽到合理范围内的注意义务，存在过失，故王某霖的行为不构成表见代理。王某霖和武某签署的协议应属无效。合同无效后，王某霖应当退还已经收取的25万元，武某要求王某霖及补某军承担违约金无合同依据。

北京市海淀区人民法院依照《中华人民共和国合同法》（以下简称《合同法》）第四十九条、《中华人民共和国民事诉讼法》第六十四条规定，作出如下判决：

一、王某霖代理补某军与武某签署的《房屋买卖合同》及《补充协议》无效；

二、王某霖于本判决生效之日起七日内退还武某定金25万元；

三、驳回武某的其他诉讼请求。

武某不服一审判决，提起上诉。北京市第一中级人民法院经审理认为：补某军根据中介人员提议，委托王某霖先与客户见面。“与客户见面”的通常理解是对房屋买卖事宜进行初步接洽，介绍房屋现状、了解房屋价格、支付方式、履行期限等情况，并不包含签署相关法律文件。在补某军并未给王某霖出具合法有效的书面授权委托书的情况下，应认定王某霖并未得到补某军委托其签署售房文件的授权。故王某霖代理补某军签署《房屋买卖合同》《补充协议》等文件属于超越代理权，未经补某军追认，对补某军不发生效力。

构成表见代理除须具备行为人无权代理的条件外，还须同时具备以下三个要件：(1) 有被授予代理权的外观表象；(2) 相信行为人有代理权且系善意无过失；(3) 外观或表象可归责于被代理人。签订合同时，王某霖持有产权证并不能说明其有权签署售房文件。王某霖持有结婚证仅说明其与补某军是夫妻关系，但出售房屋不属于家事日常代理范围，不能说明其有权签署售房文件。王某霖现场签署的《配偶同意声明》《承诺书》与是否得到补某军的授权无关。王某霖现场代替补某军签署《委托书》，不仅不能证明其有权签署售房文件，反证明王某霖并未得到签署售房文件的正式授权。因此，王某霖并没有被授予代理权的外观表象，武某没有任何理由相信王某霖已经得到补某军委托其签署售房文件的正式授权。补某军委托王某霖先行与买受人见面并不存在过错，亦谈不上可归责于被代理人的问题。武某主张构成表见代理，不能成立。

相对人知道或者担心行为人是无权代理人的，可以催告被代理人在一个月内予以追认。被代理人未作表示的，视为拒绝追认。王某霖代替补某军签署《委托书》时，武某在场，武某应当知道王某霖尚未取得补某军的正式授权，但武某未行使催告权。现无证据证明补某军表示追认，应视为其拒绝追认。

北京市第一中级人民法院依照《合同法》第十条、第四十八条、第四十九条，《中华人民共和国民事诉讼法》第一百七十条第一款第一项规定，作出如下判决：

驳回上诉，维持原判。

【法官后语】

涉及无权代理、表见代理案件的认定和法律适用一般分为四步：

一、是否构成无权代理

涉及无权代理纠纷，首先要明确行为人是否为无权代理。《合同法》第四十八条第一款与《中华人民共和国民法总则》第一百七十一条第一款作出了相同规定，包括行为人没有代理权、超越代理权或者代理权终止三种情形。从法律上分析，以口头委托形式授权与客户见面，并不包含签署法律文件。因为签署售房文件的授权应以书面形式，这既是中介机构在促成交易时的一贯做法，也是房屋行政主管部门、金融机构在办理相关业务时的强制性要求。行为人在接受委托先行与客户见面时直接与客户签署了售房文件，超越了代理权限，属于无权代理。

二、被代理人是否追认

《合同法》第四十八条第二款与《中华人民共和国民法总则》第一百七十一条第二款均规定，相对人可以催告被代理人自收到通知之日起一个月内予以追认，被代理人未作表示的，视为拒绝追认。本案中，买房人明知《委托书》系行为人签署，其知道或应当知道《委托书》须经被代理人追认才有效。法律虽然赋予相对人催告权，但其并未行使。并且，追认应是明确追认，未作任何表示的视为拒绝追认。

三、是否构成表见代理

构成表见代理，除无权代理这一前提条件外，还须同时具备三个要件：1. 有被授予代理权的外观表象；2. 相信行为人有代理权且系善意无过失；3. 外观表象可归责于被代理人。产权证、结婚证等均不构成被授予代理权的表象，买房人明知《委托书》系行为人代为签署，被代理人委托行为人先行与客户见面并不存在过错。故不具备表见代理的构成要件。

四、无权代理未经追认的法律后果

《合同法》第四十八条第一款规定，行为人没有代理权、超越代理权或者代理权终止后以被代理人名义订立的合同，未经被代理人追认，对被代理人不发生效力，由行为人承担责任。《中华人民共和国民法总则》第一百七十一条第一款、第三款、第四款对行为人如何承担责任作了详尽的规定。包含两方面的问题：一是无权代理未经追认时代理行为的效力。对此，《合同法》和《中华人民共和国民法总则》的规定是一致的，即对被代理人不发生效力。未经被代理人追认的合同对被代理人不发生效力，在理论上和实践中也常常认为是合同无效，在一审判决认定合同无效的情况下，二审判决维持了这一认定。二是无权代理未经追认时相关责任的承担。《合同法》规定由行为人承担责任。《中华人民共和国民法总则》第一百七十一条第三款、第四款则作了具体规定，行为人实施的行为未被追认的，善意相对人有权请求行为人履行债务或者就其受到的损害请求行为人赔偿，但是赔偿范围不得超过被代理人追认时相对人所能获得的利益。相对人知道或者应当知道行为人无权代理的，相对人和行为人按照各自的过错承担责任。

此外，《中华人民共和国民法通则》《中华人民共和国民法总则》和《合同法》都有关于无权代理的规定，涉及无权代理纠纷的法律适用主要从三个方面考量：首先，《合同法》与《中华人民共和国民法通则》《中华人民共和国民法总则》相比，是特别法与一般法的关系，按照特别法优于一般法的原则，当代理行为是签订合同时，适用《合同法》的规定；其次，《中华人民共和国民法总则》与《中华人民共和国民法通则》相比，是新法与旧法的关系，根据法律不溯及既往的原则，《中华人民共和国民法总则》于2017年10月1日施行后实施的代理行为适用《中华人民共和国民法总则》的规定，此前实施的代理行为适用《中华人民共和国民法通则》的规定；最后，争议如涉及无权代理未经追认时相关责任的承担，《中华人民共和国民法总则》比《合同法》的规定更具体，按照新法优于旧法的原则，应适用《中华人民共和国民法总则》的规定。因本案并不涉及无权代理未经追认时相关责任的承担，所以适用了《合同法》的规定。

编写人：北京市第一中级人民法院　王茂刚　刘瑾

41

违法代理的判断及责任承担范围

——王某诉云南安宁金成矿业集团房地产开发有限公司、云南昆都国际房地产开发有限公司商品房预售合同案

【案件基本信息】

1. 裁判书字号

云南省昆明市中级人民法院（2018）云01民终5761号民事判决书

2. 案由：商品房预售合同纠纷

3. 当事人

原告（被上诉人）：王某

被告（上诉人）：云南安宁金成矿业集团房地产开发有限公司（以下简称金成公司）

被告：云南昆都国际房地产开发有限公司（以下简称昆都公司）

【基本案情】

2012年10月15日，被告昆都公司与被告金成公司签订《销售代理合同》，约定被告金成公司代理被告昆都公司对赵李家堆城中村改造项目的销售。2014年5月8日，被告昆都公司向原告王某出具收据，载明收到原告王某支付的储值卡预付款10000元。2014年6月2日，原告王某与被告金成公司签订《预订协议》，协议中约定原告王某购买由被告昆都公司开发的赵李家堆城中村改造项负一层××号商铺，房屋建筑面积27.8平方米，房产暂定总价为1495673元，并约定原告王某应当于签订协议当日缴纳保证金100000元。当日，原告王某按约定向被告金成公司支付保证金100000元。2014年7月12日，经原告王某申请，优惠后房产总价定为1236279元。此后，原告王某于2014年7月18日，向被告金成公司银行转账支付剩余购房首付款516279元。收到原告王某支付款项的当日，被告金成公司分别向原告王某出具

了载明金额为100000元的收据一张，载明金额为516279元的收据一张。2014年8月12日，被告金成公司向被告昆都公司转账支付账款10000000元。

经审理查明，两被告均具备房地产开发与销售资质。此外，截至二审宣判前，被告昆都公司未能向人民法院提交原告王某购买商铺所在地块的商品房预售许可证。

原告王某诉讼主张解除2014年6月2日签订的《预订协议》，并由被告昆都公司、被告金成公司连带退还已经支付的购房款，并连带承担总房款10%的违约金123627.9元。

【案件焦点】

被告金成公司是否存在违法代理行为及其责任承担。

【法院裁判要旨】

云南省昆明市五华区人民法院经审理认为：原告王某与被告金成公司签订的《预订协议》中对房屋位置、面积、单价等事项均做出约定，应当依据《商品房销售管理办法》第十六条之规定，认定该协议属于商品房预购合同。被告昆都公司未能提交相关项目预售许可证，依据商品房买卖合同司法解释第二条的规定，应确认原告与被告金成公司签订的《预订协议》无效。因原告与被告金成公司签订的《预订协议》中已载明两被告间的代理销售关系，结合被告金成公司与被告昆都公司间的委托销售关系及房屋销售所得款项已支付给被告昆都公司的事实，被告昆都公司应当向原告退还购房款626279元。

被告金成公司作为具备房地产开发资质的企业，应当知道销售尚未取得预售许可证的商品房违反法律规定，故应承担连带责任，但有损害方有救济，被告金成公司连带承担的责任应限于《预订协议》造成的损失，对原告王某主张被告金成公司对购房款退还承担连带责任的诉讼请求，予以驳回。

云南省昆明市五华区人民法院依照《中华人民共和国民法总则》第一百六十七条，《中华人民共和国合同法》第四十二条、第五十二条、第五十八条、第四百零二条，《最高人民法院关于审理商品房买卖合同纠纷案件适用法律若干问题的解释》第二条、第五条，《中华人民共和国民事诉讼法》第六十四条、第一百一十八条的规定，作出如下判决：

一、原告王某与被告金成公司于2014年6月2日签订的《预订协议》无效；

二、被告昆都公司于判决生效之日起十日内退还原告王某款项626279元；

三、被告昆都公司、被告金成公司于判决生效之日起十日内连带支付原告王某损害赔偿金123627.9元；

四、驳回原告王某的其他诉讼请求。

被告金成公司不服一审判决提起上诉。

云南省昆明市中级人民法院经审理认为：二审法院同意一审法院裁判意见，并认为上诉人金成公司主张其对损害赔偿金不应承担连带责任，且赔偿金额过高的意见无法律依据。

云南省昆明市中级人民法院依照《中华人民共和国民事诉讼法》第一百七十条第一款第一项之规定，作出如下判决：

驳回上诉，维持原判。

【法官后语】

代理制度作为一项重要的民事法律制度，是商品经济及工商业高度发展的产物，具有辅助功能和延伸功能，是私法自治的扩张和补充，有效延展了个人的行为空间。《中华人民共和国民法总则》第七章对代理制度做出规定，并在第一百六十七条对违法代理做出规定，但现有规定对违法代理的责任性质、具体责任范围都尚未做出明确规定，故诉讼过程中当事人对代理人应否承担责任及相应的责任范围争议较大。在认定违法代理责任及其范围时，有以下几个重点。

1. 违法代理的责任性质。目前主要的观点有合同责任说、侵权责任说、缔约过失责任说。笔者认为，缔约过失责任说虽然有其合理之处，但对代理行为本身违反侵权责任法或物权法等情形（例如，代理人接受委托进行拆迁，但拆迁行为不符合相关规定而违法），法理上尚不能做出较为圆满的解释。结合产生违法代理责任的一般形式可知，主张违法代理责任通常以信赖利益损害或财产损害的实际发生作为前提，实质是对损害后果的一种救济，故而侵权责任说相对合同责任说而言更为符合法理。

2. 违法代理的认定问题。违法代理行为的“违法”，应当理解为违反法律强制性规定的行为或者事项，此处的强制性规定既包含效力性强制性规定，也包含管理性强制性规定，且此处的法律应作适当广义理解，包含行政法规。

3. 违法代理应当承担的责任范围。因违法代理责任应当以损害发生作为前提，是对损害后果的救济，故对违法代理责任范围，应当结合代理人违法代理行为的过错程度，以及违法代理行为造成的实际损失等因素综合进行认定。对于与本案购房款类似的合同款退还问题，笔者认为若直接认定合同款属于相对人所受损失，一方面可能与代理人过错不相适应，另一方面也可能会增加民事代理制度的实践成本，继而对民事代理制度产生负面影响。所以，除有证据证明委托人已无款项退还能力或委托人没有收到相应款项等情形外，合同款退还问题应当作为合同无效后的必然法律效果进行处理，不宜一律由委托人和代理人承担连带责任。这样可以对民事代理制度起到一定的保护作用，并达成较好的社会效果及法律效果。

同时，若代理人或委托人及时采取补救行为避免损害发生（例如，本案中合同签订后昆都公司及时取得预售许可证），或代理行为没有造成任何实际损害，则应当依据民事损害赔偿有损害方有救济的基本法理，对相对人主张的损害赔偿责任不予支持。

最后，若相对人知道该代理行为或者代理事项违法，仍进行相应行为时，则应当注意审查相对人与代理人之间的行为本身是否违法。若相对人与代理人之间的行为本身违法，则该违法行为导致的损害不应受到法律保护；若相对人与代理人之间的行为并不违法，则应当审查相对人对损害后果是否存在故意或过失，并依据过错相抵原则，对代理人与被代理人所负责任进行免除或者减轻。

编写人：云南省昆明市五华区人民法院　宋杰　刘志恒

42

未经抵押权人同意签订的房屋买卖合同也可合法有效

——泮某智、陈某燕诉张某秋房屋买卖合同案

【案件基本信息】

1. 裁判书字号

山东省德州市中级人民法院（2018）鲁14民终844号民事判决书

2. 案由：房屋买卖合同纠纷

3. 当事人

原告（被上诉人）：泮某智、陈某燕

被告（上诉人）：张某秋

【基本案情】

2012年7月28日，泮某智、陈某燕、张某秋就案涉房屋签订房屋买卖合同。因泮某智、陈某燕于2011年已将案涉房屋抵押给齐河农村信用社办理了贷款，故泮某智、陈某燕、张某秋约定贷款250000元由张某秋负责按时偿还。但是自2012年7月开始张某秋一直未按期偿还贷款，泮某智、陈某燕个人信用报告中已显示多次贷款逾期。截止到二审期间，案涉房屋仍处于抵押权预告登记状态。泮某智、陈某燕认为未经房屋抵押权人同意签订的房屋买卖合同无效，故起诉至法院，请求法院确认房屋买卖合同无效，并判令张某秋退还房屋。

【案件焦点】

1. 案涉房屋买卖合同的效力如何认定；2. 泮某智、陈某燕主张张某秋退还房屋是否有事实和法律依据。

【法院裁判要旨】

山东省德州市齐河县人民法院经审理认为：依法成立的合同，自成立时生效。违反法律、行政法规强制性规定的，合同无效。本案的争议焦点问题为：（1）泮某智、陈某燕、张某秋签订的房屋买卖合同是否成立并生效；（2）泮某智、陈某燕主张张某秋退还房屋有无事实和法律依据。针对第一个争议焦点，本案中买卖双方签订房屋买卖合同处置涉案房屋，并未取得预告登记权利人山东齐河农村商业银行股份有限公司晏城支行的同意，不发生物权效力。且根据法律规定，抵押人未经抵押权人同意，不得转让抵押财产，但受让人代为清偿债务消灭抵押权的除外。在本案中张某秋也未按其本人承诺还清房屋贷款。故双方签订的房屋买卖合同违反了法律的强制性规定，合同应属无效。针对第二个争议焦点，根据前段论述，双方签订的房屋买卖合同违反了法律的强制性规定，合同无效。合同因无效解除后，双方互负返还义务。泮某智、陈某燕主张张某秋返还房屋于法有据，应予支持。

山东省德州市齐河县人民法院依照《中华人民共和国合同法》第五十二条、第五十八条，《中华人民共和国物权法》第二十条、第一百九十一条第二款，《中华人民共和国民事诉讼法》第三十九第一款、第一百五十二条之规定，作出如下判决：

一、原告泮某智、陈某燕与被告张某秋2012年7月28日签订的房屋买卖合同无效；

二、被告张某秋于本判决生效之日起三十日内将位于齐河县富华苑6号楼3单元1702室房屋及储藏室腾空后返还给原告泮某智、陈某燕；

三、原告泮某智、陈某燕于本判决生效后三十日内退还被告张某秋购房款350127.84元。

张某秋不服一审判决，提起上诉。山东省德州市中级人民法院经审理认为：本案的争议焦点为：（1）案涉房屋买卖合同的效力如何认定；（2）泮某智、陈某燕主张张某秋退还房屋是否有事实和法律依据。

关于案涉房屋买卖合同的效力问题，二审法院认为，案涉房屋买卖合同有效。理由如下：

首先，《中华人民共和国物权法》第十五条规定："当事人之间订立有关设立、变更、转让和消灭不动产物权的合同，除法律另有规定或者合同另有约定外，自合同成立时生效；未办理物权登记的，不影响合同效力。"本条区分了合同的效力和物权的效力。本案中双方基于案涉房屋买卖合同产生的是债权，并不能引起物权变动。案涉房屋买卖合同是否符合担保法、物权法规定的转让条件，仅影响物权变动的效力而非合同的效力。因泮某智、陈某燕与张某秋签订的案涉房屋买卖合同系双方真实意思表示，故合同自成立即生效。

其次，《中华人民共和国物权法》第一百九十一条规定："抵押期间，抵押人经抵押权人同意转让抵押财产的，应当将转让所得的价款向抵押权人提前清偿债务或者提存。转让的价款超过债权数额的部分归抵押人所有，不足部分由债务人清偿。抵押期间，抵押人未经抵押权人同意，不得转让抵押财产，但受让人代为清偿债务消灭抵押权的除外。"本条规定的是何种情形下，抵押人可以处分抵押物，本条的立法目的，是为保护抵押权人的权利，而非规范抵押物转让合同的效力，不宜据此确认转让合同的效力。

最后，《中华人民共和国合同法》第五十二条规定：“有下列情形之一的，合同无效：（一）一方以欺诈、胁迫的手段订立合同，损害国家利益；（二）恶意串通，损害国家、集体或者第三人利益；（三）以合法形式掩盖非法目的；（四）损害社会公共利益；（五）违反法律、行政法规的强制性规定。”《最高人民法院关于适用〈中华人民共和国合同法〉若干问题的解释（二）》第十四条规定，合同法第五十二条第五项规定的“强制性规定”，是指效力性强制性规定。合同只有违反效力性强制性规定才能产生无效的法律后果，而《中华人民共和国物权法》第一百九十一条是管理性规定而非效力性强制性规定，泮某智、陈某燕依据上述法律规定主张合同无效不能成立。

关于泮某智、陈某燕主张张某秋退还房屋是否有事实和法律依据的问题，因案涉房屋买卖合同有效，故泮某智、陈某燕基于合同无效而由张某秋退还房屋的请求，法院不予支持。至于案涉房屋买卖合同能否继续履行，合同当事人是否存在违约行为等，泮某智、陈某燕可另行主张。

一审法院在开庭之后发现本案不宜适用简易程序，依法转为普通程序进行审理，并向当事人邮寄送达了《转换程序通知书》，并无不当。简易程序转为普通程序的原因是案件情况复杂，并非是对案件重新开始审理，仅为程序的转变，简易程序审理期间体现证据交换及代理人的意见的庭审笔录仍然能够作为普通程序案件的依据。故，一审法院不存在严重违反法定程序的情形。

山东省德州市中级人民法院依照《中华人民共和国物权法》第十五条、第一百九十一条，《中华人民共和国合同法》第十条、第五十二条，《最高人民法院关于适用〈中华人民共和国合同法〉若干问题的解释（二）》第十四条，《中华人民共和国民事诉讼法》第一百七十条第一款第二项，作出如下判决：

一、撤销山东省齐河县人民法院（2017）鲁 1425 民初 1733 号民事判决；

二、驳回泮某智、陈某燕的诉讼请求。

【法官后语】

司法实践中，当事人通常搞不清债权、物权的概念，将二者混为一谈。本案详细阐述了对《中华人民共和国物权法》第十五条、第一百九十一条的理解与适用，是一篇很好的普法案例。

《中华人民共和国物权法》第十五条规定："当事人之间订立有关设立、变更、转让和消灭不动产物权的合同，除法律另有规定或者合同另有约定外，自合同成立时生效；未办理物权登记的，不影响合同效力。"该条明确区分了合同效力、物权变动效力的不同，即买卖双方自愿针对抵押房产签订的《房屋买卖合同》是双方真实意愿表示，自成立即生效，该合同是否符合担保法、物权法规定的转让条件，仅影响物权变动效力而非合同效力。且该合同产生的是债权，并不能引起物权变动。

《中华人民共和国物权法》第一百九十一条规定："抵押期间，抵押人经抵押权人同意转让抵押财产的，应当将转让所得的价款向抵押权人提前清偿债务或者提存。转让的价款超过债权数额的部分归抵押人所有，不足部分由债务人清偿。抵押期间，抵押人未经抵押权人同意，不得转让抵押财产，但受让人代为清偿债务消灭抵押权的除外。"该条规定了抵押人在何种情形下可以处分抵押物，该条的立法目的是保护抵押权人的权利，而非规范抵押物转让合同的效力，该条是管理性规定而非效力性强制性规定。故未经抵押权人同意签订的房屋买卖合同并不符合《中华人民共和国合同法》第五十二条规定的合同无效的情形。

我国物权法明确规定，物权的设立、变更、转让和消灭，不动产以登记为准，动产已交付为准。同时，我国物权法也对合同效力和物权效力作出明确区分，物权变动无法实现的，并不因此影响合同的效力。而评判合同的效力，则需要依照合同法的规定，来判断是否符合合同无效的法定情形。

不仅是普通民众，一些法院也有以下错误认识。一是认为未经抵押权人同意，抵押期间卖方无权处分抵押不动产，处分行为无效；二是认为《中华人民共和国物权法》第一百九十一条是对合同的强制性规定，由此认定买卖合同无效。作者揣测这两种错误认识的原因，第一种是混淆了物权变动效力和合同效力的概念，没有意识到其区别；第二种是没有正确理解法条的适用条件，没有结合立法目的深层次考虑法律适用效果。

编写人：山东省德州市中级人民法院　刘玉福　尚敏

43

无权代理人订立房屋买卖合同效力问题及违约责任的认定

——陈某根诉刘某清、严某英房屋买卖合同案

【案件基本信息】

1. 裁判书字号

福建省福州市中级人民法院（2018）闽01民终9463号民事判决书

2. 案由：房屋买卖合同纠纷

3. 当事人

原告（被上诉人）：陈某根

被告（上诉人）：刘某清

被告：严某英

第三人：台江区江世麦田房产中介所（以下简称麦田中介所）、福建麦田房产经纪有限公司（以下简称麦田经纪公司）

【基本案情】

2018年5月11日，严某英（代理人）代其女儿刘某清（甲方）与陈某根（乙方）在麦田中介所、麦田经纪公司的服务下，就买卖讼争房屋签订了《居间服务合同》《房屋买卖合同》及《交易服务合同》。《房屋买卖合同》就成交价款、违约条款等进行了约定。同日，严某英还签署了一份《产权人及共有权人未到场声明》，主要内容为……本人保证代理签订前述合同的行为已取得上述产权人口头授权，另保证上述产权人在前述合同签订后三十日内向交易服务方提供上述产权人委托本人签订前述合同的授权确认函或委托本人出售该房屋的公证委托书。因有其他共有权人对该房屋主张权利而导致前述合同被认定无效的，或因上述产权人在前述合同签订后三十日内未向交易服务方提供上述产权人委托本人签订前述合同的授权确认函亦未向交易服务方提供上述产权人委托本人出售该房屋的公证委托书

而导致前述合同被认定无效或被撤销的，本人应向买方支付赔偿金人民币500000元整并应向居间方支付相当于在前述合同有效（或未被撤销）的情形下应付佣金同等金额的赔偿金人民币146280元整。同时，陈某根作为买方，在该声明上签名确认。陈某根依约将购房保证金交由麦田经纪公司保管。2018年5月29日，麦田经纪公司向严某英发出《履约通知函》，要求严某英提供身份证原件以供核对。2018年6月19日，麦田经纪公司向刘某清发出《告知函》，要求刘某清提供授权严某英签订房屋买卖相关合同的授权确认函或公证委托书。2018年6月22日，麦田经纪公司再次向刘某清发出《履约通知函》，要求刘某清提供授权严某英签订房屋买卖相关合同的授权确认函或公证委托书。刘某清陈述其并未收到上述函件。严某英当庭确认有收到此三份函件，但由于并不识字，故不知晓函件内容。此外已向陈某根退还了购房保证金245000元。本交易所涉的居间费亦已经退还。

【案件焦点】

1.《房屋买卖合同》《居间服务合同》《交易服务合同》是否成立及生效；2.严某英构成无权代理还是表见代理及其应当承担何种责任。

【法院裁判要旨】

福建省福州市台江区人民法院经审理认为：严某英以其女儿刘某清的名义与陈某根签订《房屋买卖合同》《居间服务合同》《交易服务合同》，本案陈某根的举证尚不足以证明严某英签订上述合同的行为得到了刘某清的授权。因此严某英的行为属于无权代理。诉讼中，陈某根认为，即使严某英是无权代理，由于陈某根、居间方、交易服务方均有理由相信严某英有代理权，故本案也可构成表见代理。所谓表见代理，是指行为人虽无代理权，但由于被代理人的行为，造成了足以使善意第三人相信其有代理权的表象，而与善意第三人进行的，由被代理人承担法律后果的代理行为。根据本案查明的事实，严某英是刘某清的母亲，持有刘某清的房产证，并且配合看房，但仅此因素，并不能得出陈某根在签约时有理由相信严某英有代理权的结论。陈某根主观上虽为善意，但存在过失，其在签约时未对严某英的代理权限进行谨慎的审查，在严某英无法出具书面授权委托书的情况下，听信严某英的单方承诺，有明显的过失。因此本案并不符合表见代理的构成要件。

根据《中华人民共和国合同法》第四十八条第一款的规定，严某英签订的《房屋买卖合同》未经刘某清的追认，对刘某清不发生效力。因此，刘某清无需依照《房屋买卖合同》的约定承担民事责任。

严某英签署的《产权人及共有权人未到场声明》，应认定为严某英与陈某根达成的协议，合法有效。根据其中的约定，严某英应当依约承担向陈某根支付违约赔偿金50万元的责任。对于严某英提出的违约赔偿数额过高的意见，一审法院认为，涉案房屋为特定物，选购满意的房产、最终签订房屋买卖协议需要耗费较多精力和时间，在刘某清拒绝追认之后，陈某根难以在较短的时间内重新找到价格合适、地段类同的房子，加之福州市区房产的价格涨幅较快，在严某英未能提供证据证明双方自愿议定的违约金显著高于陈某根的损失的情况下，一审法院对于其调低违约金的请求不予支持。严某英提出的其不识字，文化水平低等辩解，并不能作为免除违约责任的合法理由，一审法院不予采纳。如前所述，上述《房屋买卖合同》对刘某清并无法律效力，陈某根请求刘某清与严某英连带赔偿违约金50万元，缺乏法律和事实依据，一审法院不予支持。

福建省福州市台江区人民法院依照《中华人民共和国合同法》第四十八条、第一百一十四条第一款，以及《最高人民法院关于适用〈中华人民共和国民事诉讼法〉的解释》第九十条规定，作出如下判决：

一、严某英应于本判决生效之日起十日内向陈某根支付违约金50万元；

二、驳回陈某根的其他诉讼请求。案件受理费8800元，由陈某根负担800元，由严某英负担8000元。

严某英不服一审判决，提起上诉。福建省福州市中级人民法院经审理认为：严某英主张其对案涉合同及声明的内容不能完全知晓并理解，是在陈某根及中介方的话语引导下签订案涉合同及声明，但其作为完全民事行为能力人，应当知道其签字行为所产生的法律后果，其提出的系文盲的辩解，不属于法定的免责事由，且未提供证据证明系受他人诱导签署案涉合同及声明的情况下，严某英应承担举证不能的法律后果。

《中华人民共和国合同法》第三十九条规定："格式条款是当事人为了重复使用而预先拟定，并在订立合同时未与对方协商的条款"。《产权人及共有权人未到场声明》系严某英与陈某根在案涉房屋产权人未到场的情况下，对案涉《房屋买卖合同》可能无法获得产权人追认而对追认期限及双方权利义务单独进行的协商所订立的契约，故严某英主张该声明系格式合同依据不足，不予采信。《产权人及共有权人未到场声明》系严某英的真实意思表示，不违反法律规定，应属合法有效，一审法院根据该声明，判令严某英赔偿陈某根50万元违约金并无不当，予以维持。

福建省福州市中级人民法院依照《中华人民共和国民事诉讼法》第一百七十条第一款第一项之规定，作出如下判决：

驳回上诉，维持原判。

【法官后语】

一、无权代理与无权处分行为认定标准

无权处分行为是指无处分权人处分他人财产，并与相对人订立处分财产合同的行为。在无权处分行为中包含行为人处分财产的行为及因行为人处分财产的行为而使行为人与相对人订立合同。如果行为人是以他人的名义实施的处分行为，虽然没有获得他人的授权，但仍构成无权代理，而不构成无权处分。本案中，严某英与刘某清系母女关系，其在居间方、交易服务方服务下，与陈某根签订《房屋买卖合同》《居间服务合同》《交易服务合同》均是以刘某清的名义而非其本人，且在《房屋买卖合同》的补充协议中约定严某英应于案涉本合同签订后三十日内向交易服务方提供刘某清的委托授权材料，故严某英的行为构成无权代理。关于是否构成表见代理的问题，表见代理，是指行为人虽无代理权，但由于被代理人的行为，造成了足以使善意第三人相信其有代理权的表象，而与善意第三人进行的，由被代理人承担法律后果的代理行为。本案中，严某英系刘某清的母亲，持有刘某清的房产证，并且配合看房，但仅此因素，并不能必然得出陈某根在签约时有理由相信严某英有代理权的结论，且本案中存在《产权人及共有人未到场声明》，故本案不符合表见代理的构成要件。根据《中华人民共和国合同法》第四十八条第一款的规定，严某英签订的《房屋买卖合同》未经刘某清的追认，对刘某清不发生效力。

二、合同成立与合同生效认定标准

缔结合同的双方当事人经过要约、承诺，就合同的主要条款达成意思表示一致，合同成立。合同的生效，是指合同具备一定的要件便能产生法律上的约束力。

合同成立后不当然地就有法律约束力，只有生效后才对当事人产生法律上的约束力。本案中，严某英与陈某根签订的案涉合同，系双方意思表示一致，合同成立，但因刘某清拒绝追认，该合同无效。在不构成表见代理亦无权利人追认的情况下，双方所订立的合同无效。《最高人民法院关于适用〈中华人民共和国合同法〉若干问题的解释（二）》第十三条尽管是对表见代理的规定，但其精神亦可适用于狭义无权代理的情况。即对于无权代理人的责任，根据缔约上过失责任予以解释更为合理。第一，无权代理人在合同订立过程中存在过失，其知道或应当知道其无代理权，仍然以财产权利人名义从事代理行为，应对其过失承担责任；第二，无权代理人在从事无权代理行为时，违背基于诚实信用原则所产生的忠实、诚实等随附义务，并已给相对人造成损失；第三，由于财产权利人拒绝追认无权代理行为，无权代理人所订立的合同被宣告无效。本案中，严某英明知未取得刘某清的授权，仍与陈某根订立合同，违背了诚实信用原则，给陈某根造成损失，应当承担缔约过失责任。一审判决严某英向陈某根支付违约金是基于双方签订的《产权人及共有权人未到场声明》中约定的内容，该声明系严某英与陈某根在案涉房屋产权人未到场的情况下，对案涉《房屋买卖合同》可能无法获得产权人追认而对追认期限及双方权利义务单独进行的协商所订立的契约，声明中不仅对严某英的权利义务进行明确约定，也对陈某根在一定期限内行使撤销权进行限制。对于严某英辩解其系文盲故其所签订的合同及声明均属无效的主张因不属于法定的免责事由，在其未提供证据证明其系受他人诱导签署上述合同及声明的情况下，其应当承担举证不能的后果。二审法院基于严某英与刘某清的亲属关系、持有房屋产权证且在其单独订立的《产权人及共有权人未到场声明》中明确约定了契约双方的权利义务的情况下维持原审判决，判令违约方承担违约责任的判决合理合法，且具有良好的指导意义与作用。

编写人：福建省福州市中级人民法院　陈奇

44

子女代父母签订房屋买卖合同，不能仅凭近亲属关系便认定构成表见代理

——汪某龙诉季某友等房屋买卖合同案

【案件基本信息】

1. 裁判书字号

四川省邛崃市人民法院（2018）川0183民初1077号民事判决书

2. 案由：房屋买卖合同纠纷

3. 当事人

原告：汪某龙

被告：季某友、刘某兰、季某

【基本案情】

季某友、刘某兰系夫妻关系，有一女季某。2017年10月，刘某兰将其单独所有的位于邛崃市临邛镇东星大道352号1栋2单元5层8号的房屋挂于中介机构准备出售。2018年1月11日，刘某兰在境外旅游时，季某以自己和母亲刘某兰的名义在中介处将房屋卖于汪某龙，并以中介机构提供的填充格式合同文本，与汪某龙签订了房屋买卖合同，该房屋买卖合同的主要内容为，出售方（甲方）：季某友、刘某兰、季某，购买方（乙方）：汪某龙，汪某龙以366000元的价格购买上述房屋，合同第7条约定违约责任："甲方若不卖得壹赔贰给乙方……"，该房屋买卖合同甲方签字处为，季某签名、捺印，刘某兰（代）签名、捺印；乙方签字处为，汪某龙签名、捺印。合同签订后，汪某龙给付季某购房定金20000元。后刘某兰表示其对季某与汪某龙签订房屋买卖合同的情况不知情，并未授权季某与汪某龙签订房屋买卖合同，也未对该合同予以追认，因此该合同是无效的。季某友认为，自己没

有签订过房屋买卖合同，房屋也不是自己的。季某认为，自己是受了中介所的欺骗而与汪某龙签订的合同，中介所的工作人员通知其签订合同，称其母同意了，但当时刘某兰在境外旅游，无法联系，刘某兰并未委托季某与汪某龙签订房屋买卖合同。故汪某龙起诉至法院，请求法院判令解除与季某友、刘某兰、季某签订的房屋买卖合同；退还定金人民币20000元，并赔偿违约金40000元。

【案件焦点】

女儿以母亲的名义签订合同的行为是否构成表见代理。

【法院裁判要旨】

四川省邛崃市人民法院经审理认为：该案的争议核心在于近亲属在无授权的情况下，签订的房屋买卖合同是否构成表见代理。在本案中，主要涉及三个问题：其一是签订该房屋买卖合同的主体问题。虽然合同载明出售方系季某友三人，但签字处只有汪某龙和季某的签字，刘某兰为季某代签，故签订该房屋买卖合同的主体为汪某龙与季某、刘某兰。其二是季某的行为是否构成表见代理。构成表见代理需存在使相对人相信代理人享有代理权的事实和理由，并且要求相对人善意且无过错。从该房屋买卖合同的形式上看，季某代签刘某兰，是以被代理人名义订立的合同，但在明知案涉房屋系刘某兰单独所有，季某无任何授权委托的情况下，仅凭季某系刘某兰女儿的事实就认定季某有代理权，不符合表见代理的构成要件。同时，按照交易习惯，汪某龙及中介机构应当知道买卖房屋应当与具有房屋处分权的出卖人签订合同，作为房屋买受人，汪某龙应有起码的审查、注意义务，汪某龙与季某签订房屋买卖合同的行为，有一定过错。故季某以刘某兰名义签订房屋买卖合同的行为，不构成表见代理。其三是合同效力的问题。根据《中华人民共和国合同法》（以下简称《合同法》）第一百三十二条第一款规定，出卖人对标的物应当具有合法正当的处分权，季某对该房屋并无处分权，但本案特殊性在于季某系刘某兰之女，而季某又代签了刘某兰，这就涉及前述表见代理的效力的问题，而本案案涉合同不存在《合同法》第五十二条规定的合同无效的法定情形，也没有第五十四条规定的合同可变更、撤销的法定情形，因此，本案案涉合同是有效的，只不过因前述原因导致合同无法实质履行。故对汪某龙提出请求解除合同的主张，法院予以支持，并作出判决如下：

解除汪某龙与季某、刘某兰（代）签订的《房屋买卖合同》，由季某返还汪某龙定金20000元，并按照年利率6%计算资金占用利息。

【法官后语】

本案的处理要点在于子女代替父母签订房屋买卖合同是否构成表见代理？其中涉及生活常识与法律认定冲突的问题。现实生活中，近亲属代为签订买卖合同的情况并不鲜见，进行形式上追认的也并不多见，多以实际履行的形式完成了合同的过程。但是在该案中，女儿代替母亲签订了母亲个人所有的房屋买卖合同，母亲在事前并无书面形式上的授权，事后也并无书面或者口头形式上的追认行为，导致合同不能履行，酿成诉争。这是与一般人的生活认知存在一定偏差的，通常情况下，人们会理所当然地认为女儿代替母亲签订合同，是合情合理的，但在法律框架下，近亲属代为签订的合同，并不必然构成表见代理，这需要一定的形式要件，即构成表见代理需存在使相对人相信代理人享有代理权的事实和理由，并且要求相对人善意且无过错，在本案中，仅凭季某系刘某兰女儿的事实就认定季某有代理权，不符合表见代理的构成要件。

在该案中，汪某龙作为善意的买受人，其自身也存在一定的过错。首先，他明知房屋登记在刘某兰名下，且本人当时在国外无法到场，却与季某签订买卖合同。其次，对于中介机构的沟通情况，并未予以核实确认季某是否取得了母亲的授权。在庭审中，季某辩称自己是中介打电话通知自己，说母亲让她代为签订合同，但因为当时母亲在国外，未再次联系上，自己是受到了中介的欺骗。作为专门从事二手房买卖的中介机构，理应知道买卖房屋，应由买卖双方亲自到场画押确认，但却只是通过电话沟通的形式便邀请卖售人的女儿到场进行签字确认，不管房屋所有人有无真正通过电话口头授权，其处理方式也欠妥，导致在庭审中，汪某龙并无证据可证明季某得到了母亲刘某兰的授权，自身未尽到审慎的注意义务。

在本案中，还涉及合同签订缴纳的定金处理问题，因为汪某龙在诉请中已明确要求解除与刘某兰的买卖合同，这与刘某兰本人的意见一致，但是涉及的定金问题，鉴于汪某龙本身具有一定过错，承办法官认为宜作返还处理，且不适用罚金原则。

编写人：四川省邛崃市人民法院　徐俐

八、房屋确权纠纷

45

基于诚实信用形成的民间交易式房屋买卖应当受到法律保护

——刘某仲诉朱某驷房屋买卖合同案

【案件基本信息】

1. 裁判书字号

四川省内江市中级人民法院（2018）川10民终45号民事判决书

2. 案由：房屋买卖合同纠纷

3. 当事人

原告（被上诉人）：刘某仲

被告（上诉人）：朱某驷

【基本案情】

被告朱某驷与其妻徐某英婚后生育朱某梅、朱某玲、朱某莲。被告于1993年12月21日购买罗道文所有的位于资中县重龙镇迎宾路16号附××号房产（原产权证号：BAA0008117－1），房屋价格10900元，并于1994年5月16日取得该房所有权（房屋所有权证：资中府发房权民A字第0008117号，所有权人朱某驷，房屋建筑面积70.43平方米）。被告之妻徐某英于1997年3月因病死亡。被告朱某驷于1998年将其所有的位于资中县重龙镇迎宾路16－××号房产出卖给原告刘某仲，房屋价款28000元，被告朱某驷于1998年11月4日向原告出具了购房款28000元的收条一份，并将房屋所有权证、土地使用权证、房屋等交付给了原告，且原告使用该房至今。但双方一直未办理房屋产权变更登记。现原告请求确认诉争房屋归原告所有，并要求被告履行房屋产权过户手续，被告以房屋买卖无效等为由拒绝办理产权变更登记。

【案件焦点】

1. 原、被告双方的房屋买卖行为是否合法有效；2. 被告是否应当履行房屋过户义务。

【法院裁判要旨】

四川省内江市资中县人民法院经审理认为：根据《中华人民共和国物权法》第三十九条“所有权人对自己的不动产或者动产，依法享有占有、使用、收益和处分的权利”的规定。本案诉争房屋所有权证上所登记的产权人为被告朱某驷，因而被告朱某驷于1998年将诉争房屋出卖给原告刘某仲属行使物权的合法行为。根据《最高人民法院关于适用〈中华人民共和国合同法〉若干问题的解释（二）》第二条“当事人未以书面形式或者口头形式订立合同，但从双方从事的民事行为能够推定双方有订立合同意愿的，人民法院可以认定是以合同法第十条第一款中的‘其他形式’订立的合同。但法律另有规定的除外”的规定。同时，根据《中华人民共和国合同法》第三十六条“法律、行政法规规定或者当事人约定采用书面形式订立合同，当事人未采用书面形式但一方已经履行主要义务，对方接受的，该合同成立”的规定，本案原、被告虽未订立书面房屋买卖合同，但从被告出具给原告的购房款收据及将房屋所有权证、土地使用权证、房屋等交付给原告刘某仲实际占有、使用18年之久，足以认定双方不仅具有房屋买卖的合意，而且也能证明原、被告双方已形成了房屋买卖事实，故原、被告之间的房屋买卖合法有效。被告以其侵害了继承人权益处分本案讼争房屋的行为无效的抗辩主张于法无据，不予支持。

原告按约向被告履行了交付房款义务，被告理应按约向原告履行房屋产权变更登记义务，被告未履行义务的行为构成违约。根据《中华人民共和国合同法》第一百零七条“当事人一方不履行合同义务或者履行合同义务不符合约定的，应当承担继续履行、采取补救措施或者赔偿损失等违约责任”的规定，被告朱某驷依法应当承担向原告协助办理房屋产权变更的义务。综上所述，原、被告之间房屋买卖合法有效，原告诉请讼争房屋归其所有，并要求被告履行房屋产权变更登记的请求符合法律规定，应当予以支持。

四川省内江市资中县人民法院依照《中华人民共和国物权法》第三十九条，《中华人民共和国合同法》第十条、第三十六条、第一百零七条的规定，作出如下判决：

一、位于资中县重龙镇迎宾路16－××房产（房屋所有权证：资中府发房权民A字第0008117号，房屋建筑面积70.43平方米）归原告刘某仲所有；

二、被告朱某驷在本判决生效之日起三十日内协助原告刘某仲办理房屋产权变更登记。

朱某驷不服一审判决，提起上诉。四川省内江市中级人民法院经审理认为：本案的主要争议焦点是本案双方当事人是否存在房屋买卖合意及效力。根据本案查明的事实，朱某驷于1998年11月4日收取刘某仲购房款28000元并出具收条；同时，朱某驷将登记在自己名下的资中府发房权民A字第0008117号房屋建筑面积70.43平方米房屋权属证明交由刘某仲实际占有该房；朱某驷及其子女在此期间无证据表明对刘某仲占有、使用争议房产提出过异议；也无证据表明刘某仲明知争议房产存在产权争议，即无证据表明刘某仲购买上述争议房产存在恶意。从以上事实可证明刘某仲与朱某驷存在买卖争议房产的合意，且于购买时支付了合理兑价、刘某仲实际占有、使用争议房产近二十年，利害关系人均未提出过异议。因此，一审判决认定刘某仲与朱某驷房屋买卖合法有效，并判决由出卖人朱某驷协助过户并无不当。朱某驷的上诉理由不能成立，不予支持。综上所述，朱某驷的上诉请求不能成立，应予驳回；一审判决认定事实清楚，适用法律正确，应予维持。

内江市中级人民法院依照《中华人民共和国民事诉讼法》第一百七十条第一款第一项、第一百七十五条的规定，作出如下判决：

驳回上诉，维持原判。

【法官后语】

本案的发生可以说是必然，而造成本案必然发生的原因主要是基于以下两个因素：一是民间交易习俗更易衍生法律风险。在当时，人民群众对法律的认知和重视程度普遍不高，法治社会建设尚未完善，平常的社会交往中，礼俗、习俗、道德等因素成了最重要的社会控制手段，而对上述因素的推崇远高于法律。本案中，原、被告基于社会交易习俗，在分别交付购房价款、房产产权证书及房屋后认为已经完成了整个交易过程，却忽视了最为重要的变更房屋登记信息这一事项，从而为纠纷发生埋下伏笔。二是利益驱动下凸显出契约意识不强。此案中最为异常的“事实”就是被告已经实际占有使用房屋近二十年，原告及其亲属在此期间从未向原告主张过任何权利。为了查明案件事实，办案法官在走访调查时发现本案中诉争房屋不久前被纳入拆迁范围，拆迁部门依据房屋登记信息联系原告签署拆迁补偿协议。这一重要情况就让这一切看起来顺理成章了，原告在“补偿款”的诱惑下，抛弃“诚信”、撕毁契约，凸显出其在利益驱动下的契约意识不强。

本案判决主要有两点启示：一是法官在办理案件中要全面深入了解案情，查明事实。人民法院在办理案件时，应当竭尽全力查明案件事实，尤其对违反常理的“事实”必须刨根问底，查清来龙去脉。只有在客观全面了解案情的情况下，才能挖掘出当事人之间纠纷产生的原因及诱因，更好地去解决纠纷，真正地化解当事人之间的矛盾，维护当事人的合法权益，使案件经得起历史的检验。二是既要维护当事人合法权益更要注重社会诚信体系构建。囿于我国特殊历史环境，许多人在经济活动中通常会按照民间交易习俗等方式进行交易，而此类交易行为本身大多都存在一定的瑕疵，这些瑕疵则会在利益诱惑下成为矛盾纠纷发生的“引信”，最终使得契约被撕毁，这与我们国家当前构建的社会诚信体系背道而驰。因此，在社会主义法治尚未全面完善的今天，人民法院在办案时必须对案件进行全面研判，基于真正的事实作出裁判，对恶意毁约者坚决说不，营造良好的社会风气，构建诚信的社会体系。

编写人：四川省内江市资中县人民法院　杜小文

46

因借贷关系查封房屋在房屋买卖关系之前，房屋归属如何认定

——周某卫诉宋某堂、吴某美房屋买卖合同案

【案件基本信息】

1. 裁判书字号

山东省滨州市中级人民法院（2019）鲁16民终364号民事判决书

2. 案由：房屋买卖合同纠纷

3. 当事人

原告（上诉人）：周某卫

被告（被上诉人）：宋某堂、吴某美

第三人：李某

【基本案情】

被告宋某堂与被告吴某美系夫妻关系，二被告与原告周某卫于2013年4月15日签订《房屋买卖合同》一份，被告宋某堂、吴某美（出卖方）将位于无棣县经贸委棣新一路16号2单元×××室的楼房一套以330000元的价格转让给原告周某卫，原告周某卫于2013年4月17日向其转账330000元，房屋的所有权人仍为二被告，至今并未办理涉案房产变更登记手续。原告周某卫于2017年12月22日申请对涉案房屋进行查封。2012年二被告向第三人李某借款410000元，第三人于2013年4月22日向法院提起诉讼，法院于2013年6月21日出具（2013）棣民初字第729号民事判决书，对二被告向原告借款410000元予以确认，并依据第三人申请对二被告涉案房屋进行了查封，第三人李某于2014年1月8日申请强制执行，至今涉案房屋仍处于司法查封状态。原告周某卫申请证人杨某辉出庭作证，证实杨某辉曾受原告周某卫委托看管过涉案房屋。第三人李某申请被告宋某堂的姐夫王某博出庭作证，证实宋某堂出走前让王某博将涉案房屋的钥匙交给第三人李某，目前涉案房屋由第三人李某出租给案外人居住。

【案件焦点】

因借贷关系查封房屋在房屋买卖关系之前，房屋归属如何认定。

【法院裁判要旨】

山东省滨州市无棣县人民法院经审理认为：原被告签订的《房屋买卖合同》系其双方真实意思表示，且不违反法律、法规的强制性规定，合法有效，故对于原告周某卫要求确认原告与二被告之间签订的《房屋买卖合同》有效的诉讼请求，法院予以确认。不动产的设立、变更、转让和消灭，经依法登记，发生效力，未经登记，不发生效力，但法律另有规定的除外。给付不能是指实际给付的内容为不能，给付不能发生不履行（原）债务的效力。本案中，原告周某卫与被告宋某堂、吴某美已签订了《房屋买卖合同》，但未办理房屋过户手续，虽然杨某辉受原告周某卫委托看管过涉案房屋，但房屋的所有权并未转移，涉案房屋仍归二被告所有。第三人李某已于2013年申请对涉案房屋进行财产保全，涉案房屋目前处于司法查封状态，由第三人李某实际支配涉案房屋，原告周某卫要求二被告继续履行合同、协助办理过户手续，存在客观不能的情形，构成给付不能。原告周某卫仍然坚持要求二被告继续履行合同并办理房产变更登记手续。故，对原告周某卫要求二被告继续履行《房屋买卖合同》并办理产权变更登记手续的诉讼请求法院不予支持。原告周某卫关于二被告给付违约金的主张，因双方签订的合同中未约定违约责任的承担方式，故，对此主张法院不予支持。

山东省滨州市无棣县人民法院依照《中华人民共和国合同法》第四十四条、第一百一十条，《关于人民法院办理执行异议和复议案件若干问题的规定》第二十八条，《中华人民共和国物权法》第十五条之规定，判决：

一、确认原告周某卫与被告宋某堂、吴某美签订的《房屋买卖合同》有效；

二、驳回原告周某卫的其他诉讼请求。

周某卫提起上诉。山东省滨州市人民法院判决：驳回上诉，维持原判。

【法官后语】

现实中，以出借款项而赚取利息的情况普遍存在，借款方为了自己出借的款项得到保障，会让借款方提供担保，借款方就与出借方签订《房屋买卖合同》，合同签订后，出借方向借款方支付合同约定的价款，利息均是口头约定，他们把利息变成合法的方式就是在合同中约定违约金，如果借款方按期偿还本金及利息，那么此合同就会被撕毁，如果借款方未按约定偿还本金及利息，出借方就会以房屋买卖合同纠纷诉至法院，要求房屋过户并承担违约金。出借方都是以转账的方式进行汇款，表面上证据确凿，如果法院依据表面证据判决出借方胜诉后，出借方甚至赚取的更多。这样的借款方往往出现一个问题，借款方会多次向不同的人借款，和不同的人签署《房屋买卖合同》，但是房屋确是同一套房产。

本案中，与这种情况类似，第三人于2013年4月22日以民间借贷纠纷向法院提起诉讼，二被告向第三人借款时，第三人称也签署过《房屋买卖合同》，因本案起诉时间间隔较长，提交的系合同复印件，同时第三人也对房屋进行了查封，转入执行阶段后，房屋也一直在查封状态。上诉案件属于债权范畴。原告于2017年11月9日以房屋买卖合同纠纷向法院提起诉讼，原告于2017年12月22日申请对涉案房屋进行查封，二被告于2013年4月15日签订《房屋买卖合同》，价款33万元，原告以转账的方式将款项汇入被告账户，现原告起诉，要求房产过户等，本案属于物权纠纷，在原告提交的转账交易明细中，同日内，就有八笔银行往来记录，数额高达400万元，有可疑之处，加之原告住址在北京，我们有理由相信这是利用房屋买卖关系而掩盖真实的民间借贷关系，但是如果判决认定为民间借贷关系，还是有一定的难度，因为不能凭法官以为是或猜测而判案，案件的证据均证实原告的主张，证据链也完整。另一角度来看本次案件，原被告仅是签订了《房屋买卖合同》，但并未办理案件的过户等物权变更的手续，因为不动产的设立、变更、转让和消灭，经依法登记，发生效力，未经登记，不发生效力，所以，物权并未变更，涉案房屋现仍归二被告所有。第三人既然起诉在前，查封在前，现原告要求办理房产过户等变更手续已不能实现，其不主张变更诉求的情况下，本案只能确定《房屋买卖合同》有效，原告的其他诉讼请求予以驳回。

本案对于民间借贷纠纷与房屋买卖合同纠纷发生冲突时，如果债权纠纷查封在前，导致物权纠纷的目的不能实现，在原告不变更诉求的前提下，仅认定签署的合同有效，其他诉求不再予以支持。

编写人：山东省滨州市无棣县人民法院　梁敏

47

借名买房情形下房屋产权归属

——芦某林诉刘某霞案外人执行异议之诉案

【案件基本信息】

1. 裁判书字号

河南省安阳市中级人民法院（2018）豫05民终1182号民事判决书

2. 案由：案外人执行异议之诉

3. 当事人

原告（上诉人）：芦某林

被告（被上诉人）：刘某霞

第三人：芦某国

【基本案情】

安阳市龙安区人民法院在执行刘某霞诉芦某国民间借贷纠纷一案中，裁定查封被执行人芦某国名下位于海南省澄迈县老城开发区美桃岭地段天赐海尚居E3幢1-×××号房产一套，案外人芦某林提出书面执行异议。2017年8月24日，龙安区人民法院裁定驳回案外人芦某林的异议。芦某林不服该执行裁定提起诉讼。

2010年3月6日，芦某国与海南省怡康置业有限公司签订商品房买卖合同一份，约定买受人芦某国购买位于海南省澄迈县老城开发区美桃岭地段（天赐海尚居）第E3幢1单元×××住房一套，付款方式为：签订合同当日付清首期房款411463元，余款93万元通过银行按揭贷款支付。2010年4月29日，芦某国与中国工商银行股份有限公司海口海甸支行签订《个人购房借款/担保合同》一份，约定贷款人将93万元贷款一次性划入海南怡康置业有限公司账户，指定借款人在贷款人处开立的个人结算账户作为还款账户。2014年1月7日，该房产登记在芦某国名下（澄房权证老城私字第10939号）。芦某林主张，涉案房产系其借用了芦某国的名义购买，不动产登记簿的价值与真实权利状态不符，房产相关的任何费用，包括首付款、契税、维修基金、燃气入网安装费、乡镇安装工料费等费用均系芦某林支付；每月按揭贷款费用也是由芦某林通过第三人的按揭银行卡账号缴纳，房产真实权利人为芦某林。但经查明，购房合同的签订者及按揭还贷账户均系芦某国，芦某林提供的证据仅证明其对争议房产的购买存在部分出资关系，不能证明所有款项均系其支付，也不足以证明其与原审第三人芦某国之间存在借名买房的约定。另，芦某国与芦某林二审中均承认“借名买房”的动因，系为规避国家税收和限购政策。

【案件焦点】

1. 上诉人芦某林对涉案房屋是否有足以排除人民法院强制执行的民事权益；2. 涉案房屋的所有权归属。

【法院裁判要旨】

河南省安阳市龙安区人民法院经审理认为：根据《最高人民法院关于适用〈中华人民共和国物权法〉若干问题的解释（一）》第二条规定，当事人有证据证明不动产登记簿的记载与真实权利状态不符、其为该不动产物权的真实权利人，请求确认其享有物权的，应予支持。但原告提供的证据不足以证明自己的主张。理由如下：首先，从公示状态及银行按揭贷款人来看，案涉房屋登记在被执行人芦某国名下，购房合同的签订者及按揭还贷账户均系芦某国。其次，从购买过程来看，2010年9月3日芦某国与房地产开发公司签订了商品房买卖合同，并由芦某国向银行按揭贷款支付房贷；原告虽提供大量银行转账明细，并不能反映出芦某林向芦某国银行卡转账偿还房贷的完全一一对应关系。最后，原告虽提供证据拟证明该房产首付款系由其公司支付，部分房贷月供也系源于芦某林，且芦某国亦认可己方未曾出资；但原告与芦某国系同胞兄弟关系，同时也不能排除原告与芦某国之间存在其他经济关系，以及逃避强制执行的合理怀疑。不动产登记簿具有推定物权效力，而原告提供的证据不足以否定不动产登记簿记载的事实，故对原告要求确认其对案涉房产具有所有权及排除执行的相关诉讼请求不予支持。综上所述，依照《中华人民共和国民事诉讼法》第六十四条第一款、第三百二十七条，《最高人民法院关于适用〈中华人民共和国民事诉讼法〉的解释》第三百一十一条、第三百一十二条的规定，判决：

驳回原告芦某林的诉讼请求。

芦某林持原审意见提起上诉。河南省安阳市中级人民法院经审理认为：

上诉人于原审提供的证据证明其在与争议房产所属同一小区购买另一房产，其提供的证据仅证明其对争议房产的购买存在部分出资关系，不能证明所有款项均系其支付，也不足以证明其与原审第三人芦某国之间存在借名买房的约定。且上诉人与原审第三人均称涉案房屋属于国家政策限制购买的房屋，借名买房是为规避国家限购政策，已违反国家利益及社会公共利益，由此产生的风险理应自行承担。对于其购买争议房产的出资，上诉人可另行主张权利。综上，原审驳回上诉人的诉讼请求，并无不当。上诉人的上诉请求缺乏事实及法律依据，法院不予支持。依照《中华人民共和国民事诉讼法》第一百七十条第一款第一项之规定，判决：

驳回上诉，维持原判。

【法官后语】

本案的争议焦点为涉案房屋是否归原告实际所有，从而足以排除对该房产的强制执行。在近年来房地产宏观调控政策实施的大背景下，为规避税收、限购、限贷等调控政策，本案所涉及的借名买房现象在现实中大量存在，由此引起的民事纠纷也日益增多。我国现有的不动产相关法律中没有具体的针对此问题的解决方法，因借名买房而引发的纠纷往往出现同案不同判的现象，因此对借名买房行为相关法律问题进行研究有很强的理论及实践意义。

一、借名买房情形下房屋权属认定

借名买房情形下房屋产权的认定，一方面要认定借名买房合同的效力，另一方面需分析房屋登记的影响。

（一）借名买房合同的效力

依据私法自治原则，若当事人双方就借名买房事宜意思表达真实一致，且不存在《中华人民共和国合同法》以及《中华人民共和国民法总则》规定的合同无效的具体情形，借名买房合同应具有法律效力。此时，借名买房行为类似隐名代理行为，实际出资人即借名人为被代理人，名义付款人即出名人是代理人，《中华人民共和国合同法》第四百零二条和第四百零三条的规定在一定程度上承认了隐名代理。借名买房合同的性质类似于委托合同，名义付款人本着为自己以及实际出资人牟利的目的而以其自己名义为实际出资人购买房屋。但借名购买经济适用房的合同严重规避法律、政策，因而无效；为逃避债务，恶意串通损害债务人的借名买房合同无效。

（二）借名买房的物权归属

在借名买房合同合法有效的情况下，对于借名购买的房屋，在是否存在房屋所有权的真实权利状态与登记状态不一致，是否借名人实际上应为该房屋的真实权利人，从而应当据此确认借名人为房屋所有权人的问题上，实践中主要存在两种观点：

一种观点为“物权说”。该观点认为，如根据当事人提供的购房款支付、房贷的偿还、双方之间关于借名买房记所有权归属的约定等证据，能够证明在双方之间形成了借名买房关系，则当事人之间的真实意思是借名人购买房屋并取得所有权，被借名人虽然根据相应的房屋买卖合同等文件被登记为房屋所有权人，但这并非当事人的真实意思表示，据此作出的权属登记因此而不具有原因行为的基础，从而导致最终形成的登记权利状态与真实权利状态不一致，此时，不动产登记簿的权利推定力将因有证据证明权属的真实状态而遭到否定。根据《最高人民法院关于适用〈中华人民共和国物权法〉若干问题的解释（一）》第二条规定，当事人有证据证明不动产登记簿的记载与真实权利状态不符的，其为该不动产物权的真实权利人，请求确认其享有物权的，应予支持。

另一种观点为“债权说”。该观点认为，在借名买房中，借名人与出名人之间关于房屋所有权归属的约定虽真实有效，但只能约束合同双方当事人，没有直接设立房屋所有权的法律效力，借名人不能根据借名买房协议的约定直接取得房屋所有权。并且，出名人与第三人之间的房屋买卖合同是真实有效的，已经基于这一基础法律关系完成了房屋所有权登记，故是唯一合法的房屋所有权人。如《北京市高级人民法院关于审理房屋买卖合同纠纷案件若干疑难问题的会议纪要》第十条规定，借名人以出名人（登记人）为被告提起诉讼，要求确认房屋归其所有的，法院应当向其释明，告知其可以提起合同之诉，要求出名人为其办理房屋过户登记手续。

二、执行异议之诉案件中借名买房权属认定

笔者认为在执行异议之诉案件中出现借名买房情形，应采取债权说来认定涉案房屋物权归属，亦即当案外人以借名买房为由，主张涉案房屋所有权，请求停止对房屋的强制执行时，不应当支持其诉讼请求。

这不仅是因为《中华人民共和国物权法》的规定，登记完成才标志着不动产物权变动的最终完成，因而借名人不是房屋的所有权人，其享有的仅是债权请求权，而非物权。更在于执行异议之诉中的借名买房涉及第三方，即申请执行人的利益。此时应该维持物权登记的推定力，保护第三人的利益。在借名买房行为中，借名人与出名人协商一致，使得事实物权和法律物权在进行房屋登记的时候相分离，该分离产生的法律风险应由当事人自行承担。相比于其意思自由，善意的申请执行人的合法权益更值得保护。

借名买房情形下，若当事人双方就借名买房事宜意思表达真实一致，且不存在《中华人民共和国合同法》以及《中华人民共和国民法总则》规定的合同无效的具体情形，其借名买房合同具有法律效力。但借名购买经济适用房的合同严重规避法律、政策，因而无效；为逃避债务，恶意串通损害债务人的借名买房合同无效。

《中华人民共和国物权法》确立了债权形式主义为主的物权变动模式，借名人与出名人之间关于房屋所有权归属的约定只能约束合同双方当事人，没有直接设立房屋所有权的法律效力，借名人不能根据借名买房协议的约定直接取得房屋所有权。因此在执行异议之诉案件中，借名登记约定不得对抗善意的申请执行人，案外人主张涉案房屋所有权，请求停止对房屋的强制执行时，应当驳回其诉讼请求。

编写人：河南省安阳市中级人民法院 秦现华 聂书全

48

尚未取得产权证的房屋请求所有权确认是否属于人民法院受案范围

——李某良诉李某华等所有权确认案

【案件基本信息】

1. 裁判书字号

四川省宜宾市中级人民法院（2018）川15民终765号民事裁定书

2. 案由：所有权确认纠纷

3. 当事人

原告（上诉人）：李某良

被告（被上诉人）：李某华、王某吉、李某龙、徐某惠

【基本案情】

李某生前与被告王某吉系夫妻，被告李某华、李某龙是李某与王某吉之子。1984年，原告以其爱人牟某惠的名义申请，经政府审核批准在原告承包地边缘修建了两间门面房及楼梯间。房屋于1986年竣工。几年后，李某、王某吉、李某华承租该房屋做粮食生意。1996年3月18日，李某与起诉人协商，以8万元的价格购买该承租房屋。次日，李某向原告出具8万元欠条，双方签订《门市转让补充协

议》约定：1. 在李某未付清门市转让款8万元之前，不得办理门市房地产权手续；2. 不得改变门市现状或者加盖楼层。2003年下半年，原告见李某经营状况不佳，多次催李某支付门市转让款和其他借款。李某无力支付，要求将两间门市抵还原告，担保其欠原告的8万元卖房款与其他6万元借款共计14万元，双方于2004年2月25日签订《借款抵押协议》，约定“乙方（李某、李某华）自签订协议之日起，原甲方（起诉人）卖给乙方的房屋抵押给甲方，若乙方不能还清欠款，则该房屋仍归甲方所有”。2004年3月20日，原告与李某结算其他借款，出具欠条，仍未支付现金。2004年4月2日，李某告知原告，他无力经营，也无力购买原告的房屋和偿还借款，只能归还门市，用门市上的物品作价1500元抵偿部分欠款。当天，李某将门市库存和门市钥匙交给原告，向其出具《抵债书》，原告认为此举足以证明两间门市的所有权已经完全归还给原告。2004年4月7日，江安县人民法院查封两间案涉门市。2004年5月，第三人徐某惠及其家人抢占两间门市。2005年，李某华、李某与王某吉因犯非法吸收公众存款罪被依法判刑。2017年5月25日，李某死亡。

【案件焦点】

1. 买受人对签订了房屋买卖合同并交付使用的房屋仅办理了案涉房屋的土地使用权证，后买受人出具《抵债书》，将该案涉房屋用作抵债退还给出卖人，出卖人能否请求所有权确认；2. 尚未取得产权证的房屋是否属于人民法院受案范围。

【法院裁判要旨】

四川省宜宾市江安县人民法院经审理认为：房屋的所有权以物权为基础，所有权确认纠纷是基于物的所有权状态下才产生，案涉房屋在办理产权登记前，未经最终测绘，无法对建筑物的方位、面积等数据进行确定和区分，故该房屋属于在法律上未确定的物，导致在法律层面上无法确定所有权。根据《中华人民共和国物权法》第九条第一款规定，案涉房屋的所有权未经依法登记而未确立，它属于现实中存在的有体物，但不属于法律权属状态下的“物”，不属于《中华人民共和国物权法》上所称的“物”，不应属于法院的主管范畴。本案诉争房产，应当先经过行政登记或确认程序之后，方可进行其他形式的处分。综上所述，在无法确认房屋合法性的情况下，不宜对房屋所有权作出确认，起诉人的诉讼请求不属于人民法院民事案件受案范围。

四川省宜宾市江安县人民法院依照《中华人民共和国民事诉讼法》第一百一十九条、第一百二十三条规定，裁定如下：

对李某良的起诉，法院不予予理。

李某良不服一审裁定，提起上诉。四川省宜宾市中级人民法院经审理认为：上诉人李某良在一审起诉时，请求法院依法确认其为诉争房屋所有权人。根据《中华人民共和国物权法》第十七条“不动产权属证书是权利人享有该不动产物权的证明。不动产权属证书记载的事项，应当与不动产登记簿一致；记载不一致的，除有证据证明不动产登记簿确有错误外，以不动产登记簿为准”之规定，本案诉争房屋经一审法院调查取得的证据显示并未办理房屋所有权证书，房屋土地使用权已明确为李某所有。因案涉房屋未办理房屋所有权证，其所有权的合法性不能确认，上诉人要求确认案涉房屋所有权的诉求，不属于人民法院民事案件的受案范围。

四川省宜宾市中级人民法院依照《中华人民共和国民事诉讼法》第一百七十条第一款第一项、第一百七十一条之规定，作出如下裁定：

驳回上诉，维持原裁定。

【法官后语】

本案处理重点主要在于对关于物权的诉权的理解。起诉人李某良认为根据《最高人民法院关于适用〈中华人民共和国物权法〉若干问题的解释（一）》第一条“因不动产物权归属以及作为不动产物权登记基础的买卖、赠与、抵押等产生争议，当事人提起民事诉讼，应当依法受理。当事人已经在行政诉讼中申请一并解决上述民事争议，且人民法院一并审理的除外”之规定，起诉法院应该受理。

《中华人民共和国物权法》的首要功能在于确定财产的归属，从而平息冲突与纷争。对于物权的归属确认，前提是该物权属于法律意义上的物权。值得说明的是，本案中，案涉房屋在未办理权属登记时就经过交易，买受人李某购买后办理了房屋的土地使用权证。之后，买受人又通过协议等形式约定将房屋抵债给出卖人（起诉人）。物权法本身就具有确立物权变动的规则，规范交易主体如何取得物权，实现交易目的的功能。起诉人既然要确认房屋所有权，那么在签订合同或协议时，则应该按照物权法的规定办理权属登记。本案李某虽然向李某良出具《抵债书》，并将门市库存和门市钥匙交给李某良，但因案涉房屋的所有权未经依法登记而未确立，它属于现实中存在的有体物，但不属于法律权属状态下的“物”，不属于《物权法》上所称的“物”，不应属于法院的主管范畴。故李某良的起诉，法院不予受理。

编写人：四川省宜宾市江安县人民法院　杨雨晴

49

同一集体组织成员之间宅基地房屋买卖的效力

——陈某娟诉章甲、章乙所有权确认案

【案件基本信息】

1. 裁判书字号

江苏省无锡市中级人民法院（2017）苏02民终4666号民事判决书

2. 案由：所有权确认纠纷

3. 当事人

原告（被上诉人）：陈某娟

被告（上诉人）：章甲、章乙

【基本案情】

1986年8月，章某良取得涉案房屋的农户建房用地审批表。1994年3月9日，陈某娟与章某良签订房屋买卖协议书一份，载明：“立协议人：章某良，陈某娟。章某良有座落在江阴市要塞镇绮山村，坐北朝南二间二层楼房二间付房之产权，出售给本组村民陈某娟作婚后用房。因章某良要照顾亲属生活，需搬迁至亲属处居住，故将以上房屋出售。经双方一致协商，特签订房屋买卖协议书如下：一、章某良愿将自己坐落于绮山村的坐北朝南二间二层楼房和二间付房之产权包括门窗和前后场地、铝合金窗仝都卖给陈某娟……三、房屋及其他不动产售价为人民币肆万壹仟捌佰捌拾捌元整，双方约定于1994年3月9号签字，签字之日先付人民币贰万

元整，余款让房之日全部付清，让房时间为1994年9月1号前搬迁让房。四、房屋出售后，今后如发生房屋产权纠纷和其他一切事宜均应由章某良负责。五、此协议签字后生效，今后双方不得悔改。”章某良、陈某娟在协议上签字，同时证明人姚某林、陈某良、陈某士、陈某才、章某良等也在上面签字。协议书签订当日，陈某娟支付了2万元，1994年9月初，章某良交付涉案房屋，陈某娟支付了剩余款项。此后陈某娟一直居住在涉案房屋中，并于2003年9月11日将户口迁入，但涉案房屋一直未取得房屋产权证。2010年2月12日，章某良去世。章某良未立遗嘱，除章甲、章乙外无其他法定继承人。因就涉案房屋的所有权归属与章甲、章乙产生纠纷，陈某娟起诉至人民法院。

【案件焦点】

1. 涉案房屋是否归陈某娟所有；2. 陈某娟的诉讼主张是否已过诉讼时效。

【法院裁判要旨】

江苏省江阴市人民法院经审理认为：根据《中华人民共和国物权法》第十五条的规定，当事人之间订立有关设立、变更、转让和消灭不动产物权的合同，除法律另有规定或者合同另有约定外，自合同成立时生效；未办理物权登记的，不影响合同效力。本案中，陈某娟、章某良于1994年3月9日签订了房屋买卖协议书，陈某娟履行了付款义务，章某良也按约交付了房屋，该房屋买卖协议书已成立并生效，且二者为同一集体组织的成员，该房屋买卖系在本集体经济组织成员内部的流转，并未被法律所禁止，故陈某娟据此享有对涉案房屋的所有权。另，双方争议的为物权纠纷，物权作为支配权，并非债权请求权，不适用诉讼时效的有关规定。章甲、章乙提出涉案房屋应由其所有、陈某娟的主张已过诉讼时效等抗辩，无事实和法律依据，不予采纳。综上。陈某娟的诉讼请求合法有据，应当予以支持。

据此，江苏省江阴市人民法院依照《中华人民共和国物权法》第十五条、第三十三条，《中华人民共和国民事诉讼法》第六十四条之规定，判决如下：

坐落于江阴市澄江街道绮山村的房屋为陈某娟所有。

宣判后，章甲、章乙不服判决，提起上诉。江苏省无锡市中级人民法院经审理认为：当事人之间订立有关设立、变更、转让和消灭不动产物权的合同，除法律另有规定或者合同另有约定外，自合同成立时生效；未办理物权登记的，不影响合同效力。本案中，陈某娟与章某良同属同一集体经济组织成员，签订的房屋买卖协议系双方真实意思表示，不违反法律、行政法规的强制性规定，应属合法有效，故涉案房屋归陈某娟所有。而且，涉案房屋自始未进行登记，买卖协议签订后，章某良亦未以该协议无效主张将涉案房屋登记至其名下，故不存在变更登记之必要。此外，陈某娟的诉请为物权类请求，故亦不存在诉讼时效问题。综上所述，章甲、章乙的上诉请求不能成立，应予驳回；一审判决认定事实清楚，适用法律正确，应予维持。依照《中华人民共和国民事诉讼法》第一百七十条第一款第一项规定，判决如下：

驳回上诉，维持原判。

【法官后语】

物权变动的区分原则是指发生物权变动时，物权变动的原因与物权变动的结果作为两个法律事实，它们的成立和生效依据不同的法律根据的原则。该原则即《中华人民共和国物权法》第十五条的基本精神，确立了基于法律行为的不动产物权变动中的区分原则。据此，当事人之间订立有关设立、变更、转让和消灭不动产物权的合同，未办理物权登记的，不影响合同效力。本案中，陈某娟、章某良于1994年3月9日签订了房屋买卖协议书，陈某娟履行了付款义务，章某良也按约交付了房屋，该房屋买卖协议书系双方当事人的真实意思表示，且不违反法律、行政法规的强制性规定，应确认有效。

此外，我国法律法规并不禁止同一集体经济组织内宅基地的流转。宅基地使用权是农村集体经济组织成员享有的权利，与享有者的特定身份联系在一起，非本集体经济组织成员无权取得。在保证农民集体土地不得用于非农村建设的框架下，限制农民转让宅基地或地上房屋，势必影响农村财产效益的发挥和农村经济的发展。近年来，随着房价节节攀升及社会主义新农村建设的进行，农村房屋买卖纠纷呈现上升趋势。再根据《中华人民共和国土地管理法》第六十二条第一款和第五款规定：“农村村民一户只能拥有一处宅基地，其他宅基地的面积不得超过省、自治区、直辖市规定的标准……农村村民出卖、出租住房后，再申请宅基地的，不予批准。”可以看出，土地管理法虽规定了“一户一宅”的宅基地使用原则，但并无禁止同一集体经济组织成员之间相互购买宅基地及地上房屋的强制性规定，且该法律规定非效力性规定，而属于管理性强制性规定。土地管理法并不禁止农民的宅基地流转，只是流转后不得再申请宅基地。本案中，陈某娟、章某良均为同一集体组织的成员，该房屋买卖系在本集体经济组织成员内部的流转，并未被法律所禁止，故陈某娟据此享有对涉案房屋的所有权。

编写人：江苏省江阴市人民法院　孙妍　谢冰谷

九、定金与违约金

50

法院确定违约金过高的调整标准

——曾某诉朱某红、陈某方房屋买卖合同案

【案件基本信息】

1. 裁判书字号

福建省厦门市中级人民法院（2018）闽02民终2493号民事判决书

2. 案由：房屋买卖合同纠纷

3. 当事人

原告（上诉人）：曾某

被告（上诉人）：朱某红、陈某方

第三人：中国农业银行股份有限公司厦门金融中心支行（以下简称农行金融支行）

【基本案情】

2015年12月6日，曾某、朱某红、陈某方及中介方亿莱公司三方签订一份《房产买卖协议书》（编号：0000022），约定：1. 朱某红、陈某方同意将其购买的坐落于厦门市集美区中海锦城国际13#楼10层××××室的房产（建筑面积96.79平方米）转让给曾某，上述房产成交总价共计1479000元整，本协议签订之日，乙方应支付购房定金人民币50000元整，并于本协议签订之日直接支付给甲方。2. 曾某于一手产权出证后提前解押注销当日向朱某红、陈某方支付人民币599000元

（含定金）；于曾某向银行贷款放款当日向陈某方、朱某红支付人民币880000元整；于2015年12月18日起，该房产的银行按揭余额，由曾某向银行支付。在产权过户到曾某名下之前，曾某必须每月按时足额支付甲方银行按揭余额（包括本金和利息）；如遇利息调整，多出或减少的利息由乙方承担，若未按时足额还款，将视为悔约，按十三条承担违约责任。3. 陈某方、朱某红应于2016年1月1日起将房产交付给乙方使用。4. 双方签订本协议后，除遇到不可抗力因素外，否则不得中途悔约。若被告中途悔约，应书面通知曾某，并自悔约之日起三日内退还曾某所支付购房款，同时向曾某支付该房产总价款的20%作为违约金，违约方须向守约方承担全部的中介费、诉讼费及律师费。5. 双方约定于一手产权出证并提前（解押）注销后五日内签订房管局提供的《厦门市存量房买卖合同》，并前往房管局办理交易登记手续。若任何一方违反上述约定，视为违约，每逾期一日，由违约方向另一方支付上述购房款的0.05%作为违约金。任何一方违约逾期15日以上仍未履约的，视为悔约，另一方有权解除协议，同时要求违约方承担相应违约责任。6. 若曾某不能按期向被告支付购房款或被告不能按期向曾某交付房产，每逾期一日，由违约方向对方支付购房款的0.05%作为违约金等其他内容。2015年12月6日，曾某通过银行汇款向朱某红支付购房定金50000元。2015年12月10日，曾某通过银行汇款向朱某红支付契税款、印花税款、产权登记费共计15218.88元。2015年12月6日，曾某通过银行转账方式向中介方亿莱公司支付了中介费27000元。曾某分别于2015年12月18日、2016年1月18日、2016年2月18日、2016年3月18日、2016年3月19日、2016年4月18日、2016年5月18日向朱某红转账支付4894.39元、4894.39元、4894.39元、4300元、92.1元、4392.1元、4392.1元，上述款项均用于支付讼争房屋的银行按揭款。2016年5月17日，曾某与朱某红电话联系时，朱某红明确向曾某表示不卖房子了。2016年5月25日，朱某红将原还按揭贷款的银行卡挂失，换取了一张新的银行卡还贷。从2016年6月起，讼争房产的按揭贷款由被告支付。2016年7月16日，朱某红告知曾某律师其换了新卡。2016年8月10日，曾某将购房首付款5490000元（扣除定金）存入法院银行账户。曾某因本案已支付律师费共计18000元。另，讼争房产已于2016年3月29日办理一手产权证，所有权登记在朱某红名下，朱某红与陈某方系夫妻关系。2016年8月8日，因朱某红、陈某方占有讼争房屋，曾某向厦门市公安局杏滨派出所报警。现讼争房屋因此纠纷处于被集美法院保全查封的状态，被告确认目前讼争房产由其占有。2013年7月12日，讼争房产设定了抵押权，权利人为农行金融支行，权利价值770000元。庭审时，农行金融支行表示对原被告之间的交易行为并不知情，但若判决由曾某代替被告向其提前清偿讼争房产尚欠的银行按揭贷款，其愿意配合履行。

【案件焦点】

1. 朱某红、陈某方是否构成违约；2. 违约金是否需要调整。

【法院裁判要旨】

福建省厦门市集美区人民法院经审理认为：本案系因卖方违约而主张判令卖方继续履行合同及支付违约金的房屋买卖合同纠纷。原被告签订的《房产买卖协议书》系双方真实意思表示，不违反相关法律法规的规定，合法有效，对各方具有法律约束力，双方当事人应按合同约定全面履行自己的义务。曾某已经按照协议的约定向被告支付定金50000元并支付了从2015年12月至2016年5月的房产按揭贷款，讼争房产也已于2016年3月29日办理一手产权证，原、被告双方签订的《房产买卖协议书》应当继续履行，故曾某主张继续履行上述协议于法有据，法院予以支持。关于被告称其子在该房产所在片区已经就读幼儿园，合同无法继续履行的说法，如前文所述，该情形并不构成不可抗力，法院对此不予采纳。关于被告称曾某亦构成根本违约，从2016年6月至今的讼争房产的按揭都是由被告支付的，被告有约定的合同解除权。一审法院认为，被告朱某红于2016年5月25日以挂失为由到银行换取新的银行卡偿还按揭贷款，却未通知曾某，致使曾某无法通过原来由被告提供的银行卡进行还贷，人为制造曾某还贷障碍使得讼争合同难以履行，该情况的产生，责任在于被告而非曾某，曾某并未违约，故被告该意见一审法院亦不予采纳。关于曾某主张的由其代被告向第三人农行金融支行提前清偿讼争房产尚欠的银行按揭贷款，第三人应予以配合收取并在按揭贷款清偿后配合办理讼争房产的抵押注销手续，根据《中华人民共和国物权法》第一百九十一条第二款的规定，抵押期间，抵押人未经抵押权人同意，不得转让抵押财产，但受让人代为清偿债务消灭抵押权的除外。本案讼争房产于2013年7月12日设定了抵押权，权利人为农行金融支行。现曾某主张代替被告提前清偿讼争房产尚欠的银行按揭贷款，而农行金融支行亦表示若判决由曾某代替被告向其提前清偿讼争房产尚欠的银行按揭贷款，其愿意配合履行，故为了使讼争合同得以继续顺利履行，法院对该诉讼请求予以支持。关于曾某主张的判令被告应在讼争房产抵押权注销后的五日内将讼争房产的产权转移登记至曾某名下，根据讼争合同第十五条的约定，双方约定于一手产权出证并提前（解押）注销后五日内签订房管局提供的《厦门市存量房买卖合同》，并前往房管局办理交易登记手续。现讼争房屋的一手产权证已于2016年3月29日办理完毕，登记于被告朱某红的名下，故曾某该主张符合合同约定，法院予以支持。关于请求被告支付逾期交房违约金（以购房款1479000元为基数，按照每日0.05%的标准自2016年8月8日起计算至被告实际交付房产之日止），法院认为，根据讼争合同第六条的约定，被告应于2016年1月1日起将房产交付给曾某使用。讼争合同第十四条约定，若被告不能按期向曾某交付房产，每逾期一日，由违约方向对方支付购房款的0.05%作为违约金。现被告于2016年8月8日占有讼争房产至今，违反合同约定未将房产交付给曾某，已构成违约，曾某主张合理有据，予以支持。关于要求被告支付违约金295800元（以购房款1479000元为基数，按照合同第十三条约定的20%计算，1479000元×20%＝295800元）的诉讼请求，根据《中华人民共和国合同法》第一百一十四条规定，当事人可以约定一方违约时应当根据违约情况向对方支付一定数额的违约金，也可以约定因违约产生的损失赔偿额的计算方法。约定的违约金低于造成的损失的，当事人可以请求人民法院或者仲裁机构予以增加；约定的违约金过分高于造成的损失的，当事人可以请求人民法院或者仲裁机构予以适当减少。一审法院认为曾某主张的该违约金，系对方根本违约并解除合同所应承担的违约金，如前文所述，法院已支持讼争合同继续履行及逾期交房违约金，若再适用讼争合同第十三条关于违约金的约定，则明显过分高于曾某因被告违约所造成的损失，有失公平。前文中，法院支持的逾期交房违约金已足以弥补曾某的损失，且陈某方、朱某红也认为违约金过高，故法院对该诉讼请求予以驳回。关于中介费损失及律师费损失，根据讼争合同第十三条的约定，任何一方违约，违约方须向守约方承担全部的中介费、诉讼费及律师费。如前所述，被告已构成根本违约，曾某依照合同约定向其主张中介费损失及律师费损失于法有据，予以支持。另，根据讼争合同第五条第四款约定，曾某于2015年12月18日起，该房产的原被告的银行按揭余额，由曾某向银行支付。现被告已自行支付了2016年6月起至今的讼争房产的按揭贷款，故曾某应将此期间的按揭款支付给被告，该款可于逾期违约金中予以抵扣。

福建省厦门市集美区人民法院根据《中华人民共和国合同法》第六十条第一款、第一百零七条、第一百一十四条，《中华人民共和国物权法》第一百九十一条第二款，《中华人民共和国民事诉讼法》第六十四条第一款、第一百四十四条之规定，判决：

一、朱某红、陈某方应于本判决生效之日起继续履行双方之间签订的《房产买卖协议书》；

二、曾某应于本判决生效之日起十日内代被告朱某红、陈某方向农行金融支行提前清偿讼争房产尚欠的银行按揭贷款，第三人应予以配合收取并在按揭贷款清偿后配合办理讼争房产的抵押注销手续；

三、朱某红、陈某方应在讼争房产抵押权注销后的五日内将讼争房产产权转移登记至曾某名下；

四、朱某红、陈某方应于本判决生效之日起七日内立即向曾某支付逾期交房违约金（以购房款人民币 1479000 元为基数，按照每日 0.05% 的标准，自 2016 年 8 月 8 日起计至被告实际交付房产之日止，并扣除被告从 2016 年 6 月起已经支付的讼争房产银行按揭贷款）；

五、朱某红、陈某方应于本判决生效之日起七日内向曾某支付中介费损失 27000 元及律师费损失 18000 元；

六、驳回曾某的其他诉讼请求。

曾某、陈某方、朱某红均不服提起上诉。厦门市中级人民法院经审理认为：根据《最高人民法院关于适用〈中华人民共和国民事诉讼法〉的解释》第三百二十三条规定："第二审人民法院应当围绕当事人的上诉请求进行审理。当事人没有提出请求的，不予审理，但一审判决违反法律禁止性规定，或者损害国家利益、社会公共利益、他人合法权益的除外。"本案二审围绕朱某红、陈某方和曾某的上诉请求进行审理。本案朱某红、陈某方与曾某签订的《房产买卖协议书》系双方当事人的真实意思表示，一审认定合法有效是正确的。朱某红于 2016 年 5 月 25 日以挂失的方式换取新卡，更换了卡号，但没有及时通知曾某，致使曾某无法通过原卡号偿还银行按揭贷款，根据一审法院查明的事实，以及朱某红申请换卡的方式及其在法庭的陈述，足以认定朱某红、陈某方存在故意更换讼争房产的按揭贷款银行卡，阻碍曾某依约支付按揭贷款，一审判决认定责任在朱某红、陈某方，符合事实。根据合同法第一百零七条款规定，当事人一方不履行合同义务或者履行合同义务不符合约定的，应当承担继续履行、采取补救措施或者赔偿损失等违约责任。一审法院根据查明的事实，认定朱某红、陈某方在合同履行过程中构成违约，根据曾某的诉讼请求，依法判决朱某红、陈某方承担违约责任，符合公平原则。至于曾某虽因朱某红故意更换卡号导致其不能向银行支付按揭贷款，一审判决认定曾某应将朱某红、陈某方已自行支付的2016年6月起至今的讼争房产的按揭贷款支付给朱某红、陈某方，并判决在逾期交房违约金中予以抵扣，并无不当。另外，根据曾某上诉理由和朱某红、陈某方的辩称，应当认定曾某支付的按揭款也属于总购房款的一部分，曾某可在支付剩余购房款给朱某红、陈某方时予以相应扣除，对此，双方可另行协商处理。朱某红、陈某方二审提供的证据，不足以证明其主张。综上所述，曾某和朱某红、陈某方的上诉请求均不能成立，应予驳回；一审判决认定事实清楚，适用法律正确，应予维持。依照《中华人民共和国民事诉讼法》第一百七十条第一款第一项规定，判决如下：

驳回上诉，维持原判。

【法官后语】

一、关于违约金的概念与特征

所谓违约金，是指根据法律的规定或者合同的约定，当一方当事人违约时，应当向对方当事人支付一定数额的金钱。违约金具有以下特征：一是违约金有两种，即法定违约金与约定违约金，前者由法律直接规定，后者由当事人约定。本条规定的违约金为约定违约金，允许当事人约定违约金，是合同自由原则的具体体现。二是违约金的数额由当事人预先约定。事先约定违约金，可以起到督促当事人履行合同的作用，因而具有担保债务履行的功效。三是违约金条款是在违约行为发生后才产生效力的条款。如果合同当事人没有违约行为，违约金条款也就不会产生效力，当事人也无需支付违约金。四是违约金的性质，分为补偿性与惩罚性两种。当约定的违约金高于损失但又不属于“过分高于”损失时，当事人不能请求予以减少，此时高于损失部分的违约金，就具有了惩罚性质。

二、违约金过高的调整

违约金具有补偿和处罚的双重性质，且以赔偿非违约方的损失为主要功能，故应以实际损失为基础，兼顾合同履行情况、当事人的过错程度以及预期利益等因素，根据公平原则、诚实信用原则予以衡量。对于违约金数额过分高于违约造成损失的，应当根据《中华人民共和国合同法》规定的诚实信用原则、公平原则，坚持以补偿性为主、以惩罚性为辅的违约金性质，合理调整裁量的幅度。本案中，被告故意更换讼争房产的按揭贷款银行卡，阻碍曾某依约支付按揭贷款，被告该行为构成违约，应承担违约责任。案涉房屋买卖合同约定，若被告中途悔约，应书面通知曾某，并自悔约之日起三日内退还曾某所支付购房款，同时向曾某支付该房产总价款的20%作为违约金并同时约定了逾期违约金为每逾期一日按照购房款的0.05%计算。曾某主张按照购房款的20%计算违约金，法院认为曾某已主张继续履行合同，且法院也支持了该诉请，双方约定的按照房产总价款20%的违约金应属于根本违约后解除合同的违约金赔偿；现法院已支持曾某主张的继续履行案涉合同，违约金的适用应按照逾期违约金的约定，若按照总房产20%计算，明显过分高于曾某的实际损失。

编写人：福建省厦门市集美区人民法院　洪一帆

51

房屋买卖合同解除后违约金可参照房屋差价损失确定

——陈某玲诉周某兰、许某德房屋买卖合同案

【案件基本信息】

1. 裁判书字号

福建省安溪县人民法院（2017）闽0524民初5010号民事判决书

2. 案由：房屋买卖合同纠纷

3. 当事人

原告：陈某玲

被告：周某兰、许某德

【基本案情】

周某兰与许某德系夫妻关系。2009年3月10日，周某兰向安溪鸿业房地产发展有限公司购买址在“鸿业嘉辉”第5幢4层×××号房，合同价款165000元，其中首付款85000元，剩余80000元向中国农行安溪支行办理按揭贷款。2009年3月22日，陈某玲与周某兰、许某德签订《房屋转让协议》，协议主要内容为：“甲方：周某兰 许某德　乙方：陈某玲　甲方将所购买的鸿业嘉辉第5栋405室转让给乙方。总价165000元，乙方一次性付清首次购房款85000元，余款80000元在农行办理按揭，月供由乙方承担；甲方在取得房屋产权所有证后将产权过户给乙方，过户费用由甲方承担……”协议签订后，陈某玲陆续支付给周某兰购房款85000元，周某兰、许某德将《商品房买卖合同》、销售不动产统一发票、契税免税证、个人借款凭证原件等手续交给陈某玲。2010年3月，安溪鸿业房地产发展有限公司直接向陈某玲交付房屋，该房屋由陈某玲负责装修，装修后占用该房屋至今。陈某玲按协议约定缴交银行按揭款至2017年7月。后因陈某玲逾期缴交银行按揭款，周某兰更换缴交银行按揭款银行账户，并逐月缴交涉案房产银行按揭款，计缴交5414.8元，现涉案房产尚欠银行按揭款42046.95元。审理过程中，经当事人申请，福建省安溪县人民法院委托福建鑫八闽价格鉴定评估有限公司对涉案房产进行评估，价格评估结论意见：安溪县“鸿业嘉辉”第5幢4层×××号房产及室内装修现有价值在评估基准日的评估价格为517918元。据此，原告陈某玲于2017年10月10日向法院提起诉讼，请求：1. 解除陈某玲与周某兰、许某德签订的《房屋转让协议》；2. 周某兰、许某德支付陈某玲购房款465000元（涉案房产按评估价517918元退给周某兰、许某德，扣除尚欠银行按揭款47000元及赔偿周某兰、许某德5000元违约金）。

【案件焦点】

房屋买卖合同解除后，能否按照房屋差价损失来确定违约方所应赔付的违约金。

【法院裁判要旨】

福建省安溪人民法院经审理认为：陈某玲与周某兰、许某德签订的《房屋转让协议》系三方真实意思表示，对三方当事人均有法律约束力。陈某玲与周某兰、许某德均同意解除《房屋转让协议》，故确认解除上述协议。因陈某玲未能按合同约定按期缴纳银行按揭款，其行为已构成违约，故陈某玲应支付周某兰、许某德相应的违约金。协议解除后，周某兰、许某德应补偿陈某玲对价为：房产估价517918元－尚欠按揭款42046.95元－周某兰缴交银行按揭款5414.8元－违约金。因陈某玲与周某兰、许某德对违约金没有明确约定，故违约金应当相当于因陈某玲未按期缴纳银行按揭款所造成的损失。该损失应参照周某兰、许某德已缴交银行按揭款5414.8元及协议解除后尚需缴交银行按揭款42046.95元所对应的房屋增值部分来确定。根据公平原则和诚实信用原则，可以酌情确定陈某玲应支付周某兰、许某德违约金75000元。综上，协议解除后，周某兰、许某德应补偿陈某玲对价395456.25元。

福建省安溪县人民法院依照《中华人民共和国合同法》第九十三条、第九十七条、第一百零七条、第一百一十二条、第一百一十三条规定，作出如下判决：

一、解除陈某玲与周某兰、许某德于2009年3月22日签订的《房屋转让协议》；

二、周某兰、许某德应于本判决生效之日起十日内补偿陈某玲395456.25元。以址在“鸿业嘉辉”第5幢4层405号房作为抵押的贷款尚欠款项由周某兰、许某德负责偿还，陈某玲应于本判决生效之日起十日内将《商品房买卖合同》、销售不动产统一发票、契税免税证、个人借款凭证原件交给周某兰、许某德；

三、驳回陈某玲的其他诉讼请求。

【法官后语】

本案的主要争议焦点在于：房屋买卖合同解除后，能否要求参照房屋差价损失赔付违约金？第一种观点认为房屋买卖合同解除后，合同溯及消灭，守约方的损害赔偿请求权亦归于消灭。第二种观点认为合同溯及消灭，虽不影响守约方请求赔偿其信赖利益，但作为可得利益的房屋差价损失不属于损害赔偿范围，故不能参照房屋差价损失赔付违约金。第三种观点认为房屋买卖合同解除后虽然合同溯及消灭，但房屋差价损失已确实发生，应当支持房屋差价损失的赔付。

笔者同意第三种观点，理由如下：

第一，房屋买卖合同的解除不溯及赔偿请求权，更符合公平正义原则。合同解除后，既存合同关系自始，当事人之间的状态回复到合同签订之前。但是当事人之间的状态回复仅能及于“物之原状”，无法及于守约方付出的时间成本、机会成本。若是将合同解除的法律效力及于守约方的赔偿请求权，无疑是对守约方的不公平。《最高人民法院关于当前形势下审理民商事合同纠纷若干问题的指导意见》第八条规定：“……合同解除后，当事人主张违约金条款继续有效的，人民法院可以根据合同法第九十八条的规定进行处理。”这说明我国立法在损害发生范围内对合同解除的溯及力进行了限制，以保护守约方的合法权益。因此，房屋买卖合同的解除不应溯及守约方赔偿请求权。

第二，按房屋差价赔付违约金，更有利于均衡当事人的权益。房屋买卖合同较一般买卖合同不同，即守约方若要达到合同履行后的利益状态必然要以当前市场价格购入或卖出房屋。由于房地产市场是波动的，当前房屋市场价格往往与房屋买卖合同签订时当事人双方约定的价格存在差距。一方面，这种差距是守约方可得利益的直接体现。房屋买卖合同的解除系违约方的违约行为使得合同的履行在事实上或法律上已经不可能，致使合同不得不解除。这种情况下，合同的解除并非出于守约方自愿，也并非继续履行将对守约方产生不利。因此，按照房屋差价损失来赔付违约金，有利于维护守约方的合法权益。另一方面，这种差距是违约方违约的利益驱动所在。特别是在房价暴涨、暴跌的情况下，房屋差价将远高于守约方的信赖利益。因此，若是将违约金限定在信赖利益而不及于可得利益，违约方所需支付的违约金有可能远低于房屋差价，这不利于遏制、惩戒违约行为。

房屋差价损失的确定，可以参照以下方式：若当事人就房屋差价损失有约定或者事后协商达成一致，则应当尊重当事人的意思自治，按当事人的约定确定：若当事人无约定或者未能协商一致，则可比照最相类似房屋（同幢相同楼层及户型，相邻幢同楼层及户型，相邻区域内房屋）市场成交价与房屋买卖合同成交价的差额来确定；也可以通过委托专业机构进行评估来确定房屋差价损失。在司法实践中，确认房屋差价损失时还应综合考虑守约方的履约情况、双方当事人是否采取措施防止损害扩大、守约方是否存在损益相抵等因素，并对房屋差价损失酌情予以调整。

本案中，原告陈某玲在缴纳银行按揭款时无故逾期缴纳致使被告周某兰产生银行个人信用不良记录，其行为明显违反了合同约定。在原告陈某玲与被告周某兰、许某德就解除合同、补偿房屋差价的情况下，就原告陈某玲的违约行为所造成的损失应当参照房屋差价来进行确定。否则，在原告陈某玲获得房屋差价补偿的情况下，仅要求其赔偿被告周某兰、许某德的信赖利益，明显有失公平。因此，承办人在确定违约金时参照房屋差价酌情调整是正确的。

编写人：福建省泉州市安溪县人民法院　苏亚东　黄月治

52

房屋买卖合同纠纷中应注重甄别“套路贷”

——胡某峰诉季某娣、范某琪房屋买卖合同案

【案件基本信息】

1. 裁判书字号

江苏省无锡市中级人民法院（2017）苏02民终4907号民事判决书

2. 案由：房屋买卖合同纠纷

3. 当事人

原告（上诉人）：胡某峰

被告（被上诉人）：季某娣、范某琪

【基本案情】

季某娣与范某琪系母子关系，二人共有一套位于江苏省无锡市某安置小区的房屋，该房屋系二人的唯一住房。

2016年5月30日，胡某峰与季某娣、范某琪签订《房产转让协议》，约定季某娣、范某琪以25万元的价格将共有房屋出售给胡某峰。该协议中，凡季某娣、范某琪名字处，均捺有二人手印。

同日，胡某峰通过江苏银行向范某琪转账10万元，季某娣、范某琪向胡某峰出具《收条》，内容为：本人收到胡某峰借于本人的人民币现金10万元。同样，该收条上凡季某娣、范某琪名字处，均捺有二人手印。季某娣、范某琪也于当日将涉

案房屋以现状交付胡某峰。

2016年10月26日，胡某峰向法院起诉要求将涉案房屋过户至其名下。一审中，经司法鉴定，涉案房屋在双方签订转让协议当天的市场价格为737900元。

【案件焦点】

1. 本案中双方进行房屋交易的真意是什么；2. 如何认定本案涉案房屋买卖协议的效力。

【法院裁判要旨】

江苏省无锡市滨湖区人民法院经审理认为：虽然胡某峰与季某娣、范某琪就涉案房屋签订了书面的《房产转让协议》，但双方之间并非真实的房屋买卖关系，主要理由为：从合同形式上看，涉案房屋的转让协议上到处捺有范某琪和其母亲季某娣的手印，明显有别于正常的房屋买卖，却与当下的小额民间借贷的做法相似。再者，范某琪和季某娣出具的收条中明确载明的是“本人收到胡某峰借于本人的人民币10万元”，印证了借贷关系的说法；从交易过程看，涉案房屋交易本身也存在诸多疑点。首先，涉案房屋转让协议中仅约定了出卖人的交房义务以及违约责任，却没有约定买受人的付款时间和违约金责任；其次，签订涉案房屋的转让协议当天、在约定的房款一半都未付足的情况下，出卖人当即交付了涉案房屋；最后，涉案房屋是带有装修的房屋。双方竟然未对涉案房屋内的装修、电器以及水电煤进行交割，就径行交接；从购房价格看，涉案房屋在交易时的市场价格为737900元，胡某峰仅以不到一半的价格购买该房屋，明显违背市场交易的规律。

基于以上分析可知，虽然胡某峰与季某娣、范某琪名义上签订了房屋转让协议，但双方之间的真实意思表示并非进行房屋买卖。根据法律规定，民事法律行为意思表示要真实。因此，案涉《房产转让协议》依法应当确认为无效。

江苏省无锡市滨湖区人民法院依照《中华人民共和国民法总则》第一百三十三条、第一百四十三条，《中华人民共和国合同法》第八条、第五十四条、五十五条，《最高人民法院关于民事诉讼证据的若干规定》第二条之规定，作出如下判决：

驳回胡某峰的诉讼请求。

胡某峰不服一审判决，提起上诉。江苏省无锡市中级人民法院经审理认为：双方当事人通谋的虚假意思表示不具有法律效力。本案中，双方当事人虽签订了房屋买卖协议，但成交价严重低于市场价。在这种不合理情况下，一审法院结合涉案房屋转让协议的具体内容、付款、房屋交割的具体情形、涉案收条关于借款的明确表述、双方陈述等，综合认定双方的真实意思表示不是房屋买卖，体现了一审判决对真实法律关系的甄别，并无不当。

江苏省无锡市中级人民法院依照《中华人民共和国民事诉讼法》第一百七十条第一款第一项之规定，作出如下判决：

驳回上诉，维持原判。

【法官后语】

当前，民间借贷纠纷与房地产买卖纠纷交织的情形越来越常见。在房屋买卖合同纠纷中，审理者发现存在一些以虚构房屋买卖合同关系，实则以侵占他人房屋为目的的“套路贷”虚假诉讼案件。此类案件涉人民群众安身立命的房产，关系民生，在群众中反响也较为恶劣，应予以足够重视。

基于“套路贷”极大的危害社会性和损害司法权威，在房屋买卖合同纠纷中，应当注重审查买卖房屋双方的真实意思表示，从而甄别真实的法律关系。鉴于“套路贷”的极强隐蔽性，审理者可以从以下几点进行突破：一是从主体入手，重点审查原告是否存在诸多关联借贷案件，是否属于职业放贷人或帮手；二是从交易行为入手，重点审查买卖双方的交易行为是否符合一般二手房的交易习惯和特征，尤其是在房款交接、房屋交接方面是否有悖常理；三是从被告抗辩入手，重点审查被告签订买卖协议的真实意图。对抗辩双方系民间借贷关系或套路贷的，应主动扩大职权调查范围，对双方的认识经过、流水走向以及社会关系等情况进行调查，增加内心确信。

本案即为比较典型的“套路贷”。虽然审理中没有将借贷关系展开审查，但仅从虚假的房屋买卖关系中就能够看出诸多的不合常理。民事行为的成立基于当事人的真实意思表示，如果双方以虚假的意思表示实施的交易行为，应当认定为无效。本案中，从被告的抗辩入手，结合涉案房屋转让协议的内容、付款、房屋交割的具体情形，认定双方真实意思表示非房屋买卖，从而驳回了原告的诉讼请求。

编写人：江苏省无锡市滨湖区人民法院　周飞

53

房屋买卖合同违约金调整的司法适用

——薛某林、李某诉李某兰房屋买卖合同案

【案件基本信息】

1. 裁判书字号

北京市第二中级人民法院（2018）京02民终1734号

2. 案由：房屋买卖合同纠纷

3. 当事人

原告（上诉人）：薛某林、李某

被告（被上诉人）：李某兰

第三人：程某、北京链家房地产经纪有限公司（以下简称链家公司）

【基本案情】

2016年8月14日，程某（出卖人）与薛某林（买受人）、李某（共同买受人）签订了《北京市存量房屋买卖合同》，约定薛某林、李某购买程某所有的位于北京市丰台区万芳园二区11号楼2层×××号房屋，建筑面积87.94平方米，该房屋成交价格为412万元，该房屋家具、家电、装饰装修及配套设施设备等作价46万元，定金为8万元，由买受人直接支付给出卖人；双方协商一致，甲方承诺于2016年9月30日前将该房屋交付给买受人，且自本合同签订之日起140日内，双方共同向房屋权属登记部门申请办理房屋权属转移登记手续。同日，程某（甲方/出卖方）与薛某林、李某（乙方/买受方）、链家公司（丙方/居间方）签订了《补充协议》，约定：交易房屋价款及家具家电、装饰装修和配套设施作价总计458万元整，此价格为甲方净得价，不含税；乙方于2016年8月14日将定金8万元自行支付甲方。该补充协议第四条违约责任约定："2. 甲方若出现下列情形之一的，甲方构成根本违约，且乙方有权以书面通知的方式解除房屋买卖合同……（4）拒绝将该房

屋出售给乙方或者擅自提高房屋交易价格的……甲方出现上述根本违约情形之一的，甲方应在违约行为发生之日起十五日内，以相当于该房屋总价款的20%向乙方支付违约金；丙方收取乙方的所有费用不予退还，由甲方直接赔付乙方。”此外，程某、薛某林、李某及链家公司还签订了《居间服务合同》《买卖定金协议书》等。上述合同签订当日，薛某林、李某通过银行转账的方式向程某支付定金8万元。

同日，程某作为甲方、薛某林与李某作为乙方、链家公司作为丙方、李某兰作为丁方共同签订了《变更出售方协议书》，约定：甲、乙双方经丙方居间介绍，就甲方名下位于丰台区万芳园二区11号楼2层×××号之房屋达成交易，并于2016年8月14日签署了《交易合同合订本》《补充协议》，甲、乙、丁三方协商一致，甲、乙双方就上述房屋交易所签署的《北京市存量房屋买卖合同》项下的甲方的权利义务全部转移于丁方，丁方同意受让前述合同项下的全部权利义务；甲、乙、丙、丁四方协商一致，甲、乙、丙三方就上述房屋交易所签署的《补充协议》项下的甲方的权利义务全部转移于丁方，丁方同意受让前述合同项下的全部权利义务。

2016年9月21日及9月26日，李某兰通过程某告知薛某林、李某不同意再继续履行上述《北京市存量房屋买卖合同》《补充协议》，亦拒绝提供银行卡以办理网签手续。2016年9月30日，李某兰向薛某林、李某退还了定金8万元。

2016年10月21日，薛某林、李某以李某兰为被告、程某、链家公司为第三人提起房屋买卖合同纠纷的民事诉讼，要求被告支付拒绝出售房屋违约行为的违约金916000元及中介费用124260元。北京市丰台区人民法院于2016年12月9日作出判决，该判决认为薛某林、李某以《补充协议》第四条第二款为据，仅要求被告支付违约金，赔偿中介费，不要求解除合同，不符合适用该条约定的条件，故对薛某林、李某要求李某兰支付违约金及赔偿中介费用的诉讼请求，法院不予支持。故判决驳回原告薛某林、李某的诉讼请求。该民事判决书已于2017年1月5日发生法律效力。

2017年1月4日，薛某林、李某向李某兰发出《解除合同通知书》，李某兰认可于2017年1月4日收到上述《解除合同通知书》。庭审中，各方均同意解除合同，在本案中仅处理违约责任问题。

庭审中，原告薛某林、李某主张被告李某兰拒绝出售房屋构成违约，应依《补充协议》约定按照房屋总价款的20%支付违约金，因被告违约其于2017年3月另行购买比涉诉房屋建成年代早、面积小的房屋。原告主张其实际损失为房屋上涨的损失，但未就实际损失提交相应证据证明。同时原告主张比照双方约定的房屋成交价与2017年1月4日原告发出《解除通知书》时市场价格之间的差额主张可得利益损失。被告李某兰与第三人程某对此不予认可，认为原告主张的违约金过高，原告仅缴纳8万元定金，且被告于2016年9月30日已将定金8万元退还给原告，原告没有实际损失。房屋总价款应扣除装饰装修等作价46万元，按照412万元计算。被告于2016年9月已明确表示不再出售涉诉房屋，原告已于2016年10月起诉要求赔偿违约金及中介费用，原告应及时止损，损失计算应以2016年9月30日为时间节点，原告主张的可得利益损失没有事实和法律依据。

【案件焦点】

1. 李某兰是否存在违约行为；2. 违约金调整的具体裁判规则。

【法院裁判要旨】

北京市丰台区人民法院经审理认为：李某兰、程某签订《变更出售方协议书》系双方当事人真实意思表示，不违反相关法律、行政法规的强制性规定，应为有效合同，故涉案的《北京市存量房买卖合同》及《补充协议》的出卖人（出卖方）已变更为了李某兰。薛某林、李某与李某兰签订的《北京市存量房买卖合同》及《补充协议》亦为双方当事人真实意思表示，不违反相关法律、行政法规的强制性规定，应为有效合同，双方均应依约履行。被告在合同履行过程中，明确表示拒绝将涉诉房屋出售给原告，其行为属于违约，应承担违约责任。现双方均同意解除合同，法院对此不持异议。原告起诉要求被告支付违约金，理由正当，法院予以支持。对于违约金的数额，原告主张依据《补充协议》第四条关于违约责任的约定按照房屋总价款458万元的20%支付违约金，被告在审理中对违约金的标准提出异议，认为属于约定过高，请求酌减。法院结合本案的实际履行情况、被告提出解除合同的时间及被告将全部定金返还给原告的时间、原告起诉要求解除合同的时间、原告的实际损失及其预期利益、涉诉房屋市场价值变化等因素，根据公平原则，酌情确定被告应向原告支付违约金的具体数额。因原告已要求被告支付违约金，且原告未就可得利益损失提交相应证据证明，故原告要求被告赔偿合同履行后可以获得的利益损失120万元的诉讼请求，法院难以支持。

北京市丰台区人民法院依照《中华人民共和国合同法》第九十三条、第一百零七条、第一百一十四条之规定，作出如下判决：

一、被告李某兰于本判决生效后十日内向原告薛某林、李某支付违约金 30 万元；

二、驳回原告薛某林、李某的其他诉讼请求。

薛某林、李某不服一审判决，提起上诉。

北京市第二中级人民法院经审理认为：依法成立的合同对双方当事人均具有法律约束力，双方当事人均应依约享有相关合同权利，履行相应合同义务。《变更出售方协议书》《北京市存量房买卖合同》《补充协议》均为各方当事人真实意思表示，不违反相关法律、行政法规的强制性规定，合法有效，合同各方均应依约履行。李某兰在合同履行过程中明确表示拒绝出售涉案房屋给薛某林、李某，其行为为违约行为，应当承担违约责任，一审法院对李某兰违约行为及要求李某兰支付违约金的认定，符合事实和法律规定，法院予以确认。本案争议焦点系一审法院对于违约金数额的调整。根据本案涉案合同的实际履行情况，2016 年 8 月 14 日各方签订了买卖合同，同年 9 月 21 日及 9 月 26 日，李某兰明确表示不再继续履行合同，同年 9 月 30 日李某兰退回了定金 8 万元。2016 年 10 月 21 日，薛某林、李某以李某兰为被告。程某、链家公司为第三人提起房屋买卖合同纠纷的民事诉讼，在该诉讼中，薛某林、李某明确表示仅要求支付违约金及赔偿中介费，不行使解除权，不要求解除涉案的房屋买卖合同及补充协议，2016 年 12 月 9 日，北京市丰台区人民法院作出判决，驳回了薛某林、李某的全部诉讼请求。一审法院结合本案的实际履行情况、薛某林、李某的实际损失及其预期利益、涉案房屋市场价值变化等因素，酌定确定违约金为 30 万元，并驳回其可得利益损失的诉讼请求，并无不当，法院予以确认。

北京市第二中级人民法院依据《中华人民共和国民事诉讼法》第一百七十条第一款第一项之规定，作出如下判决：

驳回上诉，维持原判。

【法官后语】

房屋买卖合同作为要式合同，通常情况下，双方当事人会在合同中预先确定违约金条款，以确保一方违约时，可以通过该条款在除履行行为外，获得额外补偿与救济。对违约金的调整，是《中华人民共和国合同法》规定的在充分尊重当事人意思自治基础上，赋予法官的自由裁量权，其目的在于充分保证违约金适用应以补偿性为主兼具惩罚性之原则，避免造成合同各方利益严重失衡。

违约金的调整依据及基础，《中华人民共和国合同法》第一百一十四条作了原则性相关规定，违约金的调整应以违约给守约方造成的履行利益损失为确定原则，即在合同完备履行情况下，当事人可以合理预见的应得的利益。此外，相关法律、司法解释及北京高院的会议纪要较为明确了在实际损失无法确定情况下违约金的调整规则。如《最高人民法院关于审理商品房买卖合同纠纷案件适用法律若干问题的解释》第十七条规定，逾期付款的，可按照为未付购房款总额，参照中国人民银行规定的金融机构计收逾期贷款利息的标准计算（2015年《最高人民法院关于审理民间借贷案件适用法律若干问题的规定》出台后，实践中可参考适用不超过年利率24%的标准调整）；逾期交付使用房屋的，按照逾期交付使用房屋期间有关主管部门公布或有资格的房地产评估机构评定的同地段同类房屋租金标准确定。

司法实践中，由于房屋买卖合同案件相较一般买卖合同具有周期长、环节多、受政策影响较大的特点，实务中对违约金调整的问题既具有一般性，也具有其特殊性和复杂性。在涉及房屋差价损失和违约金调整的关系时，在买受人违约导致合同解除，房屋价格下降使得出卖人所获利益可能减少的损失及出卖人违约导致合同解除，房屋价格上涨使得买受人另行购买房屋可能多支出的费用，均可作为履行利益损失的参考。但是不能将差价损失简单等同于违约金数额，“一刀切”地全部归责于违约方。在具体案件中，还应当依照公平原则、诚实信用原则、比例原则，综合考虑合同履行程度、双方当事人的过错程度、主观恶意大小、订立合同时可以预见到的损害、是否存在过错相抵、损益相抵、履行减损义务等情况进行综合判断。结合本案，被告在审理中要求对违约金进行调整，一审法院经审理认为，一方面，本案买卖合同仅履行至双方签订合同后，薛某林、李某收取定金8万元，没有进行后续包括网签、贷款等环节；另一方面，结合重要时间节点，2016年9月21日，李某兰已明确表示不再履行买卖合同，同年9月30日李某兰将已收取的定金8万元退还给薛某林、李某；同年10月21日薛某林、李某向法院起诉要求李某兰支付违约金，综上，一审法院根据合同履行情况、解除合同时间、实际损失、预期利益、房屋市场价值变化等因素，酌情降低违约金数额的做法，并无不当。

此外，针对同一违约行为，还需正确把握和适用调整违约金和赔偿损失。从法理上来讲，赔偿可得利益损失和支付违约金均是违约方应当承担违约责任的形式，其中赔偿可得利益损失在于弥补损失，而违约金除弥补损失的作用外，还兼具惩罚违约方的性质，故若合同约定了违约金且经审理认定该违约金足以弥补损失的或者过分高于损失经申请进行酌减的，法院不应再另外支持可得利益损失的赔偿。本案中，薛某林、李某并未就其要求的可得利益损失提供充分证据，一审法院在已根据案件具体情况、实际损失等因素将违约金数额降低后，驳回原告要求被告支付可得利益损失的诉讼请求，于法有据，二审亦对此予以确认。

编写人：北京市丰台区人民法院　王旻忞

54

违约金可否作为债务抵销客体的认定及其救济措施

——周某芳诉王某扬房屋买卖合同案

【案件基本信息】

1. 裁判书字号

北京市第二中级人民法院（2018）京02民终4752号民事判决书

2. 案由：房屋买卖合同纠纷

3. 当事人

原告（反诉被告，被上诉人）：周某芳

被告（反诉原告，上诉人）：王某扬

【基本案情】

2013年10月24日，周某芳（甲方）与王某扬（乙方）就涉案房屋签订买卖合同，其中约定：甲方应在2013年11月10日前开始配合乙方办理房屋权属转移手续，并不晚于2013年11月30（31）日办理完成；甲方逾期交房或者逾期办理房屋权属转移手续的，除不可抗力外，甲方按日计算向乙方支付已付房款万分之五的违约金；乙方逾期付款的，除不可抗力外，逾期在十日之内，乙方按日计算向甲方支付应付款万分之五的违约金。2014 年 1 月 15 日，双方签订补充协议约定：甲方愿意补交在持有投资广场 B1704 号过程中欠缴的房产税，经双方协商，乙方同意替甲方垫付其应缴的房产税，之后在应付甲方尾款中扣除。双方办理产权转移物业交割手续后，乙方立即支付尾款。

涉案房屋权属处理情况如下：2013 年 11 月 25 日，双方签订网签备案合同。2014 年 2 月 11 日，王某扬取得了涉案房屋的房屋所有权证。2014 年 2 月 25 日，涉案房屋取得国有土地使用证。2014 年 3 月 19 日，王某扬与恒源泰投资有限公司签订《写字楼租赁合同》，约定租赁期限自 2014 年 3 月 1 日至 2016 年 8 月 31 日。2014 年 4 月 24 日，双方完成涉案房屋物业交割手续。

与购房相关的款项支付情况如下：2013 年 10 月 24 日，王某扬支付定金 30 万元；2013 年 11 月 25 日，王某扬支付购房款 315 万元；2014 年 2 月 24 日，双方约定周某芳将缴纳给北京利市物业管理有限公司（以下简称物业公司）的管理费押金 6328.26 元、能源费 937.52 元及大修基金 19453.54 元全部转给王某扬；截至 2014 年 2 月 24 日，王某扬缴纳的购房款、房产税、房屋押金共计 5909093.07 万元；2014 年 4 月 28 日，王某扬支付剩余购房款 233740.86 元。

【案件焦点】

1. 王某扬与周某芳是否互负可以法定抵销的债权；2. 王某扬是否就法定抵销尽到通知义务；3. 周某芳对于抵销的异议是否成立。

【法院裁判要旨】

北京市西城区人民法院经审理认为：一、关于本诉……（三）关于未付房款的违约责任。王某扬虽然以周某芳违约为由抵扣违约金，但违约损失系不确定的债权债务，在无证据表明周某芳对此予以认可的情况下，王某扬自行用购房款抵扣违约金的行为已经违反了补充协议中“双方办理产权转移物业交割手续后，乙方立即支付尾款”的约定，周某芳据此要求王某扬承担违约责任存在合同依据，法院予以支持。对于违约金数额，王某扬虽主张违约金过高，但双方均未提交证据证明实际损失，法院根据诚信原则、公平原则，认定买卖合同约定的违约金计算方式并无不妥，并据此确定违约金的数额。另外，考虑到补充协议约定乙方应“立即”支付尾款，并未明确约定具体时间，且本案不涉及贷款问题，故法院根据通常交易习惯，认定该时间以一周时间为宜……二、关于反诉。（一）关于逾期交房违约金。周某芳虽主张双方已通过签署补充协议对权属转移办理义务、物业交给义务及尾款支付义务进行了变更。但经审查，该补充协议的内容仅对房产税抵扣、剩余购房款的支付问题进行了约定变更，并未有其他事项约定。周某芳作为房屋出卖方，其首要义务为履行房屋过户、交付义务。王某扬容许周某芳迟延办理过户、交房手续，并不意味着免除相关违约责任。故在买卖合同明确约定“甲方应在2013年11月10日前开始配合乙方办理房屋权属转移手续，并不晚于2013年11月30（31）日办理完成”的情况下，周某芳应承担逾期交房违约责任。综合本案的具体情况，法院认定买卖合同约定的违约金计算方式并无不妥，并据此确定违约金的数额。考虑到王某扬在答辩中自行将周某芳应承担的2013年12月1日至2014年2月17日违约金进行了折抵，并据此在反诉中仅主张2014年2月18日至2月24日的违约金。本次诉讼结束后，王某扬可就2013年12月1日至2014年2月17日违约金另行向周某芳主张权利。（二）关于租金损失。法院根据原租赁合同约定的租金数额以及诚信、公平原则，认定买卖合同约定的违约金已能够弥补王某扬受到的损失，故王某扬的该项诉讼请求，依据不足，法院不予支持……

综上，判决如下：

一、自判决生效之日起七日内，王某扬给付周某芳购房款157166.07元；

二、自判决生效之日起七日内，王某扬给付周某芳2014年3月3日起至2017年11月14日未付房款的违约金106245元；

三、自判决生效之日起七日内，周某芳给付王某扬2014年2月18日起至2014年2月24日逾期交房违约金20454.05元；

四、驳回周某芳的其他诉讼请求；

五、驳回王某扬的其他反诉请求。如果双方当事人未按判决指定的期间履行给付金钱义务，应当依照《中华人民共和国民事诉讼法》第二百五十三条之规定，加倍支付迟延履行期间的债务利息。

王某扬不服原审判决，提起上诉。北京市第二中级人民法院认为：本案争议焦点为王某扬是否已就剩余购房款157166.07元与其主张的周某芳应付的144382.50元违约金及12783.57元租金损失行使法定抵销权。该争议焦点包含以下三个问题：

（1）王某扬与周某芳是否互负可以法定抵销的债权；（2）王某扬是否就法定抵销尽到通知义务；（3）周某芳对于抵销的异议是否成立。

第一，关于王某扬与周某芳是否互负可以法定抵销的债权问题。根据《中华人民共和国合同法》（以下简称《合同法》）第九十九条之规定，法定抵销的前提是双方必须互负有效存在的，已届清偿期的，标的物种类、性质相同的，依其性质或法律规定、合同约定得以抵销的债务。首先，关于双方是否互负有效存在的债务。一审法院认为违约损失系不确定的债权债务，在无证据表明周某芳对此予以认可的情况下，王某扬不得自行予以抵扣。对此，法院持不同意见。双方签订的买卖合同明确约定“甲方应在2013年11月10日前开始配合乙方办理房屋权属转移手续，并不晚于2013年11月30日办理完成”，根据房地一体原则，该约定的“房屋权属转移手续”应包括房屋产权转移手续和土地使用权登记手续。而实际上2014年2月11日，王某扬取得了涉案房屋的房屋所有权证，2014年2月25日，涉案房屋取得国有土地使用证，2014年2月24日，双方完成涉案房屋物业交割手续。周某芳的违约行为已客观存在，且买卖合同明确约定“甲方逾期交房或者逾期办理房屋权属转移手续的，除不可抗力外，甲方按日计算向乙方支付已付房款万分之五的违约金”，该买卖合同真实有效，双方均应依约履行，王某扬有权依照双方之间的合同向周某芳主张违约金。根据《合同法》第一百零七条之规定，违约责任的归责原则系严格责任原则，周某芳是否存在过错不是判断其违约责任的法定因素，违约金的产生亦不以周某芳是否认可为前提，因此，王某扬依照双方之间的合同已经可以判断周某芳向自己负有债务，且该债务已可以计算出确定的数额，至于周某芳认为自己对王某扬不负有债务，即不构成违约，或认为违约金数额过分高于损失，可以通过诉讼方式提出异议，该异议权系法律赋予周某芳的权利，周某芳有权行使，但异议权的行使应在法定抵销权行使之后，不因异议权的存在而否定王某扬的法定抵销权的存在。关于王某扬向周某芳负有的债务方面，补充协议约定“双方办理产权转移物业交割手续后，乙方立即支付尾款”，故王某扬就尾款亦向周某芳负有债务。双方之间的债务确定存在，且不违反法律法规的强制性规定，综上，周某芳与王某扬之间互负有效存在的债权。其次，双方之间的债务是否已届清偿期的，标的物种类、性质相同的，依其性质或法律规定、合同约定得以抵销的债务。王某扬与周某芳互负债务分别为违约金和购房尾款，该债务均为金钱之债，性质相同，且并非依照法律规定或合同性质不得抵销之债。至于双方互负债权是否已届清偿期，需结合王某扬行使法定抵押权的通知日期予以判断，法院将在下一节予以阐明。

第二，王某扬是否就法定抵销尽到通知义务。王某扬主张其于 2014 年 2 月通知过周某芳关于抵销的结算方案，但未提交充分证据予以证明。结合双方邮件来往记录及在一、二审庭审中的陈述，法院可以认定双方就抵销一事处于协商状态。至 2014 年 4 月 28 日，王某扬将抵扣后的款项 233740.86 元支付给周某芳，系以行为方式明确通知周某芳行使法定抵销权，该通知自周某芳当日收到钱款时到达。周某芳自 2014 年 4 月 28 日起享有对法定抵销的异议权。如前所述，王某扬应在办理物业交割手续后立即支付尾款，即 2014 年 2 月 24 日为其债务应支付日期。违约金应当自违约行为终止后合理期限内支付给守约方，故王某扬主张抵销的 2013 年 12 月 1 日至 2014 年 2 月 17 日部分违约金，亦应当由周某芳支付给王某扬。故截至王某扬 2014 年 4 月 28 日以行为方式通知行使法定抵销权之时，双方互负的债务均已届清偿期。2014 年 4 月 28 日时，王某扬已经行使法定抵销权。

第三，周某芳对于抵销的异议是否成立。当事人对《合同法》第九十九条规定的债务抵销虽有异议，但在约定的异议期限届满后才提出异议并向人民法院起诉的，人民法院不予支持；当事人没有约定异议期间，在解除合同或者债务抵销通知到达之日起三个月以后才向人民法院起诉的，人民法院不予支持。如前所述，王某扬于 2014 年 4 月 28 日通知周某芳行使法定抵销权，王某扬自通知到达之日起三个月内有权向法院起诉提出异议。本案原一审（2014）西民初字第 20499 号虽于 2014 年 8 月 11 日立案，但卷宗中可见周某芳最早于 2014 年 7 月 15 日书具的民事起诉书，故法院应当就周某芳提出的异议予以审查。由于王某扬主张的抵销包括 144382.50 元违约金及 12783.57 元租金损失两部分，法院分述如下。关于违约金部分，周某芳主张其迟延办理房屋产权转移手续的原因是因为其在国外，王某扬同意周某芳采用委托方式办理卖房手续，但通过委托方式办理手续的时间并非双方能控制的，故王某扬对于办理产权转移手续时间的延长系明知且默许的。对此，法院认为，王某扬对周某芳迟延办理产权转移、交房的容许，在没有王某扬明确表示的情况下，不能视为其放弃了追究周某芳相应违约责任的权利。王某扬有权要求周某芳依照合同约定承担违约金。周某芳虽向一审法院主张违约金过高要求酌减，但经一审法院审查，合同约定的违约金计算标准并无不当，未予以调整，因此，周某芳就

144382.50元违约金部分提出的异议不能成立，该部分抵销自2014年4月28日起发生法律效力。关于租金损失部分，租金损失的产生条件以及具体数额并未在买卖合同和补充协议中予以约定，在未经周某芳确认的情况下，王某扬无权单方确认，且周某芳支付的违约金已经可以弥补王某扬所主张的租金损失，因此，对于12783.57元租金损失部分，周某芳的异议成立，王某扬无权进行抵销，该部分抵销不发生效力。王某扬应向周某芳支付12783.57元，并应按照买卖合同第八条第三款之约定，按每日支付应付款万分之五的标准向周某芳承担相应的逾期支付违约金。另外需要指出的是，根据补充协议，王某扬应自物业交割手续完成后，即2014年2月24日，立即向周某芳支付剩余尾款，其虽于2014年4月28日行使法定抵销权，但已经晚于协议约定的付款期限，故自2014年2月24日起至2014年4月28日止，其应以扣除周某芳认可抵扣的房产税和押金之后的剩余金额为基数，按照每日万分之五的标准向周某芳支付逾期付款违约金。

关于一审判决第三项，因双方均未提起上诉，二审不予审查。

综上所述，王某扬的上诉请求部分成立。依照《合同法》第九十九条，《最高人民法院关于适用〈中华人民共和国合同法〉若干问题的解释（二）》第二十四条，《中华人民共和国民事诉讼法》第一百七十条第一款第二项、第三项规定，判决如下：

一、维持北京市西城区人民法院（2017）京0102民初16959号民事判决第三项；

二、撤销北京市西城区人民法院（2017）京0102民初16959号民事判决第四项、第五项；

三、变更北京市西城区人民法院（2017）京0102民初16959号民事判决第一项为：自本判决生效之日起七日内，王某扬给付周某芳购房款12783.57元；

四、变更北京市西城区人民法院（2017）京0102民初16959号民事判决第二项为：自本判决生效之日起七日内，王某扬给付周某芳以390906.93元为基数，自2014年2月25日起至2014年4月28日止，按每日万分之五标准计算的逾期付款违约金12313.57元；自本判决生效之日起七日内，王某扬给付周某芳以12783.57元为基数，自2014年4月29日起至实际给付之日止，按每日万分之五标准计算的逾期付款违约金；

五、驳回周某芳的其他诉讼请求；

六、驳回王某扬的其他反诉请求。如果双方当事人未按本判决指定的期间履行给付金钱义务，应当依照《中华人民共和国民事诉讼法》第二百五十三条之规定，加倍支付迟延履行期间的债务利息。

【法官后语】

本案的意义，在于对有关违约金的债务抵销在审判实践中的问题予以了梳理和明确。

一、关于当一方所负债务为违约金时是否可以作为《合同法》第九十九条规定的可抵销的债务

对此，本案的一审、二审法院意见不一。一审法院认为违约损失系不确定的债权债务，在违约方未认可的情况下，不得作为可以行使法定抵销权的债务。对此认定，二审判决予以纠正，并明确了以下几点：

（一）"违约损失"与"违约金"不同

违约损失系违约方实际因违约行为给守约方造成的损失，在实践中此数额很可能与合同中约定的违约金数额不同，特别是在诉讼程序中，法院很可能会根据损失的具体情况对违约金数额进行调整，所以该数额在未经法院认定前，系尚未确定的债权债务。但本案中，行使抵销权一方明确其抵销的内容为"违约金"，违约金数额在合同中有明确约定，依据合同约定可以直接得出，故违约金数额系违约行为发生起便可以明确得以确定的数额，与"违约损失"不同。不应因为诉讼中违约金存在可以酌定调整的情况而否认双方当事人合意的违约金数额的意义，事实上，在民事领域，应当以尊重当事人意思自治为原则，除非确有必要，否则法院不应随意行使自由裁量权变更当事人之间的约定，即违约金的酌定，应当只作为一个例外的存在。一审法院以例外代替原则的思路是错误的。

（二）"客观违约行为"可直接计算违约金

首先，违约行为存在与否是根据合同约定和履行实践对比后产生的客观判断，不以当事人是否认可为转移，因此违约金数额的确定不需要当事人的所谓"认可"。其次，本案中被抵销的债务分为两部分，一部分是逾期过户的违约金，另一部分是租金损失。其中，逾期过户违约是"客观违约行为"，租金损失是"主观违约行为"。"客观违约行为"是指客观存在且为一般理性人所容易判断的违约行为。例

如，本案中合同约定的房屋权属转移登记手续最晚办理时间是明确的，卖方实际办理时间超出合同约定时间也是客观存在的，买方通过实际办理过户时间与合同约定时间的对比，结合合同约定的违约金标准，可以直接得出违约金数额，即卖方对买方所负债务的数额。而本案中卖方主张折抵的另一部分——租金损失，因租金损失的产生条件以及具体数额并未在买卖合同和补充协议中予以约定，该违约行为就不是“客观违约行为”，系“主观违约行为”即该违约行为系需要加入主观认可或判断方可认定的违约行为。该“主观”可以是对方当事人的认可，也可以是法院或仲裁机构的认定和裁决，但在此之前，买方无权单方确认，故不得直接作为确定的债权予以抵销。

综上所述，在双方之间互负有效存在的，已届清偿期的，标的物种类、性质相同的，依其性质或法律规定、合同约定得以抵销的债务时，违约金同样可以作为债务抵销的客体行使法定抵销权。

二、关于被抵销人的异议权救济制度

《最高人民法院关于适用〈中华人民共和国合同法〉若干问题的解释（二）》第二十四条规定的当事人对法定抵销的异议权系对法定抵销这一制度的补足。债务抵销权是形成权，抵销人将通知送达对方即生效，但被抵销人可能就债务的存在与否、存在数额以及是否接受这种折抵的方式均有可能产生异议，必须赋予其提出异议的权利，以作为救济。具体到本案中，如果卖方认为自己对买方不负有债务，即不构成违约，或认为违约金数额过分高于损失，可以通过诉讼方式提出异议，该异议权系法律赋予当事人的权利，当事人有权行使，但异议权的行使应在法定抵销权行使之后，不因异议权的存在而否定法定抵销权的存在。即法定抵销权在前，异议权在后，抵销行为是被抵销一方提出异议的基础。法院应该判断的是该抵销的合理、合法性，以及对异议是否成立进行审查。本案中，经过审查，对于违约金部分的抵销成立，但对于租金损失部分的抵销不成立，故对被抵销人的异议部分予以采信。

需要强调的是，对异议成立部分，即抵销不成功部分的债务的处理。抵销成功的部分，自抵销之日起该部分债权债务消失，双方不再互负债权债务，但对于抵销不成功部分，如果抵销人就不成功部分仍对被抵销人负有债务，则自应付款之日计算相应的违约金或利息，而非自抵销之日起算。

编写人：北京市第二中级人民法院　刘佳

十、房屋借贷与担保纠纷

55

法院不能通过民事判决确认违章建筑的所有权归属

——周某等诉梁某案外人执行异议之诉案

【案件基本信息】

1. 裁判书字号

广西壮族自治区贵港市中级人民法院（2018）桂08民终661号民事判决书

2. 案由：案外人执行异议之诉

3. 当事人

原告（上诉人、执行案外人）：周某、周某活、周某明、苏某琼

被告（被上诉人、申请执行人）：梁某

第三人（被执行人）：周某福

【基本案情】

第三人周某福与原告周某、周某活、周某明是同胞兄弟姐妹，与原告苏某琼是母子关系。苏某琼的丈夫周某合于1995年6月向桂平市石龙镇石山村村民黄佩丽购买了一块宅基地，于1996年在该土地上建成房屋入住，没有取得建设用地规划许可证和建设工程规划许可证，也没有办理房屋权属登记。2002年4月13日，周某合去世，没有留下遗嘱。2003年4月15日，桂平市国土资源局对未经批准买地建房行为进行立案处理，并于2003年4月20日作出《土地行政处罚决定书》，决定没收违法买地76.5平方米所建的构筑物；2003年4月21日，桂平市国土资源局

对没收的建筑物（房屋）作价8032.5元，周某福申请购买被没收的房屋，并于2003年4月25日交清了罚款1147.50元及价款共9180元，然后补办了《建设用地规划许可证》和《建设工程规划许可证》，将房屋的国有土地使用权及房屋所有权登记于其名下。

2014年1月7日，第三人周某福与被告梁某签订《房产抵押合同》，将该房屋的产权证书交给梁某作为担保借款35万元，因周某福无法归还借款给梁某，梁某于2015年10月19日向法院起诉，法院受理后依据梁某的申请查封了登记于周某福名下的本案涉案房屋。该案判决生效后，梁某向法院申请强制执行；2017年10月18日，法院以（2017）桂0881执恢84号执行裁定拍卖该房屋。原告于2017年11月23日对法院裁定查封、拍卖的周某福名下房屋提出书面异议，法院受理后，依法组成合议庭进行了审查，于2017年12月6日作出（2017）桂0881执异15号执行裁定，驳回原告周某、周某活、周某明、苏某琼的异议请求，原告周某、周某活、周某明、苏某琼不服该裁定，认为所申请执行的房屋为原告与第三人共同所有，而不属于第三人个人所有，故于法定期限内提起案外人执行异议之诉。

【案件焦点】

1. 违章建筑能否继承；2. 法院可否认定违章建筑的权属归属。

【法院裁判要旨】

广西壮族自治区桂平市人民法院经审理认为：《中华人民共和国继承法》第三条规定，遗产是公民死亡时遗留的个人合法财产，包括公民的收入、房屋、储蓄和生活用品等。周某合去世时涉案房屋因没有取得《建设用地规划许可证》和《建设工程规划许可证》，尚属违章建筑，土地管理部门进行行政处罚之前，周某合和苏某琼并没有取得涉案房屋的所有权，还不是周某合与苏某琼的合法财产。对于违章建筑的处理属于行政机关的职责范围，法院不能通过民事判决确认违章建筑的所有权归属。因此，原告主张对涉案房屋的法定继承从周某合死亡时开始不符合法律规定。涉案土地及地上房屋被土地管理部门依法没收处理，周某福申请购房、交清了罚款及回购房屋款、补办了《建设用地规划许可证》和《建设工程规划许可证》后，才取得了土地管理部门作价处理的房屋的权属登记。2003年周某福将房屋登记在自己的名下之前，石龙镇国土资源管理所在办理涉案房屋土地使用权登记前曾发出登记异议公告，原告在法定期限内均没有提出异议，原告在（2016）桂0881民初237号案件的庭审中承认办证时都知道而且同意只登记到周某福一个人的名下。周某福办理了《国有土地使用证》和《房屋所有权证》后十多年里，原告一直没有提出异议，直到涉案房屋被法院查封，原告才主张周某福名下的房屋属原告与第三人共有。浔房权证字第00298号房屋所有权证载明，涉案房屋登记在第三人周某福一人名下，没有共有人，原告提供的证据不足以证明其对涉案房屋拥有共同法定继承权和共同所有权。因此，应认定涉案房屋属第三人周某福个人所有。桂平市人民法院依照《中华人民共和国物权法》第十七条，《中华人民共和国民事诉讼法》第六十四条第一款、第二百二十七条，《最高人民法院关于适用〈中华人民共和国民事诉讼法〉的解释》第三百一十一条、第三百一十二条，作出如下判决：驳回原告周某、周某活、周某明、苏某琼的诉讼请求。二审法院同意一审法院裁判意见。

【法官后语】

案外人提起异议之诉，是近年来出现的新类型案件。案外人提起执行异议之诉的目的，是排除对申请执行人申请执行的特定标的物的执行，从而引起执行行为的中止。

在本案中，原告主张涉案房屋权属登记错误，要求确认涉案房屋属原告与被执行人共有。这就关系到涉案房屋登记的客观真实物权与法律真实物权的问题。涉案房屋登记在周某福一人名下，未必就是房屋权属的客观真实状况，但不动产登记行为本身并不错误。本案认定涉案房屋权属客观真实状况的关键是房屋是否为周某合与原告苏某琼的夫妻共同财产。《第八次全国法院民事商事审判工作会议（民事部分）纪要》第二十一条明确规定："对于未取得建设工程规划许可证或者未按照建设工程规划许可证规定内容建设的违法建筑的认定和处理，属于国家有关行政机关的职权范围，应避免通过民事审判变相为违法建筑确权。当事人请求确认违法建筑权利归属及内容的，人民法院不予受理；已经受理的，裁定驳回起诉。"周某合与原告苏某琼建设涉案房屋时未取得《建设用地规划许可证》和《建设工程规划许可证》，法院不宜确认该房屋为夫妻共同财产，直到周某合去世，该房屋一直处于权属不确定状态；因此，周某合去世后该房屋也不属于周某合的遗产。周某合去世后周某福申请购买该房屋前，该房屋被有关行政机关没收处理；也就是说，登记在周某福名下的房屋已不是周某合、苏某琼所建之房屋，而是行政机关变卖的房屋，是周某福个人申请购买的房屋。

违章建筑能否继承是本案的焦点问题。遗产是公民死亡时遗留的个人合法财产，包括公民的收入、房屋、储蓄和生活用品等。周某合生前与苏某琼所建的房屋没有取得《建设用地规划许可证》和《建设工程规划许可证》，直到周某合去世时涉案房屋都没有取得《建设用地规划许可证》和《建设工程规划许可证》，尚属违章建筑，不属于周某合的合法财产，不能列入遗产范围，因而不存在继承事实。另外，《中华人民共和国物权法》第十七条规定："不动产权属证书是权利人享有该不动产物权的证明。不动产权属证书记载的事项，应当与不动产登记簿一致；记载不一致的，除有证据证明不动产登记簿确有错误外，以不动产登记簿为准。"在本案中，案外人向法院提供的证据只能证明涉案房屋为周某合生前与苏某琼所建，但未能提供证据证明涉案房屋为周某合与苏某琼所有。"所建"不等同于"所有"，这个涉及违章建筑的认定及处理问题。如果法院认定涉案房屋为周某合生前与苏某琼所有，而土地行政管理部门却认定涉案房屋为违章建筑，司法权与行政权出现冲突。因此，法院不能通过民事判决确认违章建筑的所有权归属。

编写人：广西壮族自治区桂平市人民法院　王冰梅

56

建设工程承包人可以以优先受偿权受到侵害为由申请撤销法院对让与担保作出的继续履行房屋买卖合同的生效裁决

——广西铭君建筑工程有限公司诉何某俊、象州新家园房地产开发有限公司第三人撤销之诉案

【案件基本信息】

1. 裁判书字号

广西壮族自治区来宾市中级人民法院（2018）桂13民终711号民事判决书

2. 案由：第三人撤销之诉

3. 当事人

原告（被上诉人）：广西铭君建筑工程有限公司（以下简称铭君公司）

被告（上诉人）：何某俊

被告（被上诉人）：象州新家园房地产开发有限公司（以下简称新家园公司）

【基本案情】

新家园公司是在象州县工商行政管理局合法登记注册的房地产开发公司，其股东为自然人覃某燕、覃某东，覃某燕为公司法定代表人。2013 年 7 月，覃某燕以资金周转困难为由向何某俊借款 1000000 元，为保证覃某燕能按时归还借款，2013 年 7 月 14 日，双方协商以签订《象州商品房买卖合同》的形式以新家园公司开发的位于象州县罗秀镇新街绣锦花园 1 栋共 15 套商品房作为抵押物提供担保。《象州商品房买卖合同》在象州县房地产管理所进行了备案登记。同时，双方还签订《房产抵押借款合同》，明确借款期限为六个月，自 2013 年 7 月 15 日至 2014 年 1 月 14 日，不足六个月多付一个月利息，借款利息 2.5%（实际为 3%）。之后，何某俊在借款总金额的基础上预先扣除 90000 元利息，余下 910000 元通过中国建设银行转账至覃某燕在中国工商银行象州县支行的账户上。在履行借款合同中，覃某燕一直支付利息给何某俊至 2013 年 10 月 15 日。由于覃某燕未能再支付利息，也未能偿还本金给何某俊，2015 年 9 月 16 日，何某俊以新家园公司为被告向该院提起诉讼。该院 2015 年 12 月 14 日召集调解，双方达成（2015）象民初字第 949 号民事调解协议，协议第一项为“原、被告同意按双方 2013 年 7 月 14 日签订的‘罗秀商贸城·绣锦花园·绣锦宾馆’项目《象州商品房买卖合同》继续履行合同，房屋单价调整为 1400 元/平方米，差额部分交房时补足。履行时间以交房条件成就之日为限”。由于新家园公司没有支付清楚工程款给铭君公司，2018 年 1 月 18 日，铭君公司以新家园公司与何某俊在法院达成的调解协议是虚假诉讼、以合法的形式掩盖非法目的，损害其合法利益为由，向该院提起诉讼，请求判决撤销（2015）象民初字第 949 号民事调解书及《象州商品房买卖合同》。柳州市鱼峰区人民法院分别于 2014 年 11 月 13 日、2016 年 10 月 26 日查封、续行查封（2014）鱼民初（一）字第 1438 号案涉案房产；于 2017 年 5 月 24 日查询该涉案房产时发现本案房产因出售给何某俊等人而无法执行。铭君公司向象州县人民法院起诉撤销（2015）象民初字第949号民事调解书，象州县人民法院于2017年11月20日接收其诉讼材料。

【案件焦点】

民事调解书应否予以撤销。

【法院裁判要旨】

广西壮族自治区来宾市象州县人民法院经审理认为：铭君公司与新家园公司建设工程施工合同纠纷一案经柳州市鱼峰区人民法院审理，作出了（2014）鱼民初（一）字第1438号民事判决，该判决主文第三项内容为“原告广西铭君建筑工程有限公司在被告象州新家园房地产开发有限公司欠付的建设工程款人民币5415233.65元范围内，对本案所涉的‘罗秀商贸城·绣锦花园·绣锦宾馆’建设工程享有优先受偿权”，该判决已发生法律效力。而该院在审理（2015）象民初字第949号何某俊诉新家园公司商品房销售合同纠纷案件中，新家园公司隐瞒了上述事实，与何某俊达成调解协议，赋予其在上述建设项目交房条件成就时申请法院强制履行交房义务的权利，该协议损害了铭君公司的民事权益。根据《中华人民共和国民事诉讼法》第五十六条的规定，当事人因不能归责于本人的事由未参加诉讼，但有证据证明发生法律效力的判决、裁定、调解书的部分或者全部内容错误，损害其民事权益的，可以向法院提起诉讼，法院经审理，诉讼请求成立的，应当改变或者撤销原判决、裁定、调解书。据此，何某俊与新家园公司于2015年12月14日在该院达成的（2015）象民初字第949号调解协议，损害了铭君公司的合法利益，应予撤销，铭君公司的诉请有理，依法予以支持。至于何某俊与新家园公司签订的《象州商品房买卖合同》，因涉及其他法律关系，不宜在本案审理，各当事人就何某俊与新家园公司之间的债权债务关系，可以另寻途径解决。

广西壮族自治区来宾市象州县人民法院依照《最高人民法院关于适用〈中华人民共和国民事诉讼法〉的解释》第三百条第一款第二项的规定，作出如下判决：

一、撤销法院（2015）象民初字第949号民事调解书；

二、驳回原告铭君公司的其他诉讼请求。

何某俊不服一审判决，提起上诉。

广西壮族自治区来宾市中级人民法院经审理认为：本案争议焦点为（2015）象民初字第949号民事调解书应否予以撤销。象州县人民法院作出的（2015）象民初字第949号民事调解书已经生效。经审理查明，何某俊与新家园公司签订了《房产抵押借款合同》，借给新家园公司100万元，双方形成借贷关系，并明确约定，若新家园公司不按时付息还款，则已进行房屋买卖备案的房屋归何某俊所有，若新家园公司按时还款付息及支付相关费用，则何某俊同意配合新家园公司办理撤销商品房买卖合同手续。故双方签订《象州商品房买卖合同》是为了担保债权的实现，双方均无发生商品房买卖的真实意思表示。虽然，何某俊主张，在2013年11月28日，何某俊、覃某燕、新家园公司三方达成口头协议，将借款转化为购房款，并提供《收据》来证明，但并不能否认《象州商品房买卖合同》是借款的担保这一事实；同时，《房产抵押借款合同》中关于不按时还款付息时，将房产归何某俊所有的约定违反了《中华人民共和国物权法》第一百八十六条"抵押权人在债务履行期届满前，不得与抵押人约定债务人不履行到期债务时抵押财产归债权人所有"的禁止流押的规定。根据《最高人民法院关于审理民间借贷案件适用法律若干问题的规定》第二十四条第一款规定："当事人以签订买卖合同作为民间借贷合同的担保，借款到期后借款人不能还款，出借人请求履行买卖合同的，人民法院应当按照民间借贷法律关系审理，并向当事人释明变更诉讼请求。当事人拒绝变更的，人民法院裁定驳回起诉。"象州县人民法院审理（2015）象民初字第949号案时，并未按照民间借贷法律关系审理，而是确认继续履行何某俊和新家园公司签订的《象州商品房买卖合同》，违反上述司法解释的规定，造成（2015）象民初字第949号调解书错误，同时，该调解书确定的继续履行《象州商品房买卖合同》，侵害了2014年柳州市鱼峰区人民法院（2014）鱼民初（一）字第1438号民事判决确定的铭君公司享有的建设工程价款优先权。建设工程价款优先权是法律明确规定给予特别保护的债权，可以适用第三人撤销之诉。根据《中华人民共和国民事诉讼法》第五十六条第二款规定："对当事人双方的诉讼标的，第三人虽然没有独立请求权，但案件处理结果同他有法律上的利害关系的，可以申请参加诉讼，或者由人民法院通知他参加诉讼。人民法院判决承担民事责任的第三人，有当事人的诉讼权利义务。"（2015）象民初字第949号调解书的处理结果影响到铭君公司的利益，该案处理结果与铭君公司有法律上的利害关系，铭君公司为该案的第三人。铭君公司在（2015）象民初字第949号案中因不能归责于自己的事由未参加诉讼，在2017年5月24日，柳州市鱼峰区人民法院查询（2014）鱼民初（一）字第1438号案涉案房产时，知悉该调解书的协议内容，致使案件无法执行，至此，铭君公司才知其民事权益受到损害，其于2017年11月20日向象州县人民法院提交本案诉讼材料，并未超过法律规定的6个月的期间。根据《中华人民共和国民事诉讼法》第五十六条第三款和《最高人民法院关于适用〈中华人民共和国民事诉讼法〉的解释》第三百条第一款第二项的规定，铭君公司的诉讼请求成立，（2015）象民初字第949号民事调解书应当予以撤销。

广西壮族自治区来宾市中级人民法院依照《中华人民共和国民事诉讼法》第一百七十条第一款第一项规定，作出如下判决：

驳回上诉，维持原判。

【法官后语】

本案的前案（2015）象民初字第949号中，何某俊为了避免新家园公司无力偿还借款，同时增加自己债权实现的可能性，在与新家园公司签订民间借贷合同的同时，又签订了房屋买卖合同，并明确约定，若新家园公司不按时付息还款，则已进行房屋买卖备案的房屋归何某俊所有，双方签订房屋买卖合同是为借款提供担保。当事人之间签订了民间借贷合同之前或者之后，为了保证民间借贷合同的履行又签订了包括商品房在内的买卖合同的，双方约定当作为债务人的借款人不能清偿债务时，需将担保标的物——商品房或者其他标的物的所有权转让给作为债权人的出借人的，签订买卖合同的真实目的是给民间借贷提供担保，而非真正实现买卖合同的目标，双方之间形成让与担保。本案即为让与担保情形。根据《最高人民法院关于审理民间借贷案件适用法律若干问题的规定》，借款到期后借款人不能还款，出借人请求履行买卖合同的，人民法院应当按照民间借贷法律关系审理，并向当事人释明变更诉讼请求，当事人拒绝变更的，人民法院裁定驳回起诉。若法院继续审理买卖合同关系，作出履行房屋买卖合同的生效裁决，如上述（2015）象民初字第949号案中，法院判决继续履行买卖合同，即违反上述法律规定，造成裁决错误，势必损害建设商品房的承包人在先取得的建设工程价款优先权。建设工程价款优先权是法律明确规定给予特别保护的债权，承包人以第三人的身份起诉要求撤销生效裁决，法院应当予以支持。本案中，（2015）象民初字第949号调解书的处理结果影响到铭君公司的利益，该案处理结果与铭君公司有法律上的利害关系，铭君公司为该案的第三人。铭君公司在（2015）象民初字第949号案中因不能归责于自己的事由未参加诉讼，在2017年5月24日，柳州市鱼峰区人民法院查询（2014）鱼民初（一）字第1438号案涉案房产时，知悉该调解书的协议内容，致使案件无法执行，至此，铭君公司才知其民事权益受到损害，其于2017年11月20日向象州县人民法院提交本案诉讼材料，并未超过法律规定的6个月的期间。根据《中华人民共和国民事诉讼法》第五十六条第三款和《最高人民法院关于适用〈中华人民共和国民事诉讼法〉的解释》第三百条第一款第二项的规定，铭君公司的诉讼请求成立，（2015）象民初字第949号民事调解书应当予以撤销。

编写人：广西壮族自治区来宾市中级人民法院　李程玲

57

恶意串通设置虚假抵押权无效

——吴某中诉李某、师某海房屋买卖合同案

【案件基本信息】

1. 裁判书字号

广东省珠海市中级人民法院（2017）粤04民终2291号民事判决书

2. 案由：房屋买卖合同纠纷

3. 当事人

原告（被上诉人）：吴某中

被告（上诉人）：李某

被告：师某海

第三人：黄某红

【基本案情】

2016年7月7日，原告出具公证《委托书》，委托第三人黄某红代为出售97号商铺。同年11月14日，第三人以原告名义与被告师某海签订《珠海市房地产买卖

合同》，将97号商铺作价76万元出售给师某海，约定房款一次性支付，任何一方违约的，需向对方承担相当于总房款10%的违约金。同日，案外人张某民、王某仑分别向第三人黄某红共转账支付17.5万元，97号商铺的不动产权证书领取回执由第三人持有。2016年11月15日，被告师某海向珠海市不动产登记中心出具《遗失声明》，载明其遗失97号商铺不动产权证书的领取回执，现申请领取不动产权证书。同日，被告师某海在被告李某的陪同下领取了97号商铺的房地产权证（权证号码20160101448）。2016年11月14日，第三人黄某红签下《收据》，载明："收到款项￥150000￥25000现金￥700000，合计￥875000购商铺款。收款人：黄某红2016年11月14日收￥175000，2016年11月26日收￥700000。"该收据上除"黄某红"三个字外的文字均为被告李某所写。2016年11月26日，被告师某海在中国建设银行取款25万元，案外人王某仑在中国建设银行取款45万元。

2016年11月26日至30日，第三人与被告李某多次通电话并录音。在双方的通话中，双方确认97号商铺的成交价格是130万元，第三人黄某红已收取税款17.5万元，第三人要求被告尽快解决余款支付问题，否则就将97号商铺过户给他人；被告李某认为，实质上是案外人"小韩"要购买涉案商铺，因银行贷款迟迟没有批下来，所以还没有支付购房款，之所以要让被告师某海将97号商铺抵押登记到李某名下，是因为李某要控制这个房子，至于是继续付款还是将97号商铺回转登记给第三人，需要进一步协商。

2016年11月18日，两被告签订《珠海市房地产借款抵押合同》，约定被告师某海向李某借款65万元用作货款，借款期限2016年11月18日至2026年11月18日，被告师某海以97号商铺作价150万元提供抵押担保。同年11月23日，师某海以97号商铺办理了抵押备案登记。2016年11月26日，被告师某海在中国建设银行自助终端取款25万元，被告师某海签名确认该款系向李某所借；2017年2月22日，案外人王某仑向被告师某海转账支付40万元，被告师某海签字确认上述款项系收到李某的借款；同日，被告师某海出具《借据》，载明其向李某借款65万元，其中2016年11月26日借款25万元，2017年2月22日借款40万元。

【案件焦点】

师某海与李某有无恶意串通设置虚假抵押权。

【法院裁判要旨】

广东省珠海市横琴新区人民法院经审理认为：本案原告是中国台湾地区居民，应参照涉外民事诉讼的相关规定进行审理。本案是房屋买卖合同纠纷，不动产所在地、合同履行地均在大陆，大陆与本案具有最密切联系，依照《中华人民共和国涉外民事关系法律适用法》第四十一条之规定，本案适用中华人民共和国大陆法律。

一、关于被告师某海有无违约、应否承担违约责任的问题

关于97号商铺的交易价格问题。虽然原告与被告师某海所签《珠海市房地产买卖合同》约定的97号商铺成交价格是76万元，但是，根据第三人黄某红提交的电话录音，第三人、被告李某均确认双方洽谈97号商铺的成交价格是130万元，被告师某海取得97号商铺产权后，即将该商铺抵押给被告李某，双方所签房地产抵押借款合同将97号商铺作价150万元，与原告主张的成交价格比较接近，故法院采信原告的主张认定97号商铺的成交价格为130万元。关于被告师某海有无履行付款义务、应否承担违约责任的问题。第三人黄某红签字的《收据》上除“黄某红”三个字外的文字均是被告李某所写，该收据原件掌握在被告手中，被告确实存在变造该收据的便利条件；从被告提交的2016年11月26日取款凭条看，该部分款项是否已经交付给原告或第三人黄某红无从证实；黄某红确认收取的17.5万元分别由案外人张某民、王某仑向黄某红转账支付，被告师某海并未实际支付，说明被告师朝海具备付款能力的可能性较低。综合以上分析，法院认定被告所举证据尚不足以形成证据链，不能证明被告已经履行了付款义务。

二、关于两被告有无恶意串通设置虚假抵押权的问题

两被告自认双方是朋友关系，在被告师某海与原告交易涉案商铺、办理产权过户手续、领取房产证、办理抵押备案登记等过程中，被告李某均全程陪同，说明两被告之间存在共同的意思联络；关于两被告之间的借款担保行为是否真实的问题，被告师某海主张2016年11月26日从中国建设银行取款25万元支付购房款和案外人王某仑2017年2月22日向被告师某海转账支付的40万元作为向被告李某的借款，无法体现该借款与两被告抵押担保行为之间的关联性，不能排除被告师某海与李某、王某仑之间存在其他经济往来的可能性，被告所举证据尚不能形成证据链证明两被告之间的抵押借款真实发生；第三人黄某红所举的录音证据可以证明被告李某确认其要求师某海将97号商铺办理抵押登记手续到李某的名下是为了控制该房

产，说明被告李某对于两被告之间的抵押借款行为没有实际发生是十分清楚的。故法院认定两被告恶意串通设置虚假抵押权。

广东省珠海横琴新区人民法院依照《中华人民共和国合同法》第五十二条第二项、第五十八条、第九十四条第四项、第九十七条、第一百零七条规定，作出如下判决：

一、确认原告吴某中与被告师某海2016年11月14日所签《珠海市房地产买卖合同》于判决发生法律效力之日起解除；

二、于判决发生法律效力之日起撤销被告李某在被告师某海名下97号商铺设置的抵押权；

三、被告师某海于判决发生法律效力之日起十五日向原告吴某中返还97号商铺；

四、被告师某海于判决发生法律效力之日起十五日内为原告吴某中办理97号商铺的转移登记手续；

五、被告师某海于判决发生法律效力之日起十五日内一次性向原告吴某中支付违约金130000元。

李某持原审答辩意见提起上诉。广东省珠海市中级人民法院经审理认为：吴某中系中国台湾地区居民，一审法院以大陆法律作为解决本案争议的准据法正确。关于一审法院追加李某为本案被告是否程序错误的问题。师某海与李某分别是案涉97号商铺登记的产权人与抵押权人，李某与本案有利害关系，故一审法院根据当事人申请，依法追加李某为本案被告，并无不当。关于李某与师某海有无恶意串通设置虚假抵押权的问题。首先，师某海于2017年2月22日出具的《借据》，不仅与双方2016年11月18日签订的《房地产借款抵押合同》约定的债务履行期限、支付方式均不相符，且师某海以涉案房产向李某抵押借款，双方先办理了房产抵押备案登记，师某海在时隔三个月之后才取得借款与常理不符，更与师某海本案所主张的其急需资金周转、以声明遗失的方式急切地在2016年11月15日即领取房产证的行为不符；其次，正如一审分析，本案现有证据不足以证明师某海与李某之间的抵押借款真实发生；最后，在黄某红与李某的通话录音中，李某称要控制这个房子，根本未提及师某海以涉案房产作为抵押担保向其借款的相关情况。故一审法院认定师某海与李某二人恶意串通，以办理借款抵押担保的合法形式达到控制97号商铺的目的并无不当。

广东省珠海市中级人民法院依照《中华人民共和国民事诉讼法》第一百七十条第一款第一项的规定，作出如下判决：

驳回上诉，维持原判。

【法官后语】

在二手房交易过程中，购房人与出卖人订立合同后，购房人一方已取得房屋所有权的，出卖人仍有权以购房人未实际支付购房款为由要求解除合同。购房人一方与第三人恶意串通将已购房产设立虚假抵押登记、对出卖人行使合同解除权设置障碍的，人民法院应从购房人与第三人有无共同意思联络和行为、购房人与第三人之间的债权债务关系是否真实发生等方面综合分析，认定该抵押权为无效。

在涉外二手房买卖交易中，经常会出现内地一方当事人利用其对二手房交易流程的熟悉程度、在未完全履行支付房款义务的情况下即骗取不动产所有权登记的情形。本案例的情形更为特殊，购房人骗取不动产所有权登记后，又将该不动产向第三人设置了抵押权，以合法形式对出卖人解除合同形成障碍。对于此类情形，公安机关往往又不予刑事立案，如果人民法院仅仅是进行形式审查，则出卖人的合法权益将难以得到保障。因此，人民法院在处理此类案件中应具体案情具体分析，对于合同的实际履行情况、案涉债权债务的真实性方面进行实质审查，查明和认定设立虚假抵押等恶意串通行为。本案例对于解决同类案件具有一定的指导意义。

编写人：广东省珠海市横琴新区人民法院　郑恒

58

实现抵押权协议恶意串通之认定

——赵某、刘某诉北京鼎旺信用管理有限公司等房屋买卖合同案

【案件基本信息】

1. 裁判书字号

北京市第一中级人民法院（2018）京01民终9601号民事判决书

2. 案由：房屋买卖合同纠纷

3. 当事人

原告（被上诉人）：赵某、刘某

被告（上诉人）：北京鼎旺信用管理有限公司（以下简称鼎旺公司）

第三人（原审第三人）：王某江

【基本案情】

赵某与刘某系夫妻关系。王某江系诚实惠家公司的法定代表人。位于北京市海淀区1204房产（以下简称1204号房屋）原登记在赵某名下。赵某因向重庆神州数码慧聪小额贷款有限公司（以下简称神州贷款公司）借款，而使用1204号房屋作为抵押，并办理了抵押登记。截至2016年10月19日，1204号房屋上登记的抵押权人为神州贷款公司，被担保主债权数额为410万元。

2015年9月6日，赵某及其爱人刘某作为委托人向诚实惠家公司（受托人）出具《委托书》，代为签订房屋买卖合同。2016年10月18日，诚实惠家公司办理公证转委托手续，将赵某原委托事项，转委托给王某江，约定转委托授权期限自本转委托书签署之日起至2017年10月12日止。

2016年9月25日，王某江以赵某（出卖人）委托代理人的身份与鼎旺公司（买受人）签署《北京市存量房屋买卖合同》（以下简称《房屋买卖合同》）约定，赵某出售1204号房屋，成交价格为680万元。合同签订后，鼎旺公司支付全部购房款并取得了1204号房屋的不动产权证书。后王某江未将房屋交付鼎旺公司，鼎旺公司亦未主张过逾期交房责任。

现赵某、刘某主张王某江与鼎旺公司恶意串通。鉴定机构作出鉴定结论为1204号房屋于2016年9月25日的价值总额为840.1万元，赵某为此支付评估费18800元。

针对订立、履行合同的相关事实，鼎旺公司陈述因王某江表示1204号房屋内有赵某亲属居住，不方便看房，故仅看了同户型房屋；王某江曾向其公司表示在半年后才可交房，故可在市场价820万元到840万元的基础上降低房屋价格。鼎旺公司表示在整个交易过程中，未见过赵某，未与赵某本人直接沟通，其公司在签署合同前未见到赵某给予王某江的售房委托书，签署合同时看到赵某向诚实惠家公司出具的委托书，因王某江为诚实惠家公司的法定代表人，故认为王某江享有代理售房权利；王某江虽提及半年后交房，但合同最终约定为过户后3日内。

王某江陈述，2016年9月，赵某曾表示急需用钱，同意王某江在含税价格750万元左右出售房屋，并承诺支付王某江劳务费。

【案件焦点】

实现抵押权的房屋买卖合同是否因恶意串通而无效。

【法院裁判要旨】

北京市海淀区人民法院经审理认为：首先，合同订立前。鼎旺公司并未实地查看房屋或向房屋出售人索取可以显示房屋状况的照片或录像，未审查王某江代理权限，明知交易时房屋的市场价格反而以低于市场价一百余万元的价格购买房屋。其次，合同订立时。双方合同约定"在过户后3日内交房"，此约定与双方陈述的不能看房及延期交房的事实相互矛盾，双方约定的解除抵押时间与鼎旺公司支付第一笔房款的时间不符，鼎旺公司也并未对迟延办理解除抵押手续提出质疑。最后，在合同履行环节中。鼎旺公司并未以诉讼或其他保护权利的方式向赵某主张交付房屋或追究其逾期交房的违约责任，或要求实际居住人腾退房屋。

北京市海淀区人民法院依照《中华人民共和国合同法》第五十二条之规定，作出如下判决：

鼎旺公司与赵某于2016年9月25日签署的《北京市存量房屋买卖合同》及于2016年10月14日签署的《存量房屋买卖合同》均属无效。

鼎旺公司不服一审判决，提起上诉。北京市第一中级人民法院经审理认为：（1）涉案房屋成交价格为680万元，远低于鉴定机构鉴定价值总额840.1万元。王某江、鼎旺公司明知涉案房屋的市场价格，仍以远低于市场价格的方式进行交易。（2）对于价值较大的交易，王某江、鼎旺公司均为理性的经济人，应尽到谨慎的注意义务。鼎旺公司未予看房就进行签约，非理性经济人所为。（3）《房屋买卖合同》约定出卖人应在产权转移登记后3日内将房屋交付买受人，2016年10月27日产权转移登记已经完成。正常的交易中，鼎旺公司在无法获得房屋使用权时应早已通过诉讼的方式要求赵某交付房屋，但直至本案一审立案时，鼎旺公司一直未通过诉讼的方式主张权利。结合上述反常之处，宜根据日常生活经验法则认定鼎旺公司与王某江签署的《房屋买卖合同》及《存量房屋买卖合同》有恶意串通损害赵某权利之情形。

北京市第一中级人民法院依照《中华人民共和国民事诉讼法》第一百七十条第一款第一项规定，作出如下判决：

驳回上诉，维持原判。

【法官后语】

借款时约定以房屋作为抵押，是担保债权实现的重要方式。本案的争议焦点即为实现抵押权的房屋买卖合同是否因恶意串通而无效。

一、实现抵押权协议之认定

《中华人民共和国物权法》（以下简称《物权法》）第一百八十六条为流押契约的禁止规定。但是，抵押权人在签署抵押合同时，同时与抵押人签订委托书，授权抵押权人在债务人不履行到期债务时代为签署房屋买卖合同、出卖房屋的，该委托书和后续的房屋买卖合同是否属于流押契约？

首先，实现抵押权协议与流押契约的订立时间不同。根据《物权法》第一百九十五条的规定，实现抵押权协议成立于债务人不履行到期债务或者发生当事人约定的实现抵押权的情形；而《物权法》第一百八十六条则规定流押契约订立于债务履行期届满前。本案中，房屋买卖合同订立于赵某、刘某不履行到期债务之后，因而从订立时间看，房屋买卖合同为实现抵押权协议而非流押契约。

其次，实现抵押权协议与流押契约的受偿过程不同。实现抵押权协议在债务届期后，约定抵押权人通过拍卖、变卖抵押财产方式优先受偿，抵押财产的买受人和出卖价格处于不确定的状态，并非绝对地由抵押权人取得对抵押财产的所有权。而流押契约则确定地约定，债务人不履行到期债务则抵押财产归债权人所有。本案中，抵押权人仅对变卖抵押财产所得的收益优先受偿，而并未取得对涉案房屋的所有权。

综上，赵某和王某江订立的委托书、赵某和鼎旺公司订立的房屋买卖合同为实现抵押权的协议，而非流押契约。

二、恶意串通之推定

为切实保护抵押人的利益，需要继续考察实现抵押权的房屋买卖合同是否因恶意串通而无效。

首先，房屋的成交价格。如房屋买卖合同系以不合理低价签订，则合同将易被认定为因恶意串通而无效。在当事人申请并进行鉴定的情形下，则以评估价作为基准，如当事人未申请鉴定，则法院可依据市场价结合其他因素进行判定。本案中，涉案房屋成交价格为680万元，远低于鉴定机构鉴定价值总额840.1万元。王某江、鼎旺公司明知涉案房屋的市场价格，仍以远低于市场价格的方式进行交易。因此，应当认为王某江和鼎旺公司具有串通损害赵某权利的故意。

其次，合同的洽商过程。可将合同的洽商过程要素分为订立合同时是否履行审慎的注意义务，以及是否明知合同的风险和后果。本案中，在案证据显示，鼎旺公司在签约前未进入涉案房屋看房，未索要房屋照片，亦未见过赵某本人和与其直接沟通。房屋交易为大额交易，王某江、鼎旺公司未尽到审慎的注意义务，非理性经济人所为。

最后，履行情况。出卖人在未履行交付并转移所有权的义务时，如买受人亦未通过诉讼等方式主张权利，则应当推定买卖双方具有恶意串通的故意。本案中，虽然涉案房屋于2016年10月27日产权转移登记完成，但是所有权人鼎旺公司未使用房屋，亦未自行或通过诉讼方式向赵某主张权利，甚为反常。

综上，可以推定实现抵押权的房屋买卖合同因恶意串通而无效，原审判决正确，二审予以维持。

编写人：北京市第一中级人民法院　武旋

59

预查封房屋被裁定以物抵债后，房屋出卖人能否行使合同约定解除权

——威海锦晖房地产开发有限公司诉颜某情房屋买卖合同案

【案件基本信息】

1. 裁判书字号

山东省威海市中级人民法院（2018）鲁10民终1370号民事判决书

2. 案由：房屋买卖合同纠纷

3. 当事人

原告（上诉人）：威海锦晖房地产开发有限公司（以下简称锦晖公司）

被告（被上诉人）：颜某情

【基本案情】

2009年10月23日，颜某情与锦晖公司签订商品房买卖合同，约定颜某情以306570元的价格购买位于威海市文登区昆嵛路39号某室房屋，合同约定颜某情支付首付款61570元，余款245000元申请银行按揭贷款支付。合同附件《补充协议》中约定：在锦晖公司为颜某情银行按揭贷款提供担保期间，如因颜某情未能按时偿还贷款本息，导致银行从锦晖公司扣款，颜某情必须在锦晖公司通知后五日内归还被扣款项，并按日支付被扣金额的万分之二的滞纳金，同时锦晖公司有权收取被扣金额3%的违约金；如因颜某情连续三个月未能还款，导致银行解除按揭贷款合同，同时从锦晖公司账户扣除款项的，锦晖公司有权解除商品房买卖合同，并有权要求颜某情将房屋恢复原状、腾空房屋后交还，锦晖公司将颜某情已付房款扣除违约金等相关费用后退还颜某情。颜某情收房后对房屋进行了装修，但未办理房屋产权登记手续。

2014年7月23日，因颜某情逾期还款，银行根据按揭贷款合同的约定，将颜某情、锦晖公司诉至法院，法院判决：一、颜某情偿还银行借款本金、利息、罚息、律师费等；二、锦晖公司对颜某情上述还款义务承担连带保证责任；三、锦晖公司承担保证责任后有权向颜某情追偿。2017年6月，法院根据银行方面的申请从锦晖公司账户中扣划上述判决执行款和执行费。锦晖公司遂向法院提起诉讼，要求解除双方签订的商品房买卖合同、颜某情返还房屋并支付违约金。

2017年7月30日，因颜某情未能按生效判决向新疆某公司履行付款义务，新疆某公司申请法院对案涉房屋进行了查封。2018年4月27日，法院作出执行裁定书，裁定将颜某情名下的案涉房屋作价334000元交付申请执行人新疆某公司抵偿部分债务，上述房产所有权自裁定送达申请执行人时转移。基于上述情况，一审法院向锦晖公司释明可变更诉讼请求向颜某情行使追偿权，但锦晖公司坚持要求解除合同并撤回返还房屋的诉讼请求。

【案件焦点】

锦晖公司能否行使合同约定解除权。

【法院裁判要旨】

山东省威海市文登区人民法院经审理认为：锦晖公司与颜某情签订的商品房买卖合同，系双方真实意思表示，该合同有效。合同中双方约定的付款及交付房屋的主要内容均已履行完毕。根据合同中《补充协议》约定，在锦晖公司承担保证责任的情况下享有房屋买卖合同的解除权。行使该约定解除权的前提是锦晖公司承担了保证责任，目的在于通过收回房屋的方式弥补锦晖公司承担保证责任而遭受的损失。因法院执行裁定已将案涉房屋抵顶给另案申请执行人新疆某公司，该房屋存在返还不能的情形。锦晖公司拟按补充协议约定，通过解除合同、要求颜某情返还房屋的救济途径来保障其权益的目的已无法实现，且双方合同主要内容已经履行完毕，此时解除合同既不能保障锦晖公司的自身权益，还将导致因不能返还房屋而产生的诸如解除后果如何承担等新问题。鉴于借款合同纠纷案件判决中已明确锦晖公司在承担保证责任后享有追偿权，同时锦晖公司要求解除合同亦是出于收回代颜某情偿还的银行贷款本息等费用的考虑，在后一救济途径中的返还房屋已无法实现的情况下，锦晖公司仍可通过行使追偿权以追回损失。在已向锦晖公司释明的情况下，锦晖公司拒绝变更诉讼请求，故对锦晖公司要求解除合同的请求，不予支持。

山东省威海市文登区人民法院依照《中华人民共和国合同法》第八条、第四十四条、第一百一十四条第一款的规定，作出如下判决：

一、颜某情于判决生效之日起十日内支付锦晖公司违约金 9197.1 元；

二、驳回锦晖公司的其他诉讼请求。

锦晖公司持原审起诉意见提起上诉。山东省威海市中级人民法院经审理认为：《中华人民共和国合同法》第九十三条规定，当事人可以约定一方解除合同的条件，解除合同的条件成就时，解除权人可以解除合同。锦晖公司与颜某情签订的商品房买卖合同及补充协议系双方当事人真实意思表示，未违反法律、行政法规的强制性规定，合法有效。根据补充协议的约定和锦晖公司承担了连带还款保证责任的事实，双方约定的合同解除条件成就，锦晖公司要求解除合同符合合同约定与法律规定，应予以支持。一审以合同解除后无法返还房屋为由未支持锦辉房地产公司的诉请，理由不当，应予以纠正。

《中华人民共和国合同法》第九十七条规定，合同解除后，尚未履行的，终止履行；已经履行的，根据履行情况和合同性质，当事人可以要求恢复原状、采取其他补救措施，并有权要求赔偿损失。《中华人民共和国物权法》第二十八条规定，人民法院、仲裁委员会的法律文书或者人民政府的征收决定等，导致物权设立、变更、转让或者消灭的，自法律文书或者人民政府的征收决定等生效时发生效力。《最高人民法院关于适用〈中华人民共和国物权法〉若干问题的解释（一）》第七条规定，人民法院、仲裁委员会在分割共有不动产或者动产等案件中作出并依法生效的改变原有物权关系的判决书、裁决书、调解书，以及人民法院在执行程序中作出的拍卖成交裁定书、以物抵债裁定书，应当认定为物权法第二十八条所称导致物权设立、变更、转让或者消灭的人民法院、仲裁委员会的法律文书。本案中，一审法院执行裁定已将案涉房屋抵顶给另案申请执行人新疆某公司，案涉房屋的所有权已转移，该房屋存在返还不能的情形，合同解除后锦晖公司可通过其他措施予以救济。

山东省威海市中级人民法院依照《中华人民共和国合同法》第九十三条、九十七条，《中华人民共和国民事诉讼法》第一百七十条第一款第二项之规定，作出如下判决：

一、维持威海市文登区人民法院（2017）鲁1003民初3446号民事判决第一项即颜某情于判决生效之日起十日内支付锦晖公司违约金9197.1元；

二、撤销威海市文登区人民法院（2017）鲁1003民初3446号民事判决第二项；

三、解除锦晖公司与颜某情于2009年10月23日签订的商品房买卖合同。

【法官后语】

本案处理重点主要在于对合同约定解除权行使的理解。一审法院认为，双方合同主要义务均已履行完毕，且涉案房屋处已被以物抵债裁定书转移所有权。此时解除合同，将会导致合同双方利益失衡，还将产生合同解除后果不明及影响案外人权益等新问题，而合同继续履行并不影响守约方要求对方承担违约责任的权利，故认为不宜行使合同约定解除权。而二审法院认为双方约定解除合同的条件已成就，守约方要求解除合同应当支持。至于合同解除后存在房屋返还不能的情况，可以通过其他措施救济，遂对一审判决予以改判。

从结果上来看本案，不论是合同解除还是继续履行，房屋出卖人均不能通过收回房屋的方式来保障其权益。一审法院虽考虑较多因素，但支持守约方行使合同约定解除权，既是尊重合同当事人的意思自治，也维护了守约方依法享有的正当权益。

编写人：山东省威海市文登区人民法院　周力

60

预购商品房抵押预告登记的效力认定问题

——李某某诉惠州东江湾房地产开发有限公司房屋买卖合同案

【案件基本信息】

1. 裁判书字号

广东省惠州市中级人民法院（2017）粤13民终768号民事判决书

2. 案由：房屋买卖合同纠纷

3. 当事人

原告（被上诉人）：李某某

被告（被上诉人）：惠州东江湾房地产开发有限公司（以下简称新金世界公司）

第三人（上诉人）：中国银行股份有限公司惠州分行（以下简称中国银行惠州分行）

第三人（被上诉人）：陈某某

【基本案情】

陈某某与新金世界公司（由惠州东江湾房地产开发有限公司名称变更而来）就涉案房屋的买卖签订了一份《商品房买卖合同》，约定陈某某购买新金世界公司开发的金世界花园瑞景苑B座14层A号房，总价款为427025元，付款方案为首付30%，余款办理银行按揭。2003年1月13日，陈某某与新金世界公司、中国银行惠州分行签订《住房抵押贷款合同》，约定中国银行惠州分行向陈某某发放贷款

298000元，陈某某将涉案房屋作为借款的抵押，新金世界公司提供连带责任保证，保证期间自本合同生效之日起至贷款行取得并正式执管抵押物的《房地产证》及《他项权证》正本之日。陈某某与中国银行惠州分行于2003年6月12日办理了预购商品房抵押登记。2003年1月15日，中国银行惠州分行将款项298000元发放至新金世界公司账户。自借款后至2007年12月，陈某某账户均有向中国银行惠州分行还款的交易记录，截至2016年7月12日，陈某某的借款尚欠本金260224.88元，产生的利息及罚息分别为43969.99元、9556.27元。2006年10月26日，惠州市公安局出具惠市公函字（2006）74号《关于惠州金世界房产开发有限公司涉嫌虚假按揭贷款情况说明的函》，称：经侦查，新金世界公司恶意使用他人身份证、收入证明等资料虚假按揭购房，与他人签订虚假“广东省商品房买卖合同”，同时向中国银行惠州分行等银行贷款办理虚假的“住房抵押贷款合同”或“个人住房借款合同”申请银行按揭，并由公司垫付购房首期款和集中供款，该局认定新金世界公司虚假按揭贷款共330套（两套待进一步核实）。陈某某与新金世界公司之间就涉案房屋的买卖、陈某某与中国银行惠州分行、新金世界公司之间的借贷担保关系在虚假按揭贷款之列，该贷款由新金世界公司集中供款，且陈某某已签订退房协议。陈某某及被告对上述事实予以确认。根据惠州市不动产档案馆出具的《商品房预售合同登记备案查询结果》，涉案房屋现备案的购房者为陈某某。

在陈某某与新金世界公司就涉案房屋的买卖签订涉案《商品房买卖合同》后不久，即2003年2月18日，本案原审原告李某某与新金世界公司签订《商品房买卖合同》，李某某购买涉案房屋，总价款376900元，新金世界公司应在商品房交付使用这日起18个月内为原告办理好房地产权证。李某某支付了购房款376900元，缴交住宅专项维修资金及契税。但至今，涉案房屋的产权证仍未办理至原告名下。李某某向一审法院提起诉讼，请求依法判令：1. 确认李某某对金世界花园瑞景苑B座14层A号房产享有所有权，新金世界公司履行所签《商品房买卖合同》约定的义务，办理房产证到原告名下并及时将房产证交付原告；2. 因办理“假按揭贷款”，陈某某与新金世界公司于2003年1月2日所签的《商品房买卖合同》为无效合同；3. 陈某某与新金世界公司、中国银行惠州分行三方于2003年1月13日所签《住房抵押贷款合同》为无效合同；注销对金世界花园瑞景苑B座14层A号房享有的抵押权的手续。

【案件焦点】

1. 为办理虚假按揭贷款而签订的《商品房买卖合同》无效，则《住房抵押贷款合同》是否也必然无效；2. 在只办理了抵押预告登记而未办理抵押权登记的情况下，能否在银行贷款本息尚未偿还完毕时注销抵押预告登记。

【法院裁判要旨】

广东省惠州市惠城区人民法院经审理认为：由于陈某某与新金世界公司签订的《商品房买卖合同》无效，陈某某、新金世界公司与中国银行惠州分行签订《住房抵押贷款合同》的目的在于套取银行的资金，系以合法形式掩盖非法目的，该合同为无效合同。涉案房产上设定的抵押预告登记，与抵押权设立登记具有不同的法律性质和法律效力。根据《中华人民共和国物权法》等相关法律法规的规定，预告登记后，未经预告登记的权利人同意，处分该不动产的，不发生物权效力。预告登记后，债权消灭或者自能够进行不动产登记之日起三个月内未申请登记的，预告登记失效。即抵押权预告登记所登记的并非现实的抵押权，而是将来发生抵押权变动的请求权，该请求权具有排他效力。因此，中国银行惠州分行作为涉案房屋抵押权预告登记的权利人，在未办理房屋抵押权设立登记之前，其享有的是当抵押登记条件成就或约定期限届满对涉案房屋办理抵押权登记的请求权，并可排他性地对抗他人针对涉案房屋的处分，但并非对涉案房屋享有现实抵押权。因此，可以支持原告李某某要求注销涉案房屋的抵押权预告登记。至于中国银行惠州分行的未受清偿的债权如何实现，应由中国银行惠州分行另行向陈某某及新金世界公司主张权利，本案不予审理。

广东省惠州市惠城区人民法院依照《中华人民共和国合同法》第五十二条、第五十六条、第五十八条，《最高人民法院关于审理商品房买卖合同纠纷案件适用法律若干问题的解释》第十八条，《中华人民共和国民事诉讼法》第六十四条第一款、第一百四十二条的规定，判决如下：

一、确认陈某某与新金世界公司签订的《商品房买卖合同》无效；

二、确认陈某某与新金世界公司、中国银行惠州分行于 2003 年 1 月 13 日签订的《住房抵押贷款合同》无效；

三、陈某某、中国银行惠州分行、新金世界公司应于本判决发生法律效力之日起十日内办理位于惠州市惠城区江北云山东路 28 号的金世界花园瑞景苑 B 座 14 层

A号房的抵押权预告登记注销手续。

中国银行惠州分行不服，提起上诉。惠州市中级人民法院经审理认为：《广东省商品房买卖合同》与《住房抵押贷款合同》之间具有紧密联系但又相互独立的合同关系。当商品房买卖合同因法律规定的原因被宣布无效或者被撤销以后，将会导致按揭贷款的担保物发生变化，但并不必然造成按揭贷款合同无效或被撤销。本案中，新金世界公司为套取银行贷款，与陈某某签订虚假的《广东省商品房买卖合同》，虚假约定陈某某向新金世界公司购买其开发的金世界花园房产，其最终合同目的套取银行贷款，属于以合法形式掩盖非法目的，应当认定为无效。但由于两份合同之间不具有主从合同关系，《广东省商品房买卖合同》无效，并不必然导致《住房抵押贷款合同》无效。从现有证据来看，根据相关行政部门的调查结论，中国银行惠州分行在审查发放住房抵押贷款时存在一定的过错，但没有证据证明，中国银行惠州分行与陈某某、新金世界公司签订《住房抵押贷款合同》之时，对新金世界公司利用虚假商品房买卖套取银行贷款知情，并且合同中各方当事人的签字、盖章均为真实。因此，应当认定《住房抵押贷款合同》合法有效。原审判决认定《住房抵押贷款合同》无效错误，法院予以纠正。在《住房抵押贷款合同》的签订、履行过程中，新金世界公司以使用贷款为目的，假借陈某某名义贷款，在中国银行惠州分行依约发放贷款之后，新金世界公司实际收取贷款并用于经营，新金世界公司是贷款的实际使用人。虽然陈某某明知新金世界公司以融资为目的，以己方名义贷款，向新金世界公司提供身份证明等相关文件，并在虚假的《商品房买卖合同》《住房抵押贷款合同》上签名，但陈某某未实际参与合同的履行，未获取贷款使用，未实际占有涉案借款购置的房产，未从中获取非法利益，为此，陈彩某某无须承担向中国银行惠州分行还款付息的责任，该责任应由新金世界公司承担，法院依法认定由新金世界公司偿还贷款本息余额。

关于预购抵押登记能否注销问题，对此，依据《最高人民法院关于审理商品房买卖合同纠纷案件适用法律若干问题的解释》第二十五规定，商品房买卖合同被确定无效或被撤销、解除后，商品房担保贷款合同也被解除的，出卖人应当将收受的购房贷款和购房款的本金及利息分别返还担保权人和买受人。本案中，虽然陈某某办理了涉案房屋的预购抵押登记，与抵押权登记有所区别，但是不能以陈某某未申请不动产登记为由而取消中国银行惠州分行收回贷款的权利。故一审法院判决中国银行惠州分行以及新金世界公司在十日内办理涉案房屋的抵押权预告登记注销手续，有所不当，法院予以纠正为：被上诉人新金世界公司在本判决生效后十日内向上诉人中国银行惠州分行支付有关金世界花园瑞景苑 B 座 14 层 A 号房拖欠的按揭贷款本息（贷款本金以该行核算的金额为准，利息则从上诉人中国银行惠州分行发放贷款之日起按照中国人民银行同期同类贷款利率的 50% 计至贷款本金付清之日止，而且应扣除之前已付的利息），上诉人中国银行惠州分行应在收到上述全部款项后五天内办理金世界花园瑞景苑 B 座 14 层 A 号房的抵押权预告登记注销手续。

惠州市中级人民法院依据《中华人民共和国民事诉讼法》第一百七十条第一款第二项之规定，判决如下：

一、确认陈某某与新金世界公司、第三人中国银行惠州分行于 2003 年 1 月 13 日签订的《住房抵押贷款合同》有效；

二、被上诉人新金世界公司在本判决生效后十日内向上诉人中国银行惠州分行支付位于惠州市惠城区江北云山东路 28 号的金世界花园瑞景苑 B 座 14 层 × 号房的拖欠的按揭贷款本息（贷款本金以该行核算的金额为准，利息则从上诉人中国银行惠州分行发放贷款之日起按照中国人民银行同期同类贷款利率的 50% 计至贷款本金付清之日止，而且应扣除之前已付的利息），上诉人中国银行股份有限公司惠州分行应在收到上述全部款项后五天内办理金世界花园瑞景苑 B 座 14 层 × 号房的抵押权预告登记注销手续。

【法官后语】

司法实践中，有人认为《商品房买卖合同》是主合同，为了购买商品房而签订的抵押贷款合同是其从合同，这属于对该两份合同性质的误解。抵押贷款合同与商品房买卖合同是两个截然不同的法律关系，一个是集贷款、抵押为一体的借款合同关系，另一个是买卖合同关系；抵押贷款合同的相对方是贷款购房人与按揭银行，而商品房买卖合同的合同相对方是购房人与开发商；购房人与银行之间的借贷关系独立于房屋买卖关系之外，抵押贷款合同没有依附于商品房买卖合同而存在。由上述分析可知，商品房买卖合同与抵押贷款合同是两个相互独立的合同，不具有主从性，因此商品房买卖合同的无效并不必然导致住房抵押贷款合同的无效。本案中要判断涉案《住房抵押贷款合同》的效力问题，则需要结合合同法关于合同效力的规定进行分析。由于中国银行惠州分行在签订《住房抵押贷款合同》时对于新金世界公司套取贷款的目的并不知情，没有证据证明涉案《住房抵押贷款合同》符合《中华人民共和国合同法》第五十二条中关于合同无效的五种情形之一，签订该合同的各方主体均具有民事行为能力，在中国银行惠州分行没有提起撤销之诉之前，应当认定《住房抵押贷款合同》成立并有效。

在认定归还贷款本息的主体问题上，本案中主要是考虑到实质公正，本着“由谁用，由谁还”的原则，因而认定由公司来还本付息。

本案涉及的另外一个主要法律点是关于如何认定预购商品房抵押权预告登记与抵押权之间的关系，以及在何种情形下可以认定其失效。所谓预购商品房抵押权预告登记是指购房人在支付首期款后，由贷款银行代其支付其余的购房款，将所购商品房抵押给贷款银行作为偿还贷款履行担保的行为。预购商品房抵押权预告登记主要在于确保商品房建成且预购人取得所有权登记后，该抵押权能够自动转化为现房抵押权。依据《中华人民共和国物权法》第二十条第二款规定，预告登记后，债权消灭或者自能够进行不动产登记之日起三个月未申请登记的，预告登记失效。而此处规定的“能够进行不动产登记”，主要是指预售商品房已经办理所有权初始登记。关于三个月的起算点，有学者认为，应当设立不动产权利人通知义务，即不动产权利人办理初始登记后，应当通知预告登记权利人，自此起算三个月。否则，即使自能够进行不动产登记之日起超过三个月，但预告登记权利人不知道的，预告登记也不应失效。[①] 本案中，一审法院认为中国银行惠州分行作为涉案房屋抵押权预告登记的权利人，在未办理房屋抵押权设立登记之前，其享有的是当抵押登记条件成就或约定期限届满对涉案房屋办理抵押权登记的请求权，并非对涉案房屋享有现实抵押权。因此，可以支持原告李某某要求注销涉案房屋的抵押权预告登记。一审法院将抵押权预告登记与抵押权的效力区分开来，并无不当，但是若抵押权预告登记并未失效，则将其注销会损害抵押权人的合法权益。本案的特殊性在于涉案房屋所在的楼盘由于开发商经营发生严重困难以及办理虚假银行按揭等原因，迟迟未能办理出房产证。后在2011年10月31日由市政府牵头形成了办证的具体解决方案。而在2003年，新金世界公司将该房出售给了李某某。而签订抵押贷款合同的陈某某

① 程啸：《不动产登记法研究》，法律出版社2011年版，第552页。

并非真正购房者，按照常理，不会去关注房产证的办理时间，自然不会在可以办理初始时去告知银行办理抵押权登记。在此种情形下，不应轻易认定抵押权预告登记已经失效。因此二审法院纠正为：在开发商支付拖欠的贷款本息后，银行再注销涉案房屋的抵押权预告登记。这样处理方显公正，实现了法律效果与社会效果的统一。

编写人：广东省惠州市中级人民法院　胡江

十一、其　他

61

房产新政实施并不必然导致买卖合同解除

——魏某诉宋某华等房屋买卖合同案

【案件基本信息】

1. 裁判书字号

北京市第二中级人民法院（2018）京02民终5568号民事判决书

2. 案由：房屋买卖合同纠纷

3. 当事人

原告（被上诉人）：魏某

被告（上诉人）：宋某华、林某婧

被告：北京链家房地产经纪有限公司（以下简称链家公司）

【基本案情】

2017年3月11日，魏某（出卖人）与宋某华、林某婧（买受人）签订了《北京市存量房屋买卖合同》，约定：由宋某华、林某婧购买魏某所有的位于北京市丰台区右外大街56号1号楼18层2单元××号房屋（以下简称涉案房屋），建筑面积为100.62平方米，该房屋成交价格为462万元，该房屋家具、家电、装饰装修及配套设施设备等作价为356万元；买受人向出卖人支付定金50万元，定金支付方式为直接支付给出卖人；买受人向银行申办抵押贷款，并由贷款机构按其规定将该部分房款直接支付给出卖人，买受人拟贷款金额为300万元，买受人因自身原因未获得贷款机构批准的（包括贷款未获得批准和未按照前述拟贷款金额足额批准的），买受人继续申请其他贷款机构贷款，至贷款批准，买受人自行负担期间已发生的及要产生的各项费用。第七条违约责任约定：“逾期付款责任：买受人未按照补充协议约定的时间付款的，按照下列方式处理：按照逾期时间，分别处理。逾期超过15日后，出卖人有权解除合同。出卖人解除合同的，买受人应当自解除合同通知送达之日起15日内按照累计的逾期应付款的20%向出卖人支付违约金，并由出卖人退还买受人全部已付款。”

同日，魏某（甲方/出卖方）与宋某华、林某婧（乙方/买受方）、链家公司（丙方/居间方）签订了《补充协议》，约定：甲、乙双方同意，交易房屋价款及家具家电、装饰装修和配套设施作价总计为818万元，乙方于2017年3月11日将第一笔定金20万元以自行划转的方式支付甲方，乙方于做完房屋核验后2个工作日内将第二笔定金30万元以自行划转的方式支付甲方；乙方于收到银行批贷通知函后5个工作日内将第一笔首付款162万元以建委监管支付的方式支付甲方，乙方于收到银行批贷通知函后5个工作日内将第二笔首付款304万元以理房通支付的方式支付甲方；甲乙双方应于收到评估报告后5个工作日内共同前往贷款机构办理贷款申请手续；若乙方出现下列情形之一的，乙方构成根本违约，且甲方有权以书面通知的方式解除房屋买卖合同……（2）拒绝购买该房屋的……乙方出现上述根本违约情形之一的，乙方应当在违约行为发生之日起15日内，以相当于该房屋总价款的20%向甲方支付违约金。乙方向甲方已支付的全部款项冲抵违约金，多退少补；丙方收取乙方的费用不予退还；第四条违约责任还约定：“4. 在本协议履行期间，如出台新的限购政策且该限购政策导致本协议无法继续履行的，各方互不承担违约责任，后续事宜及已交付的款项和已发生的费用由各方友好协商解决。”第五条其他还约定：“其他约定：2. 乙方承诺具有北京市购房资质和购房贷款资质。”

同日，魏某和宋某华、林某婧及方源公司签订了《房屋交易保障服务合同》，约定宋某华、林某婧应向方源公司支付保障服务费24540元及代收评估费600元。同日，魏某和宋某华、林某婧及链家公司签订了《居间服务合同》，约定宋某华、林某婧应向链家公司支付居间代理费179960元。

上述合同签订当日，宋某华、林某婧向魏某支付第一笔定金20万元。

2017年3月17日，北京市住房和城乡建设委员会、中国人民银行营业管理部、中国银行业监督管理委员会北京监管局和北京住房公积金管理中心联合发布了《关于完善商品住房销售和差别化信贷政策的通知》（京建法〔2017〕3号，以下简称限贷政策），规定：二、居民家庭名下在本市无住房且无商业性住房贷款记录、公积金住房贷款记录的，购买普通自住房的执行现行首套房政策，即首付款比例不低于35%，购买非普通自住房的首付款比例不低于40%（自住型商品住房、两限房等政策性住房除外）。居民家庭名下在本市已拥有1套住房，以及在本市无住房但有商业性住房贷款记录或公积金住房贷款记录的，购买普通自住房的首付款比例不低于60%，购买非普通自住房的首付款比例不低于80%。

2017年3月21日，宋某华、林某婧向魏某支付了第二笔定金30万元。至此，宋某华、林某婧已向魏某支付了定金共计50万元。

2017年4月29日，宋某华、林某婧向魏某发送短信表明因限贷政策影响，资金缺口200多万元，协商解约。

另查，宋某华、林某婧还向方源公司支付了保障服务费24540元及代收评估费600元，向链家公司支付了居间服务费179960元。

【案件焦点】

1. 宋某华、林某婧是否确因新政而致履约能力受到严重影响，从而导致房屋买卖合同无法履行；2. 房屋买卖合同解除后的法律后果与责任承担。

【法院裁判要旨】

北京市丰台区人民法院经审理认为：原告魏某与被告宋某华、林某婧签订的《北京市存量房屋买卖合同》及原告魏某与被告宋某华、林某婧、被告链家公司签订的《补充协议》系当事人的真实意思表示，不违反法律、行政法规的强制性规定，应为有效合同，双方应按合同约定履行。双方约定二被告以贷款300万元的方式支付部分购房款，但新的限贷政策在2017年3月17日颁布后，导致二被告不能按合同约定的贷款数额办理贷款，房款中非贷款比例增加，且其出售原自有房屋所得房款与本案购房款有一定差距，无力支付本案全部房款，致使本案买卖合同无法继续履行，被告据此有权要求解除合同。被告在取得上述解除权后，应当及时行使上述权利，对不再继续履行合同作出明确意思表示。否则，在合同尚未解除的情况下，原告理应认为二被告能够继续履行合同。但二被告未能及时做出表示，时至

2017 年 4 月 29 日方以短信方式表示协商不再继续履行合同，从而导致原告未能及时控制损失，造成损失扩大。对此，二被告存在过错，应当承担相应违约责任。二被告辩称在相关政策颁布后，不能确定该政策的适用范围，依据不足，法院亦不采纳。鉴于原告主张的违约金数额与其实际损失相比明显偏高，且二被告亦对此提出异议，根据相关法律规定，法院对原告主张的违约金数额予以酌减。根据原告提供的相关证据，法院对于原告的律师费数额予以认定，但违约金系对损失的补偿，因法院已经判令被告支付违约金，违约金数额对原告的律师费损失已经予以补偿，故对原告主张二被告支付律师费损失的主张，法院不再予以支持。原告诉称被告在 6 月 11 日曾表示继续履行合同，但没有提供充足证据予以证明，法院不予采信。因被告支付的定金已在另案中判令原告返还，故原告要求定金充抵违约金的主张，法院不再支持。

北京市丰台区人民法院依照《中华人民共和国合同法》第九十四条、第一百零七条、第一百一十四条之规定，作出如下判决：

一、解除魏某与宋某华、林李靖于 2017 年 3 月 31 日签订的《北京市存量房屋买卖合同》；

二、解除魏某与宋某华、林李靖、链家公司于 2017 年 3 月 31 日签订的《补充协议》；

三、宋某华、林李靖于本判决书生效之日起十五日内向魏某支付违约金 70 万元；

四、驳回魏某的其他诉讼请求。

宋某华、林某婧不服一审判决，提起上诉。

北京市第二中级人民法院经审理认为：依法成立的合同对双方当事人均具有法律约束力，双方当事人均应依约享有相关合同权利，履行相应合同义务。宋某华、林某婧与魏某签订的《北京市存量房屋买卖合同》及宋某华、林某婧与魏某、链家公司签订的《补充协议》系当事人的真实意思表示，不违反法律、行政法规的强制性规定，应为有效合同，双方应按合同约定履行。本案争议焦点系涉案合同是否因新政的实施致使无法继续履行，即宋某华、林某婧是否应当承担违约责任。根据本案查明的事实，首先，在新政出台后，宋某华、林某婧仍向魏某支付了定金 30 万元；后宋某华、林某婧向链家公司表示可以继续履行合同。其次，宋某华、林某婧虽于2017年4月29日向魏某发送短信协商解约，但直至2017年7月19日宋某华、林某婧诉至法院要求解除合同之时，双方始终对是否继续履行合同未达成一致。最后，双方均认可，宋某华、林某婧于2017年3月将其名下另外一套房屋出售予案外人，售价753万元。宋某华、林某婧主张由于新政实施导致首付款增加120余万元，并自认资金缺口80万元左右。法院结合涉案合同的履行情况、购房成本增加比例、宋某华、林某婧工作资信状况及出售另外一套房屋后的资金回笼情况，难以认定新政对宋某华、林某婧履行涉案房屋买卖合同的履约成本、履约能力构成严重影响，故对宋某华、林某婧主张解除合同后免除违约责任的上诉请求，不予支持。

关于违约金数额，综合本案合同履行情形情况、违约方过错、守约方实际损失等，法院对一审法院酌定宋某华、林某婧应当支付魏某违约金70万元不持异议。

北京市第二中级人民法院依据《中华人民共和国民事诉讼法》第一百七十条第一款第一项之规定，作出如下判决：

驳回上诉，维持原判。

【法官后语】

2017年3月17日至4月19日，北京市政府相关部门先后出台《关于完善商品住房销售和差别化信贷政策的通知》等十一项限购、限贷调控政策（以下简称为“3.17新政”）。“3.17新政”的实施，有效规范了房地产市场秩序，但由于上述新政颁布缓冲期短、覆盖面广、调控力度大，由此也引发了一定数量纠纷案件。为正确适用法律、统一裁判标准，北京市高院民一庭随后下发了《高级人民法院民一庭关于妥善处理涉及“3.17新政”的房屋纠纷案件若干问题的会议纪要》（以下简称为《会议纪要》），对房地产调控政策的定性及纠纷的处理提出了具体的指导意见。

此次新政相比于历次政策的显著特点之一系影响首付款比例的因素除买房人家庭名下在本市有无住房外，还需对其名下有无商业性住房贷款记录、公积金住房贷款记录进行审查，即社会通说的在差别化住房信贷政策基础上，“认购又认贷”，这是此前调控政策从未出现的新手段。在北京市房屋买卖市场中，连环买卖占较大比例，包括本案在内的很多买房人，本寄希望于通过及时卖出名下住房的方式来符合原本政策中较低首付的规定，但在本次新政实施后，即使卖出了名下原有住房，但由于此前存在住房贷款记录，亦无法满足低首付的要求，履约能力受到不同程度影响，从而导致纠纷产生。

《会议纪要》对于此类受新政影响的合同履行与否做出了指导性、建设性规定。根据规定，对于合同订立后由于“3.17 新政”的实施致使合同无法继续履行的，属于因不可归责于双方当事人的原因导致合同目的无法实现。当事人要求解除合同的，除合同另有约定外，一般应予支持。但确有证据证明因“3.17 新政”导致购房出资的履约成本增加幅度较小，对当事人履约能力不构成严重影响的，合同应当继续履行，当事人一方以此要求解除合同的，不予支持。结合本案，一审及二审法院均审慎审查了涉案买卖合同的实际履行情况：一方面，买受人宋某华、林某婧确属因新政实施增加了履约成本；另一方面，新政出台后，宋某华、林某婧不仅通过中介公司明确向出卖人表示同意继续履行合同，同时还是支付定金的行为表示了其继续履行的合同的意愿，而并未及时通过合法、合约的方式主张解除涉案买卖合同。后宋、林二人在新政实施一个月后与出卖人协商解除买卖合同未果；经过两审法官审查，宋、林二人在合同签订和履行期间出售了自己名下原有房产，结合二人的工作背景、潜在履约能力和实际资金回笼时间、数量，综合判断本案属于虽因新政导致履约成本增加，但增加幅度较小，不足以严重影响合同履行的情况；宋某华、林某婧以新政为由拒不履行合同的行为显属违约，最终判决宋、林二人应当承担合同解除后的违约责任。

综上，判断确因新政导致买卖合同能否继续履行，法院会根据具体案件情况，综合个案中合同履行程度、合同履约条款规定、当事人因新政实施的实际成本增加比例、买受人资金回笼状况、资信情况等因素综合进行考量，避免“一刀切”导致利益显著失衡，有违公平原则。

编写人：北京市丰台区人民法院　王旻忞

62

房屋买卖合同中受让人“善意取得”的认定标准

——卢甲诉卢乙、崔某云确认合同无效案

【案件基本信息】

1. 裁判书字号

北京市第二中级人民法院（2018）京02民终6593号民事判决书

2. 案由：确认合同无效纠纷

3. 当事人

原告（上诉人）：卢甲

被告（被上诉人）：卢乙

被告（被上诉人）：崔某云

【基本案情】

卢甲、卢乙系艾某兰之子。案外人娄某会、娄某永系崔某云之子。位于北京市房山区燕山东风南里29号楼4层2－××号房屋（以下简称涉案房屋）原登记在案外人艾某兰名下。2010年12月7日。艾某兰与卢甲签订了涉案房屋的过户协议，约定将该房产过户于卢乙名下，作为卢乙买卖其妻子李某位于海淀区润生园小区房产（以下简称润生园房屋）证明所用，不得出售、不得他用；在卢乙与李某将润生园房屋过户后，再将涉案房屋过户回艾某兰名下。2010年12月23日，李某、卢乙（出卖人）与娄某永（买受人）签订了关于润生园房屋的买卖合同。2012年6月1日、2014年1月12日，李某、卢乙（甲方、卖房人）与娄某会（乙方、买房人）就润生园房屋签订《优先购房协议书》《协议书》，约定甲方同意将润生园房屋转让给乙方，并以涉案房屋作为抵押保证协议的履行。在此期间，娄某永、娄某会陆续就润生园房屋向卢乙、李某支付房屋款共计30万元。2016年4月1日，卢乙与崔某云签订了关于涉案房屋的买卖合同，约定卢乙将该房屋出售给崔某云，同年4

月26日完成过户登记。艾某兰于2011年5月24日去世，涉案房屋现由卢甲居住，卢甲曾将卢乙诉至法院要求继承涉案房屋，后撤回起诉。现卢甲诉至法院，认为卢乙与崔某云恶意串通买卖涉案房屋的行为严重损害了自己的合法权利，要求确认卢乙与崔某云就涉案房屋签订的《存量房屋买卖合同》无效。娄某会、娄某永均表示不参加诉讼，认可崔某云系涉案房屋的买受人。对于卢甲的诉讼请求，卢乙、崔某云均不认可。

【案件焦点】

1. 卢乙对涉案房屋的“无权处分”行为是否影响房屋买卖合同的效力；2. 崔某云是否“善意取得”了涉案房屋的所有权？

【法院裁判要旨】

北京市房山区人民法院经审理认为：根据庭审中查明的事实，本案涉案房屋原登记在艾某兰名下，该房屋于2010年12月7日过户至卢乙名下时，卢乙系涉案房屋的登记所有权人，艾某兰系涉案房屋的实际所有权人。艾某兰于2011年5月24日去世后，该房屋作为艾某兰的遗产，在继承完成前，应当由艾某兰的各继承人共同共有。卢乙作为艾某兰的继承人之一，在未取得其他继承人同意的情况下，于2014年与崔某云签订房屋买卖合同处分涉案房屋，其行为构成无权处分。但根据《最高人民法院关于审理买卖合同纠纷案件适用法律问题的解释》第三条规定，当事人一方以出卖人在缔约时对标的物没有所有权或处分权为由主张合同无效的，人民法院不予支持。因此，卢甲以涉案房屋系艾某兰的遗产，卢乙在与崔某云签订房屋买卖合同时系无权处分主张合同无效，缺乏法律依据，法院不予采信。

根据《中华人民共和国合同法》第五十二条之规定，有下列情形之一的，合同无效：其一，一方以欺诈、胁迫的手段订立合同，损害国家利益；其二，恶意串通，损害国家、集体或者第三人利益；其三，以合法形式掩盖非法目的；其四，损害社会公共利益；其五，违反法律、行政法规的强制性规定。就本案而言，卢乙、崔某云自愿签署了房屋买卖合同，不存在一方以欺诈、胁迫的手段订立合同，损害国家利益的情形；卢乙作为涉案房屋的登记所有权人，崔某云有理由信赖卢乙有权处分涉案房屋，庭审中双方亦无证据显示崔某云等对卢乙并非涉案房屋的实际所有权人知情，且结合娄某永、娄某会已经陆续向卢乙支付了购房款30万元，在前述合同迟迟不能履行的情况下，崔某云与卢乙签订了房屋买卖合同，以娄某永、娄某会已支付的30万元作为对价购买本案涉案房屋，符合情理，故卢乙、崔某云亦不存在恶意串通，损害国家、集体或者第三人利益的情形；现有证据亦不能证明卢乙和崔某云之间存在以合法形式掩盖非法目的、损害社会公共利益等其他法定合同无效情形。因此，卢甲主张卢乙、崔某云签订的《存量房屋买卖合同（自行成交版）》无效的诉讼请求，缺乏事实和法律依据，法院不予支持。综上，依照《中华人民共和国合同法》第五十二条，《最高人民法院关于审理买卖合同纠纷案件中适用法律问题的解释》第三条规定，判决如下：

驳回卢甲的诉讼请求。

卢甲不服一审判决，向北京市第二中级人民法院提起上诉。北京市第二中级人民法院经审理认为：《最高人民法院关于审理买卖合同纠纷案件适用法律问题的解释》第三条之规定，当事人一方以出卖人在缔约时对标的物没有所有权或处分权为由主张合同无效的，人民法院不予支持。涉案房屋原登记在艾某兰名下，该房虽于2010年12月7日过户至卢乙名下，但双方协议艾某兰仍为该房屋的实际产权人。故在艾某兰去世后，该房应作为其遗产，由艾某兰的各继承人共同共有。在此前提下，卢乙作为艾某兰的继承人之一于2014年与崔某云签订房屋买卖合同，在未取得卢甲同意的前提下，属于无权处分行为，但该行为依据上述司法解释之规定，已非导致合同无效之情形。

关于卢甲上诉主张的卢乙与崔某云系恶意缔约，损害其利益一节，当事人对自己提出的诉讼请求所依据的事实或者反驳对方诉讼请求所依据的事实有责任提供证据加以证明。没有证据或者证据不足以证明当事人的事实主张的，由负有举证责任的当事人承担不利后果。本案中，卢乙与崔某云在前述涉案房屋买卖合同时卢乙作为买卖标的的房屋的登记所有权人，且卢甲并未提供证据证明崔某云对该房的实际所有权人并非卢乙一节知情；崔某云信赖登记购买房屋，应属善意。至于房屋的交易价格问题，考虑到娄某永、娄某会曾就润生园小区回迁房与卢乙签订一系列房屋买卖合同，且已经陆续向卢乙支付了购房款30万元，在购买润生园小区回迁房之合同迟迟不能履行及合同目的无法实现的前提下，崔某云与卢乙签订涉案房屋买卖合同，以娄某永、娄某会支付的30万元作为对价购买涉案房屋，具备其合理性，仅凭此不足以认定卢乙与崔某云存在恶意串通之情形，故卢甲据此主张合同无效，缺乏事实依据，法院亦不予支持。综上所述，卢甲的上诉请求及理由，缺乏法律依据，法院不予支持。一审判决认定事实清楚，适用法律正确，应予维持。依照《中华人民共和国民事诉讼法》第一百七十条第一款第一项之规定，判决如下：

驳回上诉，维持原判。

【法官后语】

作为现代民法体系中的一项重要制度，善意取得制度在保护交易秩序安全、促进交易发展方面具有重要意义。《中华人民共和国物权法》第一百零六条规定了善意取得制度。依据该法律条文，对不动产的善意取得，需要满足：受让人受让该不动产时是善意的；以合理的价格受让；转让的不动产依照法律规定应当登记的已登记，不需要登记的已交付给受让人三个要件。一般而言，后两个要件在理论和实践中都能够很好把握，如何判断受让人善意则成为决定善意取得成立的关键。

善意，作为一个民法学概念，根据《最高人民法院关于适用〈中华人民共和国物权法〉若干问题的解释（一）》相关规定，是指非明知或因重大过失而不知。一般而言，司法裁判者在受让人善意信赖标的物权利外观的情况下，推定受让人为善意，由原权利人对其非善意负担举证责任。然而，也有观点认为鉴于不动产的高价值性，在不动产交易中，应通过不动产的占有状态认定买受人的“知情或善意”更为合理，即“崔某云对于涉案房屋的占有状态是没有尽到注意义务”是否属于重大过失？笔者认为，对于善意的判断，不仅涉及如何用客观化的外在行为去判断当事人内心的主观状态，还涉及善意判断中如何解释法律以及当事人之间举证责任如何承担的问题。因为善意取得制度并非仅仅旨在维护交易安全，保障受让人对登记或占有等权利外观的信赖，还有平衡原权利人与受让人之间利益的功能。为此，应该严格遵循法律法规的明确规定，增强对受让人群体的同情式理解，避免将法律职业群体的认识程度与普通当事人的认识程度相混同，无形中提高善意的认定标准，使司法裁判中认定的一般人之注意义务与实际情况存在较大偏差。本案中，涉案房屋登记所有人为卢乙，且卢甲并未提供证据证明崔某云对该房的实际所有权人并非卢乙一事知情，崔某云信赖登记购买房屋，应属善意。

编写人：北京市房山区人民法院 陈自喜

63

关于合同显失公平如何认定

——三亚广纳房地产开发有限公司与海南海春投资发展有限责任公司房屋买卖合同案

【案件基本信息】

1. 裁判书字号

海南省澄迈县人民法院(2018)琼9023民初1310号民事判决书

2. 案由:房屋买卖合同纠纷

3. 当事人

原告(反诉被告):三亚广纳房地产开发有限公司(以下简称广纳公司)

被告(反诉原告):海南海春投资发展有限责任公司(以下简称海春公司)

【基本案情】

2018年4月25日,海春公司召开股东会并作出决议,基于市场和公司本身原因,同意出售位于海南省澄迈县老城开发区南一环路一千米处北侧(海南生态软件园)A-××幢房屋(以下称涉案房屋),并委托公司员工颜某负责涉案房屋的出售事宜。同月27日,海春公司与广纳公司签订《房屋买卖合同》,约定海春公司将涉案房屋出售给广纳公司,房屋成交总价为9500000元,广纳公司在签订合同的三个工作日内支付定金600000元,剩余房款的付款方式为双方共同向房屋权属登记部门申请办理房屋权属转移登记,待房管部门受理该房屋权属转移手续无异议时广纳公司将剩余房款存入海春公司账户;海春公司应当在合同签订当日允许广纳公司进行装修设计使用,待该房屋权属转移登记完成当日,海春公司将该房屋交付给广纳公司。同时约定,自合同签订之日起90日内,双方共同向房屋权属登记部门申请办理房屋权属转移登记手续。广纳公司于次日向海春公司支付了600000元定金。2018年5月20日,海春公司向广纳公司发函,要求重新商谈相关交易条款并重新签订合同，双方遂产生争议，广纳公司向法院提起诉讼，要求海春公司继续履行合同，海春公司则提起诉讼，要求撤销合同。

【案件焦点】

1. 涉案合同是否显失公平，应否予以撤销；2. 涉案合同是否应继续履行。

【法院裁判要旨】

海南省澄迈县人民法院经审理认为：显失公平是指一方当事人利用优势或者对方没有经验，致使双方当事人的权利与义务在订立合同时明显违反公平、等价有偿的原则。显失公平的合同构成要件为：有偿合同；须明显违背公平原则；须一方当事人利用优势或者利用对方没有经验；须为订立合同之时。因此，合同是否显失公平并非仅仅体现在交易的价格上，还需要满足上述其他要件。海春公司以委托代理人颜某缺乏经验，合同签订的价格远低于市场价格为由，请求撤销合同。首先，所谓利用优势，是指一方利用其在经济上的优越地位，而使对方难以拒绝对其明显不利的合同条件；所谓没有经验，是指欠缺一般的生活经验或交易经验，而不包括欠缺特殊经验。海春公司出具授权委托书委托其员工颜某代理涉案房屋的出售事宜，颜某的代理行为对外即代表海春公司的意思表示，颜某具备完全民事行为能力，海春公司作为一家投资公司，正常情况下在出售涉案房屋前应对楼市行情、市场风险有一定的了解，且在签订合同后，海春公司也接受了广纳公司支付的定金。其次，海春公司提交了海南省统计局与国家统计局海南调查总局发布的总第333期《海南统计月报》，欲证明当时交易房价低于市场价格，属于显失公平情形。如前所述，是否构成显失公平并非仅仅有价格因素，还应从其他多方面综合认定，仅凭当时的交易价格不足以认定显失公平成立与否，且海春公司提交的并非同一地段、同一类型房屋、同一时间段的房屋交易价格，不足以证明其待证事实，不予采纳。综上，海春公司未能提交证据证明广纳公司存在利用优势或利用海春公司没有经验，致使双方的权利义务明显违反公平、等价有偿原则等情形，也没有证据证明颜某可能与广纳公司串通损害海春公司利益，故对海春公司的主张，不予认可。

《中华人民共和国合同法》第八条规定："依法成立的合同，对当事人具有法律约束力。当事人应当按照约定履行自己的义务，不得擅自变更或者解除合同。依法成立的合同，受法律保护。"广纳公司起诉的请求是继续履行合同，并按合同约定配合办理房屋产权过户手续，而合同中约定转让的房屋是已办理房产证的面积为2108.88平方米的房屋，该房屋完全具备办理所有权变更登记手续的条件。海春公司未按合同约定协助办理房屋所有权变更登记手续，已构成违约。根据《中华人民共和国合同法》第一百零七条“当事人一方不履行合同义务或者履行合同义务不符合约定的，应当承担继续履行、采取补救措施或者赔偿损失等违约责任”的规定，且在涉案合同不存在不能履行情形的情况下，海春公司承担违约责任的方式应当首先选择继续履行合同，广纳公司请求继续履行合同，符合法律规定，予以支持。

关于广纳公司主张的诉讼财产保全责任保险费问题，根据《中华人民共和国民事诉讼法》第一百条第二款“人民法院采取保全措施，可以责令申请人提供担保，申请人不提供担保的，裁定驳回申请”的规定以及《最高人民法院关于人民法院办理财产保全案件若干问题的规定》第八条“金融监管部门批准设立的金融机构以独立保函的形式为财产提供担保的，人民法院应当依法准许”的规定，广纳公司通过保险公司出具保函的形式为财产保全提供担保，系为实现权利产生的费用，且有发票证明产生的实际费用为23750元，对广纳公司该项诉讼请求，予以支持。

综上，依照《中华人民共和国合同法》第八条、第五十四条、第一百零七条，《最高人民法院关于人民法院办理财产保全案件若干问题的规定》第八条，《中华人民共和国民事诉讼法》第一百条第二款及《最高人民法院关于适用〈中华人民共和国民事诉讼法〉的解释》第九十条规定，判决如下：

一、海春公司继续履行于2018年4月27日与广纳公司签订的《房屋买卖合同》，配合广纳公司办理涉案房屋的产权过户登记手续；

二、限海春公司在本判决生效之日起十日内，向广纳公司支付诉讼财产保全责任保险费23750元；

三、驳回海春公司的全部诉讼请求。

【法官后语】

本案涉及的主要问题是显失公平的认定。显失公平制度是我国合同法律制度中一项重要的民事法律制度，是合同法公平原则的制度化保障，也是实质正义在合同法上的体现。该制度对保障交易的公正性，保护交易中处于劣势一方的合法利益，特别是在保护消费者权益等方面有着重要的意义。

一般认为，显失公平来源于《德国民法典》第一百三十八条第二款规定的“暴利行为”，是指一方当事人利用优势或者对方没有经验，致使双方当事人的权利与义务在订立合同时明显违反公平、等价有偿的原则。《中华人民共和国民法通则》第五十九条即确立了显失公平制度，并在《中华人民共和国合同法》第五十四条中得以延续和继承，直至《中华人民共和国民法总则》第一百五十一条再次完善。《中华人民共和国民法总则》第一百五十一条规定显失公平的民事法律行为构成要件是：第一，须给付与对待给付之间显失均衡。学说上称为客观要件。第二，须一方利用了对方处于危困状态、缺乏判断能力等不利情势。学说上称为主观要件。其法律效果为可撤销，法律赋予因法律行为显失公平而受不利益的一方当事人以撤销权。

一、客观要件

显失公平的客观要件，是指当事人在给付与对待给付之间失衡或造成利益不平衡，并且这种失衡是因为订立合同时的不公平造成的。由此可见，显失公平主要适用于双务合同。对于无偿合同，因不存在对价问题，所以不存在双方利益的不平衡和显失公平。客观上经济利益的不平衡，是以利益能够依一定的价格、收费标准等加以确定为前提的，对于那些特定物、特殊的服务等，因很难计算其实际价值，一般也不适用显失公平制度。对于如何确定合同是否显失公平，一些国家法律确定了量上的标准，可以为我国法律所借鉴。如罗马法通行的“短少逾半”规则；美国判例认为合同价款如果等于或高于零售价的三倍以上就构成显失公平。我国合同法对具体量的标准没有具体的规定。在借贷合同中，最高人民法院司法解释认为民间借贷的利息不得高出银行同类贷款利率的4倍，超过部分则构成显失公平。在商品房买卖合同中，最高人民法院的司法解释规定，当事人约定的违约金超过造成损失的30%以上的，构成显失公平。在买卖合同中，出卖人交付的标的物的价格少于实际价值的一半或者超过市场价值的一倍以上的，构成显失公平。

当然，有关利益平衡或不平衡问题，应根据各种交易关系的具体情况加以认定，特别是要考虑到供求关系、价格的涨落、交易习惯等各种因素。不过，衡量双方利益是否公平，应以合同订立时的情况加以确定。如果合同在订立以后，因市场行情变化使价格发生涨落等，除非出现了情势变更的情况，否则当事人不能以显失公平为由而要求撤销合同。

二、主观要件

它是指在订立合同时享有超过正常利益的当事人在主观上具有利用对方的故意。这种故意以行为人针对他人的急迫、轻率或者经验不足等因素有意识地加以利用，只要行为人认识到这点就可以了，无须以此目的为必要。所谓的他人，不以合同订立对方当事人为限。例如，利用其近亲属的急迫也包括在内。在合同中对于财产给付的约定，不一定是合同相对人之间，针对第三人的给付，也同样适用。因此，受害人不能证明对方具有此种故意而仅能证明自己在订立合同时缺乏经验和技能、不了解市场行情、草率等，从而订立了于己不利的合同，则不能认为对方具备显失公平的主观条件。具体来说，主观要件分为以下几种：

（一）利用优势

所谓利用优势，是指一方利用经济上的地位，而使对方难以拒绝对其明显不利的合同条件。例如，大企业利用其优势订立了不公平的标准合同条款，迫使消费者接受。除格式合同外，在实践中也经常发生一方利用其经济实力和经营上的优势而提出苛刻的条件迫使对方接受的情况。当然，如果受损失的一方仅仅能证明对方利用供求关系中的优势而提出不合理的价格条件，不构成显失公平的主观要件，因为在竞争的条件下，供求关系本身是不断变化的，这种变化是一种交易风险，很难说是哪一方利用了优势。

（二）未履行订约过程所应尽的告知等义务

在订约过程中，合同的订约双方都应当向对方告知其经济实力、标的物的性能、效用等情况，这些都是依据诚实信用原则所产生的义务，任何一方都不得隐瞒合同中对对方不利而对自己有利的重要条款。一方订立标准合同文件和免责条款时应及时提请对方注意，否则，也可认为利用了对方的无经验或轻率。

（三）利用对方没有经验或轻率

所谓无经验，是指欠缺一般的生活经验或交易经验。无经验是否包括对某些特殊标的、特殊技术缺乏了解。一般认为，欠缺经验仅限于欠缺一般的生活经验或交易经验，不包括欠缺特殊的经验。因为当事人在购买某种特殊的标的物如汽车时，应当适当了解此类标的物的信息。当事人订立合同时应当具备订约的基本知识，不能以这些经验具有特殊性、自己不了解为由而认为合同显失公平。

所谓轻率，是指行为人对于其行为的结果，因疏忽而未加注意或者没有经过深思熟虑，不知其后果对自己的意义。如果有代理人为之时，按情形应该以代理人的轻率为确定标准。例如，对合同的价格不作审查和判断，对标的物的性能不进行了解，匆忙地与对方订约。可见，在轻率的情况下受害的一方本身是有过失的。

三、因果关系要件

合同生效并履行后，一方利益严重失衡，并且这种利益的失衡和获利方的主观恶意或者受损方的无经验或草率之间应具有因果关系。即受损方的利益失衡是因为获利方利用了自己的优势或者利用了受损方缺乏经验和草率而订立了导致了利益失衡的合同，利益失衡的结果和获利方的行为之间应有内在的联系。如果两者之间没有因果关系，则不构成显失公平。

只有符合上述主客观两方面的要件，且利益失衡的结果和获利方的行为之间应有内在的联系才能构成显示公平。当然，对于利用对方没有经验或轻率的情况，应作严格限定。受害人应当举证证明对方有利用行为，而不能仅证明自己在订约时无经验或轻率。为证明对方有利用行为，受害人可以证明对方明知自己无经验或轻率，而制造混乱的价格信息和标的物的信息或不适当地夸大标的物的销路，从而影响其作出正确的判断。

本案中，海春公司委托公司员工颜某作为买卖房屋的代理人，颜某的代理行为对外即代表海春公司的意思表示，颜某具备完全民事行为能力，海春公司作为一家投资公司，正常情况下在出售涉案房屋前应对楼市行情、市场风险有一定的了解，并不存在处于不利地位的情况，海春公司也未能提交证据证明广纳公司存在利用优势地位，胁迫海春公司签订涉案合同。另外，海春公司提交了海南省统计局与国家统计局海南调查总局发布的总第333期《海南统计月报》，欲证明当时交易房价低于市场价格，属于显失公平情形。如前所述，是否构成显失公平并非仅仅有价格因素，还应从其他多方面综合认定，仅凭当时的交易价格不足以认定显失公平成立与否，且海春公司提交的并非是同一地段、同一类型房屋、同一时间段的房屋交易价格，不足以证明其待证事实。综上，法院认为，涉案合同不能认定为显失公平，故对于海春公司撤销合同的主张不予支持。

综上，显失公平原则就像是一把双刃剑，它既能维护合同正义，如果适用不当，又有可能损害合同自由甚至被滥用，导致有效合同难以执行。西方国家在承认显失公平原则的前提下，大都对这一原则的适用给予一定的限制，如限制显失公平原则的适用对象，法国法上的合同损害只适用于法定的合同，英美法上的显失公平原则多适用于消费者保护方面；如明确显失公平的构成要件，德国民法规定了相对明确的认定标准，限制了显失公平原则的过度适用。

编写人：海南省高级人民法院　李周伟

海南省澄迈县人民法院　陶美沙

图书在版编目（CIP）数据

中国法院2020年度案例．房屋买卖合同纠纷/国家法官学院，最高人民法院司法案例研究院编．—北京：中国法制出版社，2020.3

ISBN 978-7-5216-0931-8

Ⅰ.①中… Ⅱ.①国…②最… Ⅲ.①房地产-买卖合同-经济纠纷-案例-汇编-中国 Ⅳ.①D920.5

中国版本图书馆CIP数据核字（2020）第035696号

策划编辑：李小草（lixiaocao2008@sina.cn）
责任编辑：谢雯　白天园　　　　封面设计：温培英　李宁

中国法院2020年度案例·房屋买卖合同纠纷
ZHONGGUO FAYUAN 2020 NIANDU ANLI·FANGWU MAIMAI HETONG JIUFEN

编者/国家法官学院，最高人民法院司法案例研究院
经销/新华书店
印刷/三河市紫恒印装有限公司
开本/730毫米×1030毫米　16开　　　　印张/18.25　字数/245千
版次/2020年3月第1版　　　　2020年3月第1次印刷

中国法制出版社出版
书号 ISBN 978-7-5216-0931-8　　　　定价：62.00元

北京西单横二条2号
邮政编码100031　　　　传真：010-66031119
网址：http：//www.zgfzs.com　　　　**编辑部电话：010-66071862**
市场营销部电话：010-66033393　　　　**邮购部电话：010-66033288**

（如有印装质量问题，请与本社印务部联系调换。电话：010-66032926）

最高人民法院指导性案例裁判规则理解与适用系列

公司卷二	98 元	物权卷	88 元
公司卷（第三版）（上下册）	139 元	婚姻家庭卷（第二版）	68 元
民事诉讼卷（第二版）（上下册）	145 元	合同卷四（第二版）	98 元
侵权赔偿卷二	69 元	合同卷三（第二版）	98 元
侵权赔偿卷一	69 元	合同卷二（第二版）	108 元
房地产卷	98 元	合同卷一（第二版）	108 元
劳动争议卷	58 元	担保卷（第二版）（上下册）	139 元

最高人民法院知识产权审判实务系列

最高人民法院知识产权审判案例指导（第 11 辑）	86 元
最高人民法院知识产权审判案例指导（第 10 辑）	98 元
最高人民法院知识产权审判案例指导（第 9 辑）	88 元
最高人民法院知识产权审判案例指导（第 8 辑）	88 元
最高人民法院知识产权审判案例指导（第 7 辑）	98 元
最高人民法院知识产权审判案例指导（第 6 辑）	78 元
最高人民法院知识产权审判案例指导（第 5 辑）	88 元
最高人民法院知识产权审判案例指导（第 4 辑）	78 元
最高人民法院知识产权审判案例指导（第 3 辑）	78 元
最高人民法院知识产权审判案例指导（第 2 辑）	78 元
最高人民法院知识产权审判案例指导（第 1 辑）	48 元
中国知识产权指导案例评注（第 10 辑）	128 元
中国知识产权指导案例评注（第 9 辑）	108 元
中国知识产权指导案例评注（第 8 辑）	98 元
中国知识产权指导案例评注（第 7 辑）	118 元
中国知识产权指导案例评注（第 6 辑）	128 元
中国知识产权指导案例评注（第 5 辑）	118 元
中国知识产权指导案例评注（第 4 辑）	98 元
中国知识产权指导案例评注（第 3 辑）	98 元
中国知识产权指导案例评注（上、下卷）	188 元
商标法适用的基本问题（增订版）	78 元
反不正当竞争法的创新性适用【精装】	68 元
知识产权法律适用的基本问题——司法哲学、司法政策与裁判方法	168 元
最高人民法院知识产权司法解释理解与适用（最新增订版）	69 元
最高人民法院知识产权案件年度报告（2008～2015）（中英文版）	198 元
知识产权司法实务新型疑难问题：专利、商标与著作权热点问题	138 元
知识产权司法实务新型疑难问题：知识产权司法保护与产业发展	120 元

最高人民法院审判指导书系

执行规范理解与适用——最新民事诉讼法与民诉法解释保全、执行条文关联解读（增订 2 版）	159 元
最高人民法院民事立案业务指导	108 元
最高人民法院审判监督业务指导	128 元
最高人民法院执行业务指导	128 元